Mental stark im Pferdesport

zufrieden
konzentriert
selbstbewusst

Dr. Gaby Bußmann | Lena Marie Heinze

Mental stark im Pferdesport

zufrieden
konzentriert
selbstbewusst

Das Arbeitsbuch

FNverlag
der Deutschen
Reiterlichen Vereinigung GmbH
Warendorf

IMPRESSUM

Bibliografische Information der Deutschen Nationalbibliothek
Die Deutsche Nationalbibliothek verzeichnet diese Publikation in der Deutschen Nationalbibliografie; detaillierte bibliografische Daten sind im Internet über http://dnb.dnb.de abrufbar.

Freiherr-von-Langen-Str. 8
48231 Warendorf
E-Mail: fnverlag@fn-dokr.de

2. erweiterte Auflage 2025

Autoren
Dr. Gaby Bußmann, Dortmund
Lena Marie Heinze, Isterberg

Lektorat
FN*verlag*, Warendorf

Korrektorat
Korrekturbüro G. und W. Kirchhoff, Büren-Brenken

Titelfotos | Titelgestaltung
Thoms Lehmann, Warendorf | Nicola van Ravenstein, www.ravenstein2.de

Fotos
Thoms Lehmann, Warendorf; außer Seite 153: AGENTUR datenreiter, Lutz Kaiser, Schlangenbad;
Seiten 89, 130, 154: privat

Gesamtgestaltung | Illustrationen
Nicola van Ravenstein, www.ravenstein2.de

Druck und Verarbeitung
Bitter & Loose GmbH, Greven

ISBN 978-3-88542-359-1

INHALT

EINLEITUNG

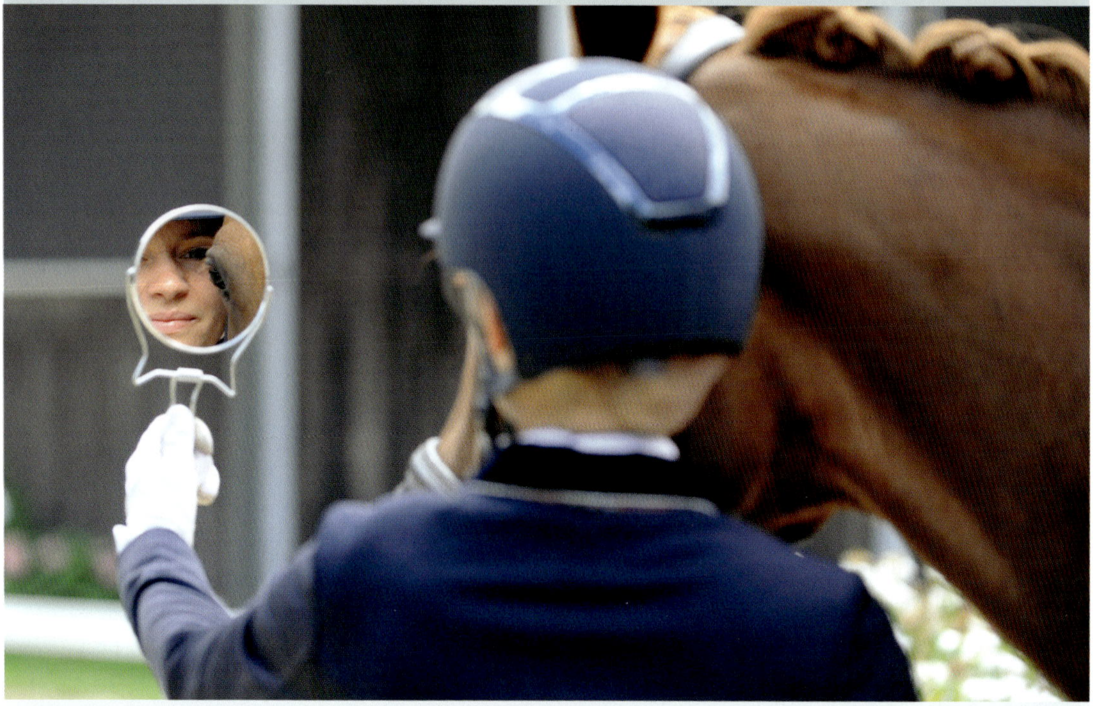

Das Pferd spiegelt den Reiter.

„Erfolg hat drei Buchstaben: **TUN!**“
(Johann Wolfgang von Goethe)

Warum klappt eine Übung oder eine Lektion an dem einen Tag schon sehr gut und an dem anderen überhaupt nicht? Wieso kann eine Leistung im Training oder im Unterricht wunderbar abgerufen werden und auf dem Turnier schleichen sich immer wieder reiterliche Fehler ein?

„Das Pferd ist der Spiegel des Reiters.“ Dieser in der Pferdeszene oft benutzte Vergleich weist die Verantwortung für die reiterlichen Leistungen und Fehlleistungen vorrangig dem Reiter zu. Aber wie kann das Spiegelbild interpretiert und verbessert werden? Was müssen Reiter lernen, damit die Kommunikation zum Pferd präzisiert und harmonisiert wird? Um dem Pferd näherzukommen, ist es zunächst wichtig, sich selbst gut zu kennen: die eigenen Stärken und Schwächen, Ängste und Freuden, Hoffnungen und Sorgen. Bei der Zusammenarbeit mit dem Pferd gilt es, seine eigenen Gedanken und Handlungen wohlüberlegt einzusetzen. Oft ist einem Reiter nicht bewusst, warum er in bestimmten Momenten so

oder so handelt, warum auf einmal Emotionen ins Spiel kommen, die die Kommunikation zum Pferd stark beeinflussen.
Dieses Buch soll dem Leser ermöglichen, sich selbst besser kennenzulernen und Strategien zu entwickeln, die die Zusammenarbeit mit dem Pferd optimieren. Viele Faktoren wie Selbstvertrauen, Konzentrationsfähigkeit, Disziplin, Umgang mit Misserfolgen und Ängsten beeinflussen den Reiter und damit den Umgang und die Harmonie mit dem Pferd. Ein losgelassenes Pferd erfordert einen losgelassenen Reiter. In diesem Buch liegt der Fokus auf der mentalen Losgelassenheit, die selbstverständlich nicht unabhängig von der physischen Verfassung gesehen werden kann. Faktoren wie die Koordination, Beweglichkeit und Kondition des Reiters sind natürlich entscheidend, um die richtige Hilfengebung einzusetzen.

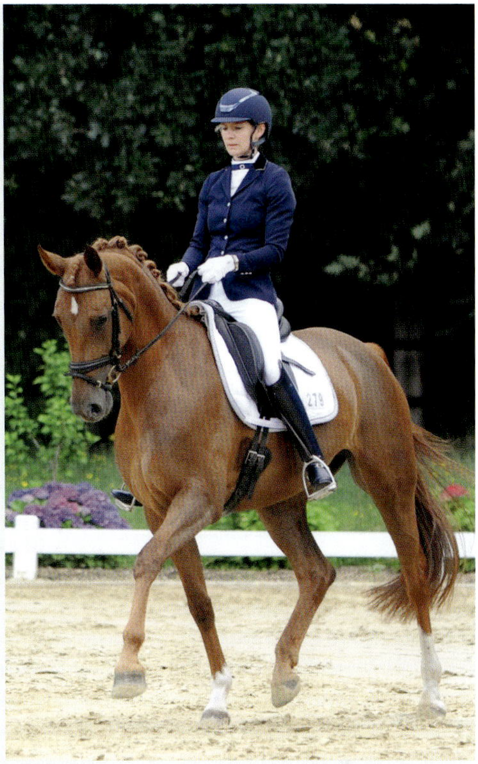

Für eine gute Leistung spielen viele Faktoren eine Rolle.

Besonders die Ausdauerfähigkeit des Reiters beeinflusst die Konzentrationsfähigkeit.

Im Umgang mit dem Pferd, egal ob im täglichen Training, beim Ausreiten, Führen oder auf dem Turnier, ist es entscheidend, den richtigen Fokus zu haben. Das erfordert vom Reiter eine stetige Präsenz, die richtigen Gedanken und das passende Aktivitätsniveau. Aber warum kommt es immer wieder zu Situationen, bei denen diese Konzentration nicht gegeben ist? Warum ist der Reiter, der sich mit seinem Pferd weiterentwickeln, vielleicht sogar Erfolge erringen möchte, abgelenkt? Warum reagiert er falsch oder traut sich plötzlich etwas nicht mehr zu? Und das, obwohl er so gern mit dem Pferd viel Zeit verbringt. In den meisten Fällen hängt dies mit der mentalen Verfassung des Reiters zusammen. Gedanken und Emotionen können auf einmal die Situation in eine ungewollte Richtung lenken, die bei Unaufmerksamkeit plötzlich nicht zu dem gewünschten Ziel führt und einen verzweifeln lassen. Die besondere Herausforderung für Reiter ist es sicherlich, seine negativen Emotionen auszublenden beziehungsweise auf ein möglichst niedriges, kontrolliertes Level zu bekommen.

Warum fliegt manchen Reitern einfach alles so zu und andere müssen sich alles hart erarbeiten?

Es ergeben sich somit viele Fragen. Das Buch liefert aus den unterschiedlichsten Perspektiven wie der Sportpsychologie, der Trainingswissenschaft, der Reitlehre und verschiedenen psychologischen Fachrichtungen Antworten dazu, die nicht nur für Reiter, sondern auch für Trainer genutzt werden können. Somit gibt es auch gute Anregungen, die der Trainer bei seinen Schülern anwenden kann. In diesem Arbeitsbuch sind die theoretischen und praktischen Erfahrungen der Autorinnen, die über viele Jahre gesammelt wurden, zusammengefasst. Die positive Nachricht dabei ist: Mentales Training und mentale Gelassenheit sind lernbar und die hier vermittelten Techniken sind in vielen Lebensbereichen einsetzbar. Allerdings ist das Entscheidende bei allen Empfehlungen und Übungen: Sie sollten mit viel Fleiß und Geduld geübt und häufig wiederholt werden. Über das regelmäßige Üben trainiert der Reiter, wie er das Gelernte in unterschiedlichsten Situationen beim Reiten und im Alltag anwenden kann, und macht weitere neue Erfahrungen. Damit wird die Selbstwirksamkeit (es selbst bewirken) gestärkt und die Erfolgserlebnisse erhöhen weiter die Motivation.

Nicht jede Übung passt zu jeder Person, deswegen ist es wichtig, dass jeder Leser für sich individuell entscheidet, mit welchen Hinweisen er sich identifizieren kann und welche Übung ihm entspricht. Vielleicht hat man ja auch schon gute Vorerfahrungen mit einzelnen Übungen. Diese sollten dann beibehalten und in das erweiterte Programm eingebaut werden.

Auch in den Fallbeispielen werden mehrere Herangehensweisen vorgeschlagen, die miteinander verbunden, eine individuelle Lösung ergeben können. Das heißt, jeder Reiter sollte für sich sein eigenes Programm erstellen, welches zu ihm persönlich passt.

Es sollte dem Leser bewusst sein, dass viele Eigenschaften, besonders leider diejenigen, die verändert werden sollen, sich oft über Jahre oder gar Jahrzehnte eingeschlichen haben und es deswegen besondere Disziplin erfordert, diese langfristig umzustellen. Das ist wie mit einer falsch gelernten Bewegung. Hat sich diese erst einmal festgesetzt, ist es oft schwerer, sie wieder zu verändern, als neu zu lernen. Es gibt eben nicht den Lichtschalter, der einfach angeschaltet oder umgelegt werden kann. Dieser Prozess ist eher vergleichbar mit einem Dimmer, der immer ein bisschen mehr Licht ins Dunkle bringt. Das heißt: kleine Schritte anerkennen, bei Rückschritten weiter dranbleiben und Teilerfolge wahrnehmen. Die häufigste Form ist dabei sicherlich die Zickzack-Entwicklung, das heißt, es zeigen sich viele Fortschritte, aber dazwischen kommen immer auch mal kleinere Rückschritte. Am Ende wird es allerdings auf jeden Fall besser beziehungsweise „heller"!

„Lernen ist das Aufnehmen, Verarbeiten und Umsetzen von Informationen. Lernen ist ein lebenslanger Prozess."

(Schilling, 1997, S. 159)

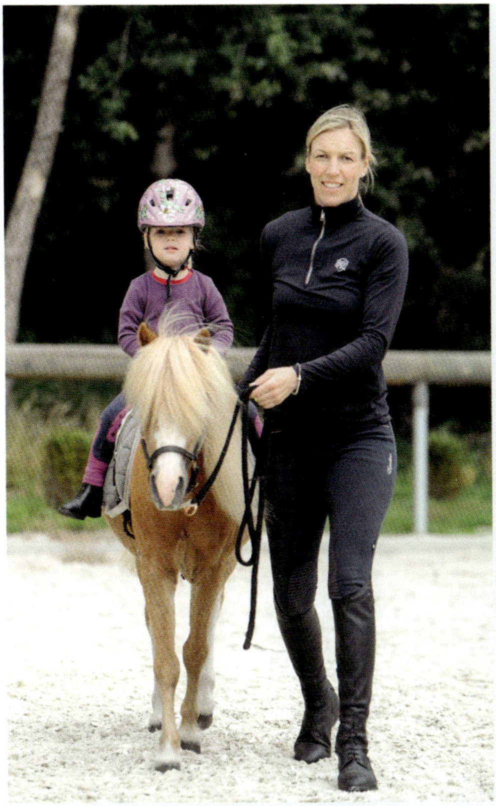

Ein früher Beginn erleichtert das Lernen und den natürlichen Umgang mit den Pferden.

Die Gehirnforschung hat gezeigt: Unser Gehirn ist plastisch und formbar und passt sich an die ihm gestellten Aufgaben an. Die Plastizität des Gehirns ist in jungen Jahren am größten und nimmt leider im Alter ab. Somit ist ein frühes Beginnen von Lern- und/oder Trainingssituationen sehr förderlich. Eine wichtige Erkenntnis ist, dass Lernen Wiederholungen und Einschleifen braucht. Je öfter eine Aufgabe wiederholt wird, desto besser kann sich diese festigen.

Da jeder Mensch und somit auch jeder Reiter verschieden ist, unterschiedliche Erfahrungen gemacht hat, in einem anderen Umfeld aufgewachsen ist etc., sind Vergleiche mit anderen Personen grundsätzlich schwierig. Die Forschung zeigt, dass Persönlichkeitsbildung schon im Mutterleib stattfindet und das Gehirn sehr individuell ausgebildet wird. Besonders die frühkindliche Entwicklung hat auf die Persönlichkeit eines Menschen einen sehr großen Einfluss. Dadurch werden Grundsteine, ob eine Person zum Beispiel risikofreudig oder ängstlich ist, schon sehr früh festgelegt. Wer in einem sehr unruhigen Umfeld aufwächst, wird stressempfindlicher. Ebenso vermittelt ein geborgenes Zuhause Vertrauen in die Welt. Personen, die ein gesundes Vertrauen in die Welt haben, werden mit schwierigen Situationen, Misserfolgen und Schicksalsschlägen souveräner umgehen können als diejenigen, die früh schlechte Erfahrungen gemacht haben. Das liegt daran, dass Verknüpfungen im Gehirn und Botenstoffe unterschiedlich ausgeprägt wurden. „Denn so unromantisch es klingt: Jedes Gefühl im Gehirn ist physiologisch gesehen nichts anderes als eine chemische Reaktion." (Vgl. Dogs & Poelchau, 2017 und Zitat S. 35)

Sport hat einen positiven Effekt auf das Gehirn und somit auf die kognitiven Fähigkeiten und die mentale Gesundheit. Botenstoffe, wie Serotonin, Noradrenalin und Dopamin, werden bei sportlicher Betätigung vermehrt ausgeschüttet. Besonders aerobe Übungen (z.B. Ausdauertraining) haben einen starken Einfluss auf das Anpassungsvermögen des Gehirns und auf die Konzentrationsfähigkeit. (Vgl. Spitzer, 2004; Spitzer, 2006)

Auch wenn Grundsteine und Leitsätze einer Persönlichkeit früh entstanden sind, gibt es Möglichkeiten, Veränderungen herbeizuführen, denn das Leben spielt sich in der Gegenwart ab. Es ist wichtig zu erkennen, dass Menschen/Reiter die Chance haben, unangenehme Gefühle und unerwünschtes Verhalten zu verändern, Ziele zu erreichen, Selbstvertrauen zu stärken und eine positive Grundstimmung zu erlangen. Dazu braucht es Mut, genau hinzuschauen, die Bereitschaft, sich kritisch zu hinterfragen und zu analysieren, sowie das Wagnis, unbekannte Wege zu beschreiten.

Für diese Arbeitsbuch stehen einige Unterlagen für die praktische Umsetzung zur Verfügung.

Hier finden Sie zum Download folgende Arbeitsblätter

Zielbestimmung
Debriefing
Leitsätze
Skalierungsfragen
Logistischer Vor-Ort-Plan
Trainings-/Turnieroptimierer
Strategieplan

Taschenkarten für das Training und Turnier sind am Ende des Buches hinterlegt.

Audio

Das Arbeitsbuch wurde in der 2. Auflage unter anderem erweitert um konkrete Übungen in Audioformat. Die **Audios** sind in der sportlichen Du-Ansprache formuliert und können über einen QR-Code abgerufen werden. Wir bedanken uns ganz besonders bei Brandon Schäfer-Gehrau, der die Audios für uns gesprochen hat.

Magic Moments: Glück, Erinnerungen, Momente der Entspannung und Freude (siehe Seite 36)
Scheinwerferübung: Spot an! (siehe Seite 47)
Zentaur: Pferd und Reiter verschmelzen zu einer Einheit (siehe Seite 52)
PMR: Entspannungsübung zur Unterstützung für einen losgelassenen Sitz (siehe Seite 59)
Drehbuch: So reite ich meine Prüfung (siehe Seite 81)
Pegasus: Über Hindernisse fliegen (siehe Seite 155)

1

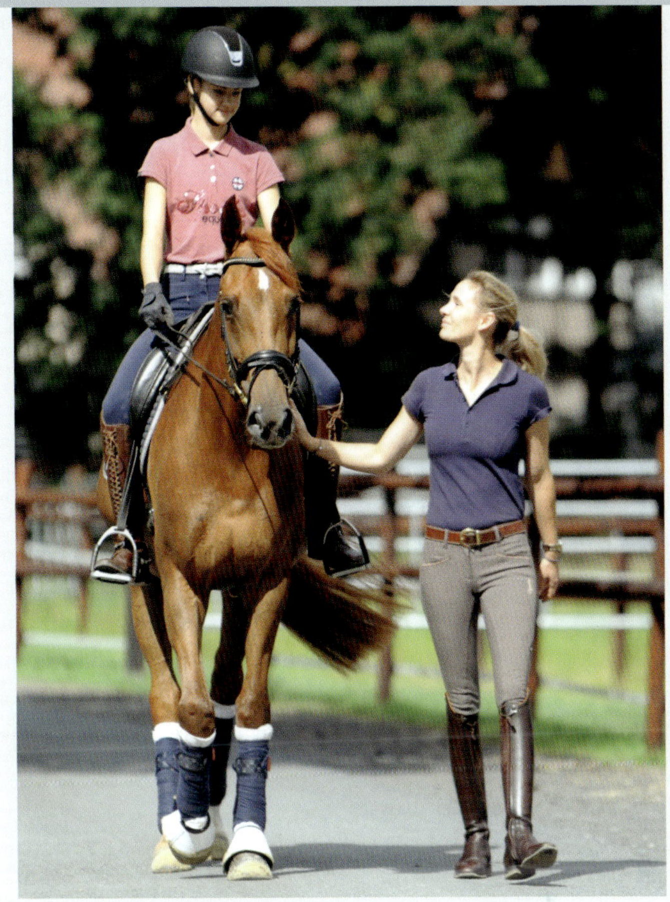

Entscheidend für die Zielorientierung ist der Weg, der systematisch verfolgt und bestenfalls begleitet wird.

Zielbestimmung, Vision und Stärken

„Wer im Leben kein Ziel hat, verläuft sich.“

(Abraham Lincoln)

Die Basis jedes mentalen Trainings sind die Ziele. Von erfolgreichen Sportlern ist bekannt, dass sie sehr zielorientiert sind. Ihren Anstrengungen wird ein Weg vorgeschaltet und die Aufmerksamkeit wird entsprechend ausgerichtet. „Der Weg ist das Ziel" (Konfuzius). Erfolg basiert auf Zielen. Fortschritte entstehen, indem Gewohnheiten optimiert werden und das Potenzial ausgeschöpft wird. Die Zielsetzung ist die beste Methode, um ein geeignetes Programm für den Reitunterricht, das Training oder die Turniere aufzubauen. Durch die Zieldefinition wird die angestrebte Leistung gedanklich vorweggenommen. Die selbst gesetzten Ziele und der Wunsch, diese erreichen zu können (d.h., sie sollten im eigenen Kontrollbereich liegen), sind eine ideale Motivationsgrundlage. Durch die Hinzunahme von Visionen wird die Motivation weiter erhöht. Visionen helfen, Hindernisse zu überwinden, sie beschreiben einen Zustand/ein Ereignis, für das sich mein Einsatz besonders lohnt. Das Selbstvertrauen (siehe Seite 34, Modul „Der Weg zu mehr Selbstsicherheit") wird durch klare, realistische Ziele gesteigert. (Vgl. Bauer & Hegemann, 2010; Clear, 2020; Kratzer, 2012; Porter & Foster, 1988)

Die Auseinandersetzung mit den eigenen Zielen ist gar nicht so einfach. Deshalb sollte der Reiter sich genügend Zeit nehmen und genau überlegen, was er mit seinem Pferd erreichen möchte und was weiter verbessert werden soll. Vielleicht gibt es noch einen Traum, den er sich schon immer beim Reiten erfüllen wollte, wie zum Beispiel am Strand zu galoppieren, bei einem bestimmten Turnier teilzunehmen oder eine besondere Lektion mit seinem Pferd zu reiten. Dieser Traum kann helfen, die konkreten Ziele zu erfassen. Beim erarbeiten der Ziele sollte auch genau geprüft und kritisch hinterfragt werden: „Sind dies meine persönlichen Ziele und mit welchem Aufwand will ich diese Ziele verfolgen? Bringt mein Pferd auch das nötige Leistungspotenzial mit oder würde ich es überfordern?"

Verschiedene Arten von Zielen

Grundsätzlich wird differenziert zwischen Rang- beziehungsweise Ergebnis-, Leistungs- und Prozesszielen. Ergebnisziele („outcome goals") sind die angestrebten Resultate bei Turnieren/Prüfungen. Hier geht es um das Resultat bei einer Prüfung/einem Turnier in Bezug zu den anderen Reitern.

Leistungsziele („performance goals") orientieren sich an der Leistung, die der Reiter erreichen will und an den bisherigen erbrachten Leistungen. Leistungsziele verdeutlichen die eigenen Verbesserungen. Hier ist der Bezug nicht zu den anderen Reitern, sondern zu den eigenen bisherigen Leistungen. Sie verdeutlichen die eigenen Fortschritte.

Prozessziele („process goals") beziehen sich auf die Realisierung von bestimmten Techniken, Strategien oder Fertigkeiten, sie betreffen die Ausführungsqualität, wie zum Beispiel das Reiten eines rhythmischen, und distanzsicheren Parcours. Dafür ist die eigene Ausführung (Hilfengebung) von zentraler Bedeutung und rückt in den Fokus des Reiters.

Prozessziele beziehen sich auf die eigene Handlung, die optimiert werden soll. Sie steuern die Aufmerksamkeit auf bestimmte Knotenpunkte, verbessern die Konzentration auf das Wesentliche und vermindern dadurch die Entwicklung von Angst. Prozessziele sind für alle Reiter geeignet, weil sie eine Weiterentwicklung des eigenen Reitens und der eigenen mentalen Stärke beinhalten.

Ein Beispiel einer Kombination von Leistungs- und Prozesszielen könnte für den Reiter lauten: Bis zum Sommer (Monat angeben) wird die Lektionssicherheit vom „Außengalopp", „Rückwärtsrichten" und den „Kurzkehrtwendungen" verbessert, sodass sich die Präzision beim Reiten einer Dressuraufgabe der Klasse L deutlich (hier auch angestrebte Steigerung in Zahlen angeben) steigert. Es geht um die Optimierung von einzelnen Lektionen (Ausführung), die dann zu einer besseren eigenen Leistung führt. Die Zielformulierung sollte vorzugsweise mit Zahlen, konkreten Angaben und Daten erfolgen.

Der Einsatz von Mehrfachzielen mit einer ausgewogenen Balance von Ergebnis-, Leistungs- und Prozesszielen ist besonders effektiv. Ziele sollten auch in Teilziele unterteilt werden, hier wird zwischen kurz-, mittel- und langfristigen Zielen unterschieden. Kurzfristige Ziele beziehen sich auf die kommenden zwei bis vier Wochen und mittelfristige Ziele auf die kommenden sechs Monate. Langfristige Ziele sind entsprechend zeitlich langfristiger angelegt. Übergeordnete und langfristig definierte Ergebnisziele sind der Motor und eine wichtige Energiequelle. (Vgl. Beckmann & Elbe, 2008; Kratzer, 2012; Porter & Foster, 1988)

SMART-Kriterien

Wichtig ist, dass die Ziele für den Reiter und das Pferd realistisch sind und zugleich eine persönliche Herausforderung darstellen. Ziele sollten spezifisch und messbar sein und werden immer positiv formuliert. Idealerweise werden die Ziele mit dem Trainer abgestimmt. Es wird festgelegt, was der Reiter mit seinem Pferd erreichen möchte, wo er hin will und eben nicht das, was er vermeiden möchte. Dann kommen auch die mit dem Ziel verbundenen guten Erinnerungen, Erfahrungen, Erwartungen und Gefühle hinzu. Es ist sinnvoll, diese wohldefinierten Ziele möglichst präzise schriftlich festzuhalten und gegebenenfalls die Schritte der Umsetzung festzulegen. Durch das Aufschreiben erhalten die Ziele eine andere Qualität, sie werden zu einer bindenden Verpflichtung. Durch bildliches Vorstellen wird die Motivation nochmal erhöht. (Vgl. Bohne, 2003; Porter & Foster, 1988)

SMART zuversichtlich
S (spezifisch) **M** (messbar) **A** (attraktiv) **R** (realistisch) **T** (terminiert)

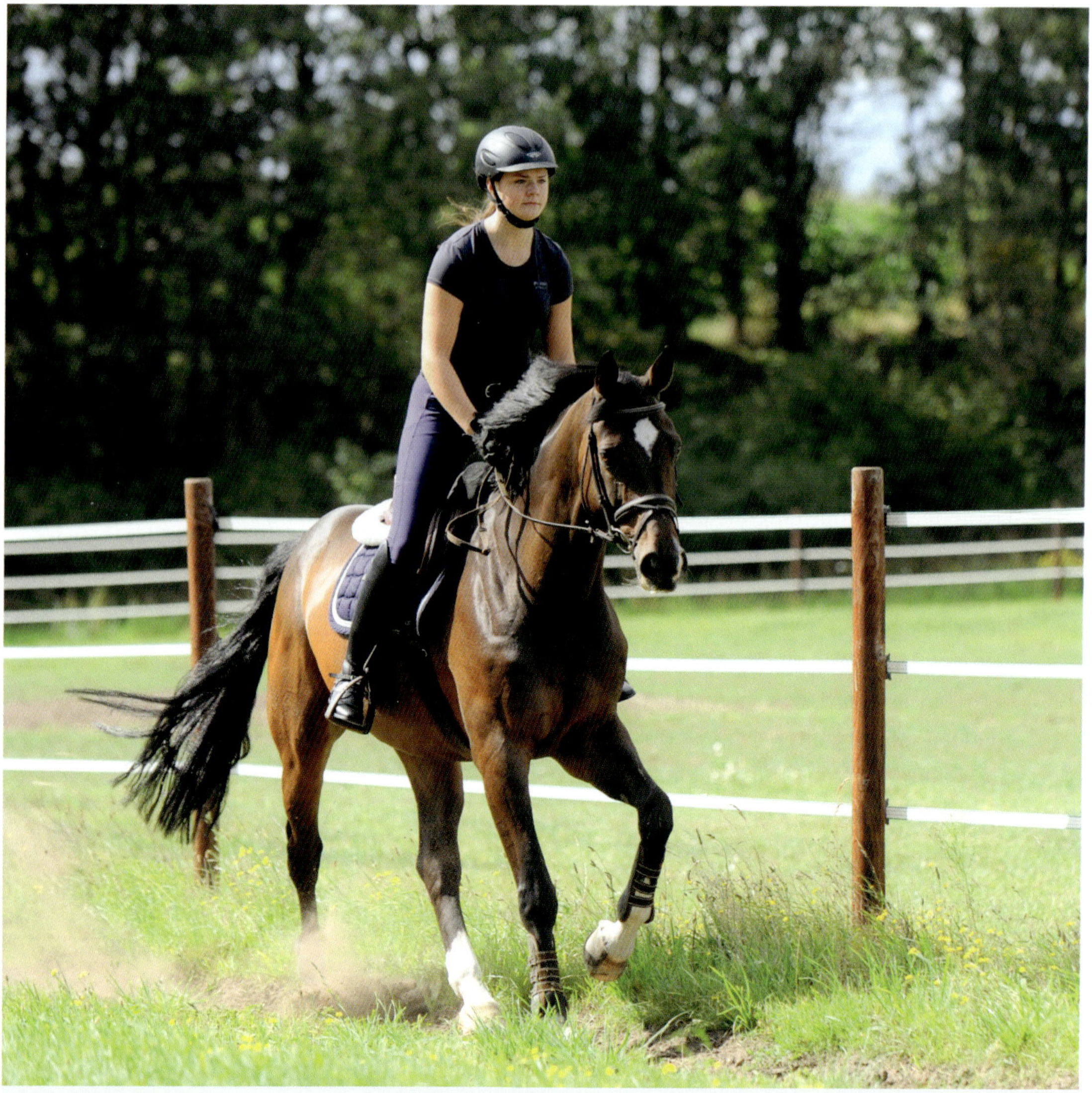

Visionen können ganz unterschiedlich sein, wie zum Beispiel der entspannte Ausritt, die Schleife auf dem Turnier oder die Ausbildung eines jungen Pferdes.

Der Begriff „smart“ bedeutet übrigens in der Englisch-Deutsch-Übersetzung „schlau“, „intelligent“ und „klug“. In diesem Sinne sollten die Ziele des Reiters aufgeschrieben werden. Folgende Schritte sollen das Formulieren der Ziele erleichtern:

Meine Vision

Bei den Zielen orientiert man sich an seiner Vision, hier geht es um das Bauchgefühl und die Träume. Träume sind „Vorboten von Leistungen“ (Lurz & Fargel, 2012, S. 25).

Meine Vision

Meine Ziele

Meine **„sportlichen" Ziele** sind

kurzfristig (Was werde ich dafür tun/verändern?):

mittelfristig (Was werde ich dafür tun/verändern?):

langfristig (Was werde ich dafür tun/verändern?):

Wann und **wo** werde ich meine Ziele überprüfen?

Mein **Energieeinsatz** zur Erreichung der Ziele und der einzelnen Etappen (hier sind Prozentangaben hilfreich):

Meine **Belohnungen** für das Erreichen der Ziele und der einzelnen Etappen:

(Vgl. Potreck-Rose, 2014)

Die Ziele WOOPen

Mit der WOOP-Methode nach Oettingen (2017) werden die Zukunftsträume mit den inneren Hindernissen und dem Wenn-Dann-Plan verbunden. Das sogenannte mentale Kontrastieren meint genau diese Kombination von Träumen und das Visualisieren (Vorstellen) von Hindernissen. Mit WOOP wird die Einsicht und die Bereitschaft zur Veränderung erhöht.

WOOP steht für:
W (Wish/Wunsch eben das Ziel)
O (Outcome/optimales Ergebnis)
O (Obstacle/inneres Hindernis)
P (Wenn-Dann-Plan mit den 3 Optionen: Hindernis überwinden, vorzubeugen und die Gelegenheit ergreifen).

Das Stärkenprofil: Die Gründe, warum Ziele erreicht werden können

Eine bewusste Auseinandersetzung mit den eigenen Stärken ist für jeden Reiter wichtig. Nur wenn ihm bewusst ist, was er bisher schon an positiven Fähigkeiten erlernt hat und welche Voraussetzungen er und sein Pferd bereits mitbringen, kann er mit Selbstvertrauen an die neu gestellten Herausforderungen herantreten. Je mehr Argumente für die angestrebte Zielerreichung genannt werden können, umso intensiver und wirkungsvoller ist dies. Aufkommende Unsicherheiten und Erinnerungen an Misserfolge sind nicht relevant, wenn das Stärkenprofil vor Augen geführt wird. Dieses Profil wird dazu immer wieder überarbeitet und durch neu erlernte Fähigkeiten und Fertigkeiten ergänzt.

Zur Erkennung der eigenen Stärken können folgende „Welche"-Fragen hilfreich sein:
- Welche Aufgaben beherrsche ich beziehungsweise welche Aufgaben beherrscht mein Pferd besonders gut?
- Welche Herausforderungen machen mir besonders viel Spaß?
- Welche Situationen schaffen bei mir Wohlbefinden?
- Welche Aufgaben führen dazu, dass ich besonders viel Ausdauer entwickle?
- Welche Eigenschaften habe ich/hat mein Pferd, auf die ich mich gut verlassen kann?
- Welche Fähigkeiten geben mir immer wieder Sicherheit?
- Welche Eigenschaften werden von anderen an mir und meinem Pferd gelobt beziehungsweise für welche Eigenschaften erhalte ich eine positive Rückmeldung?
- Welche Stärken würden meine Freunde bei mir nennen?
- Welche Stärken sieht mein Trainer?
- Welche Stärken sieht mein Trainer bei meinem Pferd?

(Vgl. Kratzer, 2012; Lurz & Fargel, 2012)

Meine Stärken:

Die Stärken meines Pferdes/meiner Pferde:

Unterstützer und Umfeldstärken (Trainer, sonstiges Umfeld, Trainingsbedingungen):

Meine Kompetenzinseln (Bereiche, in denen ich schon jetzt erfolgreich und gut bin):

Wie komme ich in kleinen konkreten Schritten meinem Ziel näher?

Eine entscheidende Rolle zur Zielerreichung nimmt die Gestaltung des Weges ein. Erfolge können nur eintreten, wenn ich bereit bin ehrlich zu hinterfragen, welche Fähig- und Fertigkeiten, Dinge im Alltag, Trainingseinheiten etc. dazu führen meine Erwartungen zu erfüllen. Welchen Einsatz muss ich bringen? In welchen Bereichen sollte ich etwas verändern? Zum Beispiel in der Trainingsplanung und/oder Trainingsgestaltung, muss ich an der Fitness, meiner Ernährung, dem Schlafverhalten, am Zeitmanagement arbeiten? Welche Dinge kann ich bereits morgen ändern und muss ich jeden Tag beibehalten? Bereits kleine Veränderungen im Alltag können zu großen Veränderungen und zur Steigerung des Selbstvertrauens führen, indem Routinen eingeführt beziehungsweise verändert werden. „Wenn man ein Jahr lang jeden Tag ein Prozent besser wird, hat man sich am Jahresende um das Siebenunddreißigfache verbessert. Wird man dagegen ein Jahr lang jeden Tag ein Prozent schlechter, landet man fast bei null." (Clear, 2020, S. 28). Ein Ziel soll zu einem Ergebnis führen. Dafür ist aber das System entscheidend, also die Abläufe/Handlungen/Gewohnheiten, die uns zu diesem Ergebnis hinleiten. Der Fokus muss also auf die täglichen Handlungen/Veränderungen gelegt werden, die uns dazu veranlassen besser zu werden. (Vgl. Clear, 2020)

Für Reiter, die an Turnieren teilnehmen, geben beim Dressurreiten der Richterbogen, beim Spring- und Geländereiten die Zeit und die Hindernisfehler eindeutige, beziehungsweise messbare Hinweise. Empfehlenswert ist auch hier eine Kombination aus harten Fakten, Experten (Trainer) und der eigenen Einschätzung an welchen Stellschrauben weiter gearbeitet werden muss. Für Reiter ohne Turnierambitionen eignet sich ein Trainingstagebuch mit Vermerken über die kleinen, konkreten Fortschritte. Dabei helfen die Skalierungsfragen (siehe Seite 138, Modul „Skalierungsfragen"). Es können zu den Zielen Selbsteinschätzungen zwischen 1 bis 10 gegeben werden. Eine schöne, bildhafte Vorstellung kann auch ein Fotoseil sein, mit entsprechenden Magneten für Reiter und Pferd. Oben sind die angestrebten Ziele mit den Stärken plus den „Pferdestärken" und den Unterstützern vermerkt, dazwischen finden sich die Etappen. Der Reiter kann in regelmäßigen Abständen überlegen, „Wo stehe ich jetzt?", und seinen Magneten entsprechend versetzen. Diese Standortbestimmung gilt auch für das Pferd. Gleichzeitig kann – wie bei den Skalierungsfragen – noch einmal konkret überlegt werden: „Was kann ich noch (bei mir und dem Pferd) tun, um einen Schritt weiterzukommen?"

FALLBEISPIEL
Das gesunde Maß finden und die Ziele vergegenwärtigen

Auch für fortgeschrittene Reiter stellt sich oft die Frage: Wie finde ich als Reiter den richtigen Moment, um aufzuhören, gerade wenn etwas gut geklappt hat? Wie kann man es schaffen, den eigenen „Leistungsdruck" nicht auf das Pferd zu übertragen?

TIPP: Der Reiter schätzt sein eigenes, angemessenes Leistungsniveau ein, um klare Vorstellungen von seinen Zielen entwickeln zu können. Hier gilt: Realistisch bleiben und sich dennoch selbstbewusst an neue Aufgaben heranwagen.

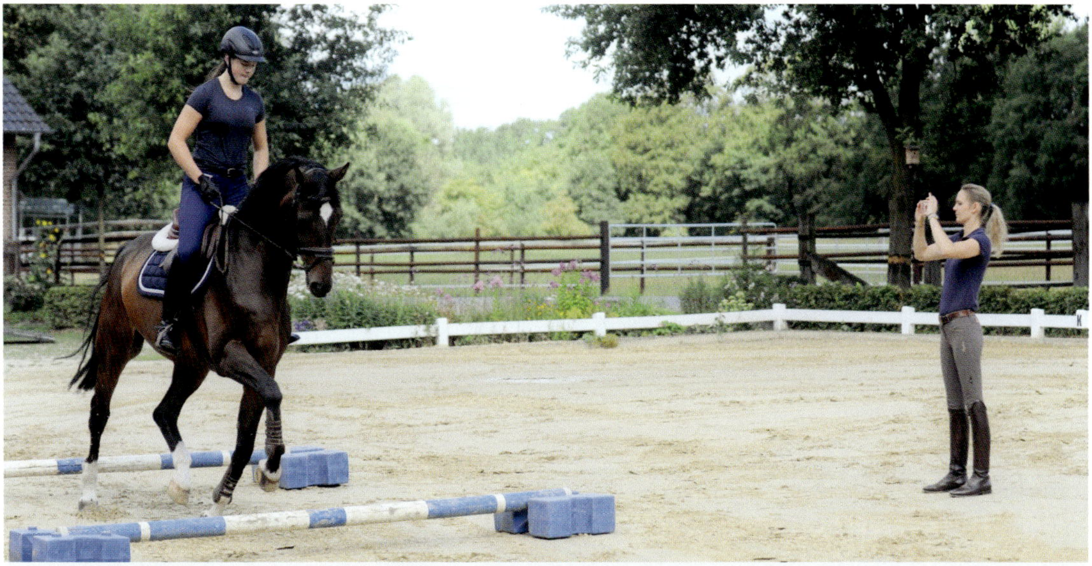

Die Videoanalyse unterstützt den Trainingsprozess und objektiviert das Feedback.

Neben der grundsätzlichen Zielfestlegung ist es auch sinnvoll, konkret zu schauen; „Was möchte ich (heute oder in dieser Woche) erreichen?“ Angelehnt an das Niveau des Reiters sind Zielsetzung und Planung von großer Bedeutung. Übungen sollten im Vorfeld geplant und angemessen, im richtigen Tempo, trainiert werden. Dabei kann ein Feedback von außen (z.B. von erfahrenen Reitern oder Trainern) oder die Videoanalyse mit dem Trainer unterstützen. Die Analyse der Situation und der jeweiligen Trainingsschritte hilft dabei, ein Gefühl für die Situation und die Fortschritte zu entwickeln.

Es sollten kleine und konkrete Ziele gesetzt werden. Arbeitet der Reiter beispielsweise gerade daran, den „Schenkel weichen zu lassen“, sollte er sich nicht das Ziel setzen, an einem Tag eine komplette lange Seite zu meistern. Realistisch wären einzelne Schritte über ein kurzes Stück hinweg. Gemäß der obigen Frage: Wie kann ich erkennen, dass ich meinem Ziel immer ein Stückchen näher rücke? Klappt diese Zielsetzung, belohnt man das Pferd und sich, indem man das Training beendet oder mit Übungen weiter macht, die beiden Freude bereiten. Um diesen Fortschritt zusätzlich abzuspeichern, kann er auch in einem Trainingstagebuch dokumentiert werden. Lässt sich dies auch beim nächsten Training abrufen, wäre beispielsweise nun das Ziel, eine halbe lange Seite zu schaffen, realistisch.

Während des Trainings/des Unterrichts sollten regelmäßig Pausen eingebaut werden. Das Pferd hat die Chance, die Muskulatur zu entspannen, und auch der Reiter hat nun Zeit durchzuatmen. Kurze Pausen, wie das Zügel-aus-der-Hand-kauen-Lassen über ein oder zwei Zirkelrunden hinweg, können dabei schon ausreichend sein. Auch etwas längere Pausen (z.B. das Pferd für wenige Minuten am hingegebenen Zügel Schritt gehen zu lassen) sind förderlich.

2

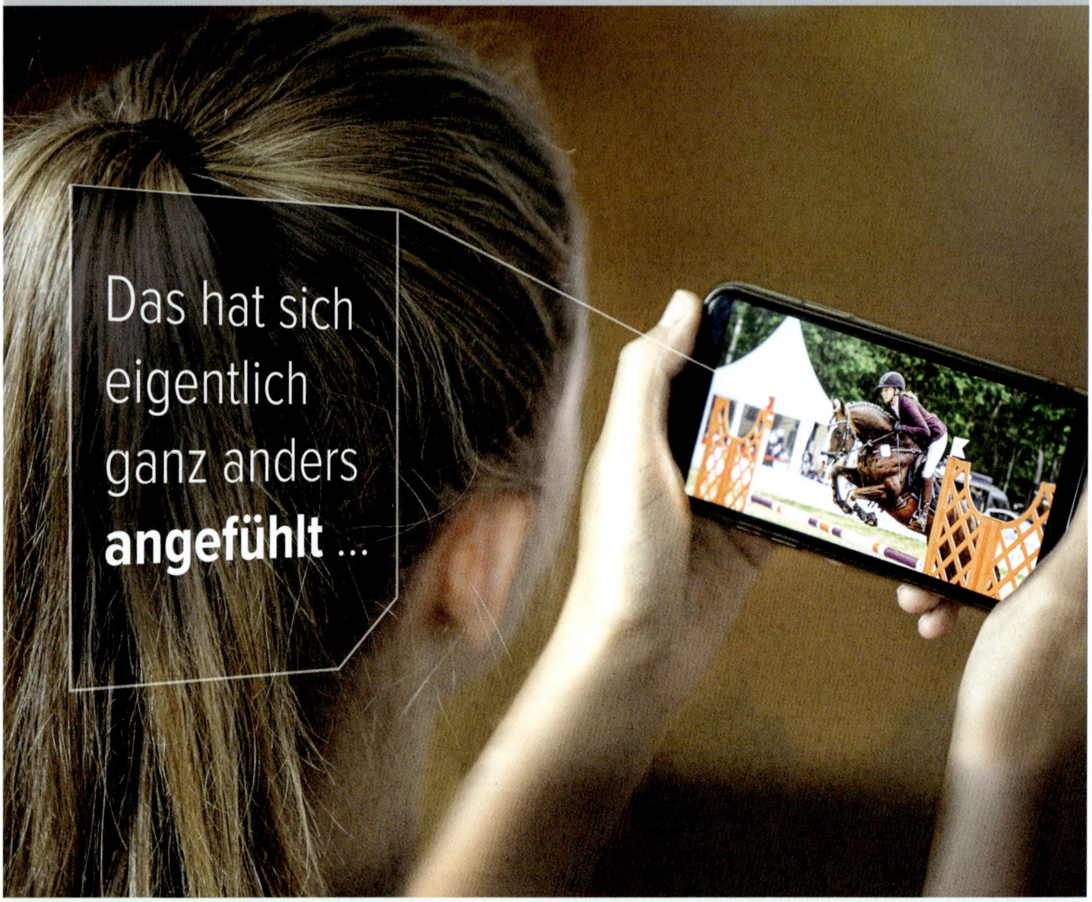

Der Prozess danach – Debriefing

Debriefing meint die prozessuale Nachbereitung, hier gilt der Lerngrundsatz: Nach dem Ritt ist vor dem Ritt. Debriefing kann als Motor für Vorankommen und Wohlbefinden genutzt werden. Hat der Reiter seine Ziele und Vorstellungen ausführlich formuliert und sich den daraus ergebenen Aufgaben gestellt, sollen diese auch im Nachgang überprüft und aufgearbeitet werden. Die Nachbereitung findet also zu einem späteren Zeitpunkt statt, zum Beispiel zum Saisonende oder mehrere Monate nach Zielfestlegung, je nachdem wie kurz- oder langfristig die Ziele formuliert wurden. Dabei wird hinterfragt, ob die gewünschten Ziele erreicht, richtig aufgeschrieben und umgesetzt worden sind. Das fördert die weitere Leistungsbereitschaft und unterstützt die emotionale und mentale Erholung.

Ebenso hilft es, sich von der vergangenen Tätigkeit zu lösen und sein Wissen zu erweitern. Die nachbereitende Reflexion bringt Erkenntnisse auf Fragen, welche für eine weitere positive Leistungsentwicklung wichtig sind. Was hat sich bewährt? Wo liegen Entwicklungspotenziale? Was kann oder sollte beim nächsten Versuch anders gemacht werden?

Das Debriefing kann mit dem Trainer und/oder einer Begleitperson durchgeführt werden, ist aber genauso alleine möglich, je nachdem wer an diesem Prozess beteiligt war oder beteiligt ist. Reiter und Trainer sollten sich genügend Zeit und einen geeigneten Ort auswählen, um in Ruhe, sachlich und konstruktiv zu analysieren. Dafür ist eine realistische Selbsteinschätzung des Reiters von zentraler Bedeutung: Wie schätzt der Reiter seine eigenen Fähigkeiten, die Fähigkeiten seines Pferdes und die gemeinsam erbrachten Leistungen ein? Welche Ursachen werden bestimmten Ereignissen zugeordnet? Ist der Reiter selbstkritisch genug und ergründet Ansätze bei seinen eigenen Handlungen oder sucht er Ursachen und Lösungen lediglich in seinem Umfeld und in der Umwelt? Hilfreich für die Analyse sind im Weiteren „harte Fakten“, wie Videosequenzen, Richterbögen und/oder Turnierergebnisse. Besonders Bild-/Filmmaterial zeigt einem deutlich die eigene Leistung und kann dazu führen, dass gegebenenfalls Gefühl und Geschehenes auf einen Nenner gebracht werden. Nicht selten ist das Empfinden eines Reiters ein anderes, eines, das nicht zu dem abgespielten Video passt, sowohl im negativen als auch im positiven Sinne. Kommentare wie „So schlimm sieht es ja gar nicht aus“ oder „Das hat sich aber ganz anders angefühlt“ oder „Oh ja, meine Handhaltung ist deutlich zu hoch, das habe ich gar nicht gemerkt“ sind keine Seltenheit.
(Vgl. Hogg & Kellmann, 2002)

Videomaterial ist auch für den Trainer ein geeignetes Hilfsmittel, um seine Anmerkungen zu unterstreichen und dem Reiter sichtbar zu machen. Gleichzeitig ist eine Videoanalyse ein gutes Feedback für den Reiter. Der eigene Eindruck, das eigene Empfinden von dem Ritt aus der Innenperspektive wird dem Eindruck von außen (das Video als Außenperspektive) gegenübergestellt. Über Videosequenzen können dazu noch gut Fortschritte und Weiterentwicklungen dokumentiert werden.

Beispiel: Seit einiger Zeit knickt ein erfahrener Reiter vermehrt zur rechten Seite ein. Obwohl er immer wieder durch seinen Trainer darauf hingewiesen wird, fällt es ihm schwer, dies zu ändern. Der Fehler schlich sich unbewusst ein und fällt ihm selbst, auch wenn er am Spiegel entlangreitet, nicht auf. Erst bei der Videoanalyse, für die er einige

Male auf gerader Linie gefilmt worden ist, sieht er seine falsche Körperhaltung. Erst dann kann er aktiv, zusammen mit seinem Trainer, wirklich daran arbeiten. Bei diesem Beispiel wird deutlich, dass die Selbst- und Fremdwahrnehmung eine andere sein kann. Hat der Reiter ein anderes Gefühl als das, was der Trainer ihm mit auf dem Weg gibt, ist es manchmal für den Reiter schwierig, dies zu verändern. Erst durch die eigene Einsicht und Reflexion, zum Beispiel durch Videoanalyse und Experten von außen, wird es ihm gelingen, an seinen Fehlern zu arbeiten, da er selbst erkennen muss, was zu verändern ist, auch wenn sein erstes Gefühl ihm etwas anderes vermittelt.

Der Reitschüler hat durch gezielte Körperübungen auf dem Pferd und auch ohne Pferd seine Haltung beim Reiten verbessern können, da er durch die Visualisierung nachempfinden konnte, was sein Trainer genau meinte, und selbst bewusst gesehen hat, woran er arbeiten muss.

Das Debriefing-Modell nach J. M. Hogg

Das nachstehende Debriefing-Modell nach J. M. Hogg veranschaulicht die einzelnen Stufen des Prozesses und deren sinnvolle Reihenfolge.

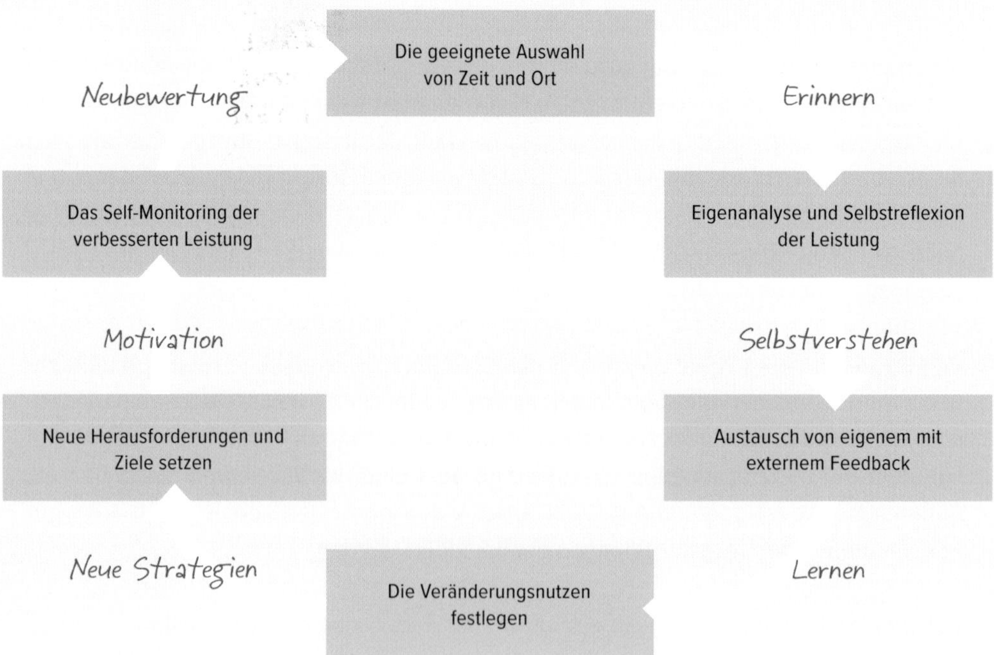

(In Anlehnung an Hogg & Kellmann, 2002, S. 92 ff.)

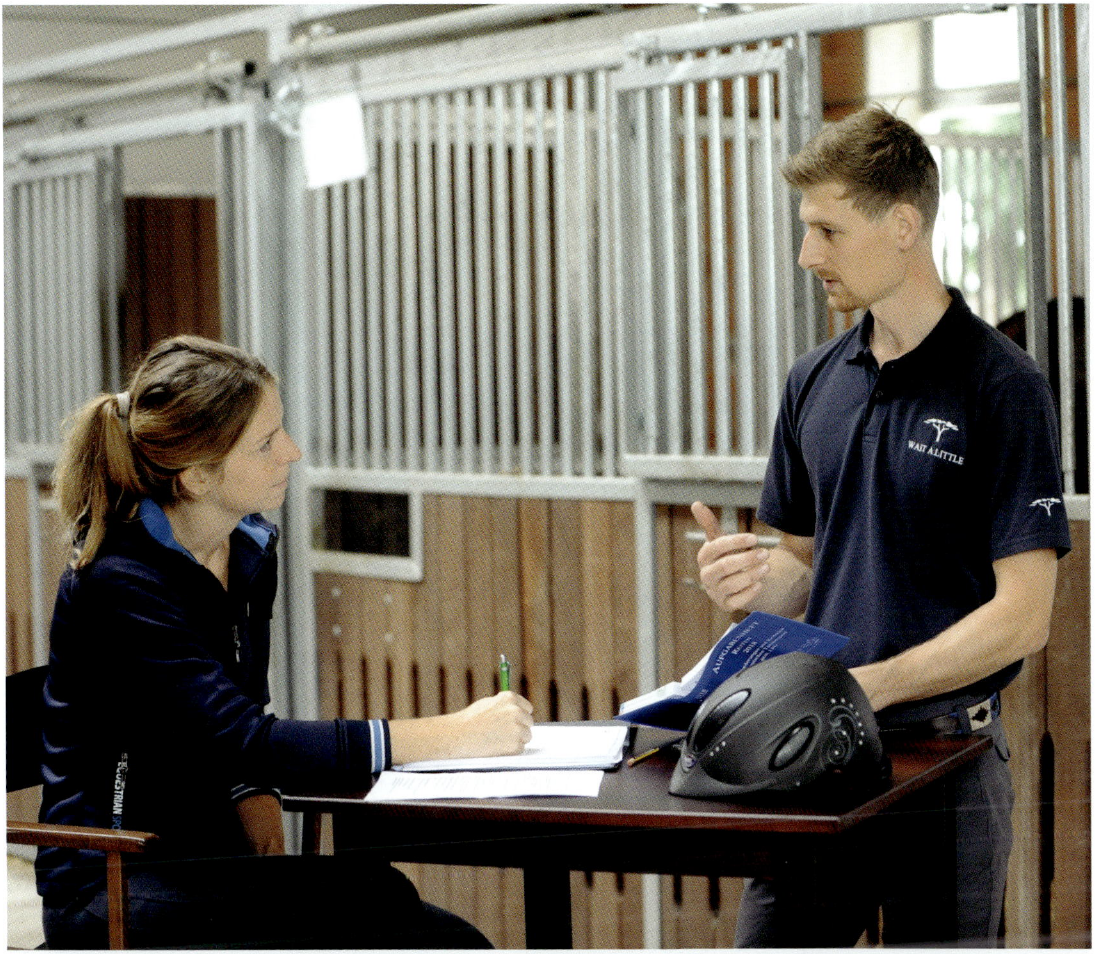

Die passende Nachbereitung ebnet den Weg für das Erreichen der nächsten Ziele: Analysieren, austauschen über die Geschehnisse mit einem Experten, einen neuen Plan für das Training erstellen und motiviert wieder in die Praxis gehen.

Die Auswahl der richtigen Zeit und der passenden Räumlichkeit (Ort) ist nach einem Erfolg natürlich einfacher als nach einem Misserfolg. Kritische Gespräche, unter anderem auf einem Turnier oder der Reitanlage, wo die Möglichkeit besteht, dass auch Außenstehende mithören können, sollten auf jeden Fall vermieden werden. Es gilt das Vier-Augen-Prinzip beziehungsweise es ist zu empfehlen, dass bei dem Gespräch nur die gewünschten Personen (Reiter, Trainer, Pfleger oder ein Elternteil) anwesend sind. Nach Misserfolgen sollte deswegen umso kritischer geschaut werden, in welchem Rahmen die Analyse diskret geführt werden kann. Entscheidend ist dabei auch die Wahl des Zeitpunktes. In vielen Fällen macht es Sinn, ein wenig Zeit vergehen zu lassen, damit die Emotionen nicht mehr auf „Hochtouren laufen" und die Situation neutraler betrachtet werden kann. Nach Ablauf einer gewissen Zeit steigt auch die Bereitschaft des Reiters, selbstkritisch zu schauen, was er in Zukunft besser machen kann.

Die folgenden Fragen helfen den Prozess der Selbstreflexion zu erleichtern.

Leitfragen:

- Was genau ist für mich passiert, zum Beispiel in dieser Unterrichtsstunde/bei diesem Training/auf dem Turnier/in dieser Saison?
- Was habe ich in dieser Unterrichtsstunde/bei diesem Training/Turnier/in dieser Saison gelernt – technisch, physisch, taktisch und mental? Wo und wann habe ich es gelernt?
- Was gedenke ich bei der nächsten Unterrichtsstunde/beim nächsten Training/Turnier/in der nächsten Saison genauso zu tun? Was gedenke ich anders zu machen? Was bedeutet dies für mich für die nächste Unterrichtsstunde/das nächste Turnier/die nächste Saison?

Konkrete Fragen:

- Welche Ziele hatte ich für diese Unterrichtsstunde/dieses Training/Turnier/ diese Saison?
- Wie habe ich die Unterrichtsstunde/dieses Training/Turnier/diese Saison erlebt?
- Wo stehe ich in Bezug zu meinen gesetzten Zielen? Inwieweit bin ich meinen Zielen näher gekommen?
- Was kommt als Nächstes? Welche Ziele strebe ich für die kommende Unterrichtsstunde/das kommende Training/Turnier/die kommende Saison an?
- Was kann/will ich ändern/verbessern?
- Habe ich bei der letzten Unterrichtsstunde/beim letzten Turnier/in dieser Saison alle Chancen genutzt, um eine optimale Leistung zu zeigen?

Wichtige Fragen zur Leistung:

- Wollte ich eher den Misserfolg vermeiden oder den Erfolg erringen?
- Gibt es Bedingungen (wie Bodenbeschaffenheit und Wetter), die mein Denken und meine Leistungsbereitschaft negativ beeinflussen?
- Kann ich flexibel mit unvorhergesehenen Veränderungen/Störungen (wie Zeitplanverschiebungen oder anderen organisatorischen Störungen) umgehen?
- Benutze ich meine Selbstschutzmechanismen (z.B. bei diesen Witterungsbedingungen kann ich keine gute Leistung bringen) als eine Ausrede für schlechte Leistungen? Was sind meine typischen Ausreden?
- Fordere ich genug von mir selbst oder spule ich mein Training einfach nur ab?
- Ist der Weg, den ich derzeit verfolge, effektiv und erfolgreich oder nicht? Oder muss ich neue Herausforderungen und Ziele festlegen beziehungsweise einen anderen Weg einschlagen?
- Nutze ich wirklich alle mir zur Verfügung stehenden Mittel? Bin ich bereit, meine Trainingsmethoden gemäß den neuen Anforderungen zu verändern und zu verbessern?
- Wer könnte mich noch beim Reiten und in meiner reiterlichen Weiterentwicklung unterstützen/mir helfen?

(Vgl. Hogg, 2002; Hogg & Kellmann, 2002)

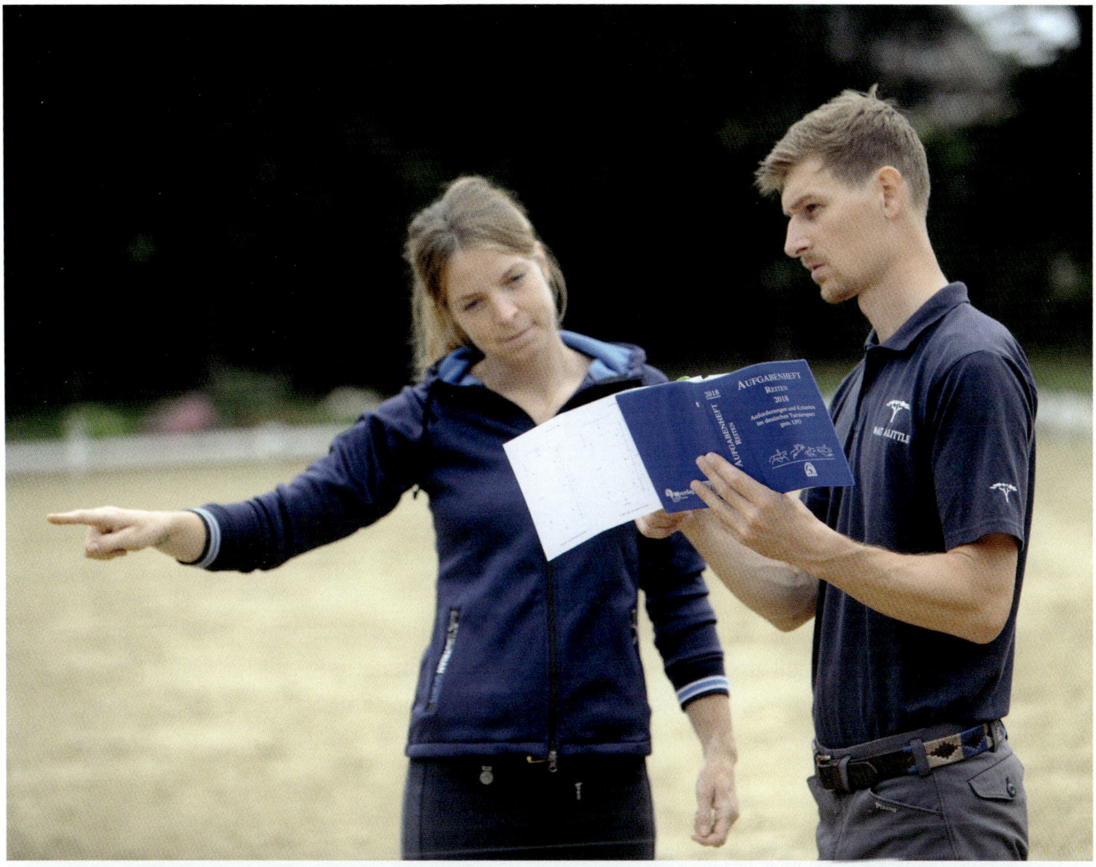

Der Austausch mit Trainern, Reiterkollegen oder anderen Experten kann die reiterliche Weiterentwicklung positiv unterstützen.

FALLBEISPIELE FÜR TRAINER

Grenzen erkennen und (externe) Unterstützung annehmen

Ein Reiter hat nach einem Unfall oder auch unbegründet so große Angst beim Reiten, dass an normalen Reitunterricht nicht mehr zu denken ist. Hier sind vielleicht weitere Hilfe und eine andere Expertise gefragt. Mit dem Debriefing hat der Trainer eine gute Methode, diese Thematiken mit dem Reiter zu analysieren und zu kommunizieren.

TIPP: Natürlich ist das ein schwieriges Thema und man scheut sich vor solchen Gesprächen. Wenn die Sorge groß ist, dass es zu gefährlich ist, den Reitschüler auf das Pferd zu lassen, dann ist es zwingend notwendig, so etwas anzusprechen. Das Vertrauen zwischen Trainer und Reitschüler macht so ein Gespräch einfacher, denn im Wort Vertrauen steckt auch trauen, das heißt, der Trainer kann sich trauen, das Thema anzusprechen. Ebenso sollte der Reitschüler dem Trainer vertrauen, dass dieser nur das Beste für ihn und sein Pferd möchte. Es ist somit wichtig, diese Gefühle anzusprechen. Falls der

Reiter durch geschicktes Nachfragen dies nicht thematisiert, können nachfolgende Sätze als „Gefühlsöffner" helfen: „Ich kann mir gut vorstellen, dass du in dieser Situation noch Angst/Respekt hast." Auch: „Wenn ich mir vorstelle, ich bin in deiner Situation, dann würde ich vermutlich unsicher und ängstlich sein." Der Trainer sollte dann auch seine fachlichen Grenzen aufzeigen und vermitteln: Hier brauchen wir weitere professionelle Hilfe.

Ein Reitschüler sitzt schlecht, es ist ihm nicht möglich, in der Mittelpositur mitzuschwingen, vielleicht ist ein körperliches Problem vorhanden, das erst einmal orthopädisch/physiotherapeutisch gelöst werden muss. Wie gehe ich als Trainer oder Reiter damit um, wie kommuniziere ich meine Bedenken? Als Trainer sollte ich die Unterstützungsleistungen sowohl für den Reiter (Physiotherapie, Fitness, Sportmedizin, Sportpsychologie etc.) als auch für das Pferd (Tierarzt, Pferdephysiotherapeut, Hufschmied, Fütterung etc.) kennen. Es gehört immer eine Vielzahl an Komponenten zu einem erfolgreichen Reiter-Pferd-Team. Der Trainer muss nicht in jeder Sparte Experte sein, sondern kann (so wie es auch die Profis machen) mit anderen Fachbereichen zusammenarbeiten. Hier können eine konstruktive Zusammenarbeit und auch der Austausch der unterschiedlichen Fachpersonen einen erheblichen Leistungsfortschritt herbeiführen. Die Hinzunahme zeichnet professionelles Handeln aus.

Wie erkenne ich als Reiter meine eigenen Grenzen?

Wichtig ist hier eine offene Kommunikation zwischen Trainer und Reiter sowie eine realistische Analyse über das Pferd. Dies kann durch ein Video beim Unterricht oder bei Turnierreitern durch Videoaufnahmen der Prüfungen, verbunden mit den Richtereinschätzungen erfolgen. Man sollte sich über seinen Leistungsstand bewusst sein, sinnvolle selbstreflektierende Fragen dazu sind: Was kann ich gut? Was kann ich vielleicht noch nicht so gut? Woran muss ich arbeiten? Mit welchem Einsatz will ich das angehen? Zudem sollte auch das Gefühl, was der Reiter dazu hat, nicht außer Acht gelassen werden. Fühlt der Reiter sich wohl mit den gestellten Aufgaben oder ist er damit überfordert? Meistens hilft eine Skalierungsabfrage, um seine eigene Leistung bewerten zu können und sich ehrlich einzugestehen, wo die eigenen Grenzen liegen. Das Besondere am Reitsport ist, dass man mit Lebewesen zusammenarbeitet und diese einem fast immer sofort zeigen, wenn sie falsch angeleitet werden oder ihnen nicht genügend Sicherheit gegeben wird. Die Pferde spiegeln meist „unverblümt" den Leistungsstand beim Reiten und den des Reiters wider.

3

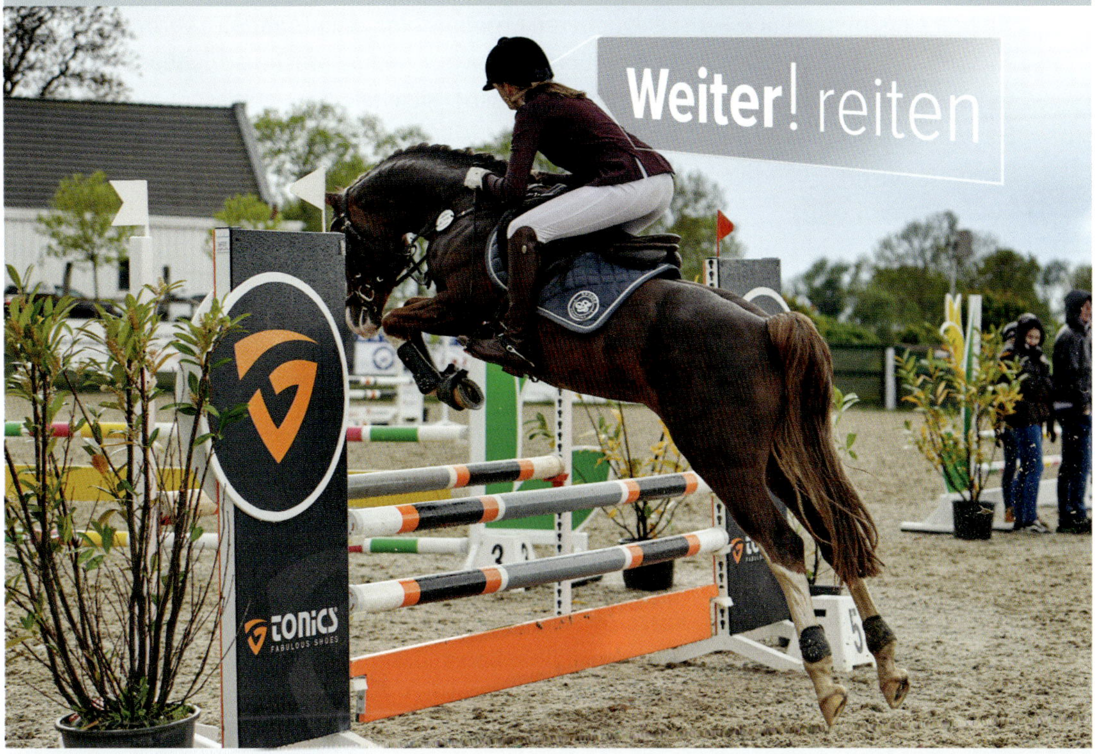

Meine persönlichen Leitsätze

Ein alter Indianer erzählt seinem Enkel: „In meiner Seele wohnen zwei Wölfe: Einer ist der Wolf der Dunkelheit, der Angst, des Misstrauens und der Verzweiflung. Der andere ist der Wolf des Lichts und der Liebe, der Lust und der Lebensfreude.“ Der Enkel fragt: „Und welcher der beiden gewinnt?“ Der Indianer antwortet: „Der, den ich füttere.“

(Indianische Weisheit)

Häufig werden Wünsche/Träume nicht weiter verfolgt oder Herausforderungen nicht weiter angenommen, weil der innere Dialog umkippt und der „innere Zweifler“ mit seinen negativen Botschaften dominiert. Typische Aussagen dazu sind: „Ich schaffe das heute nicht, das ist zu schwer für mich“ oder „Ich kann mich heute einfach nicht konzentrieren.“ Derartige negative Gespräche, die oft mit Ratlosigkeit und Ängsten gekoppelt sind, gehen mit einem schwächeren Ergebnis einher. Energie wird verbraucht und mentale Ermüdung wird herbeigeführt. Positive Selbstgespräche beziehungsweise Leitsätze dagegen erhöhen die Anstrengungsbereitschaft. Sie verbessern die Aufmerksamkeit auf die wesentlichen Reize/Dinge, das Selbstvertrauen und die Stimmung. Sie unterstützen auch die Erholung nach einer Verletzung. (Vgl. Beckmann & Elbe, 2008, Mayer, 2018)

Gemäß dem vorherigen Zitat ist es wichtig, dass die individuellen Leitsätze erarbeitet werden, damit der Reiter sich das richtige „Futter“ gibt. Für die Leitsätze gilt, sie sind immer positiv und handlungsorientiert, in Gegenwartsform und persönlich formuliert. Die positive und handlungsorientierte Formulierung meint, dass beschrieben wird, was der Reiter genau tun will. In diesem Sinne wird sich selbst ein Kommando gegeben „Schenkel ran, Hand tief, Kopf hoch“. Die Formulierung erfolgt in der Gegenwartsform, persönlich und mit den eigenen Worten, sodass der Reiter in dem entscheidenden Moment etwas verändern beziehungsweise optimieren kann. Bei den Leitsätzen können alle Sinnesmodalitäten (d.h. Sinnessysteme wie Sehen, Hören, Fühlen, Riechen und Schmecken) genutzt werden. Kurze und einfache Leitsätze mit einer klaren Aussage sind sehr wirkungsvoll. Gedanken und Gefühle beeinflussen sich, wobei Gedanken die Gefühlswelt und Emotionen lenken. Über die Gedanken können somit auch die Emotionen gesteuert werden. Damit werden weitere Energie und Kräfte freigesetzt. (Vgl. Porter & Foster, 1988; Lurz & Fargel, 2012; Mayer, 2018)

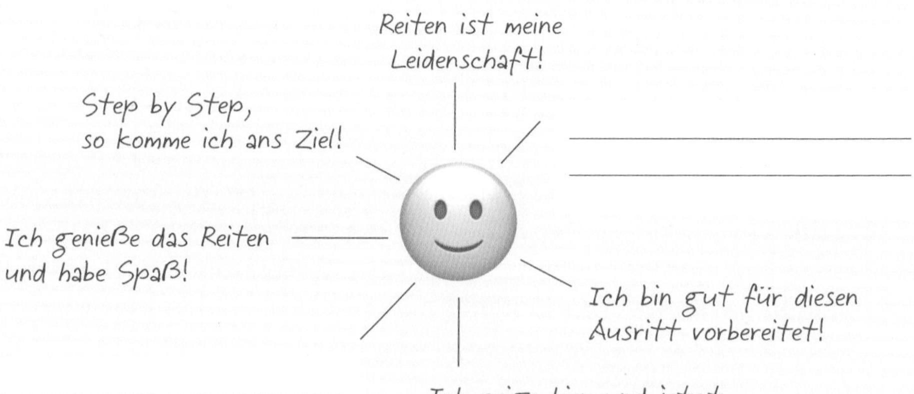

„Gleich lässt mein Pferd mich bestimmt wieder hängen."	„Ich habe einen genauen Plan, was wir heute reiten."
„Jetzt dreht mein Pferd wieder ab, oh je, und alle sehen das."	„Ich habe durch meinen Trainer gelernt: Zügel nachfassen, aufrecht sitzen und mit dem inneren Schenkel weitertreiben."
„Heute ist ihm zu kalt, er klemmt total."	„Ich löse mein Pferd länger und reite vermehrt Trab-Galopp-Übergänge bis es losgelassener wird."
„Er sieht mal wieder in jeder Ecke Gespenster."	„Ich muss die Ecke konsequent im Schulterherein anreiten."
„Heute hat er wieder keine Lust."	„Ich signalisiere ihm meine Freude am Reiten und lobe ihn."
„Eigentlich kann er das, er veräppelt mich wieder."	„Mit meiner Unterstützung zeigt er das, was er kann."

Erarbeitung der Leitsätze und Training des inneren Dialogs

Zur Verbesserung des inneren Dialogs sollte vorab erkannt werden, wie der Reiter selbst mit sich spricht. Diese Arbeit lohnt sich ganz bestimmt, denn wenn der Reiter sich oft genug das Scheitern einredet, dann wird es im Sinne von sich selbst erfüllenden Prophezeiungen auch passieren. Das gilt zum Glück auch im Umkehrschluss. Positive Selbstgespräche führen dazu, dass die Ziele eher erreicht werden und sich ein besseres Gefühl einstellt. Deshalb: Ran an die Arbeit! Dazu wird ein DIN-A4-Blatt senkrecht in zwei Hälften gefaltet. Auf die linke Seite werden alle typischen negativen Selbstgespräche geschrieben. Diese werden dann auf der rechten Seite durch geeignete positive Sätze ersetzt, ebenso werden die bereits bestehenden positiven Sätze hinzugefügt. Es gilt: „Sprich mit dir selbst so, wie du willst, daß andere mit dir sprechen." (Lazarus & Lazarus, 2014, S. 17). Dabei werden die vorher aufgeführten Anregungen beachtet. (Vgl. Beckmann & Elbe, 2008)

Die Leitsätze kann man in der Marketingsprache oder sportlicher formuliert auch „selbstbezügliche Werbe-Claims" (Bohne, 2010, S. 23) nennen. Die erarbeiteten Sätze werden systematisch trainiert, in das Training/die Unterrichtsstunde eingebaut und sind damit in unterschiedlichsten Situationen beim Reiten abrufbar. Es gilt ab jetzt Gedankenkontrolle beziehungsweise Gedankendisziplin. Die über die Gedanken erzeugten positiven Emotionen geben weiteren Rückenwind. (Vgl. Beckmann & Elbe, 2008; Bohne, 2010; Lazarus & Lazarus, 2014; Lurz & Fargel, 2012)

FALLBEISPIEL

Die richtige Distanz ist das „A" und „O" für Springreiter. Erfahrenen Reitern fällt dies sicherlich leichter als Amateuren. Dieses Problem plagte eine Reiterin, die während des Parcoursreitens ständig von den Zweifeln einer falschen Distanz eingeholt wurde. Daraus resultierte, dass sie im Parcours vergaß, ihre Pferde vorwärtszureiten und im Rhythmus zu bleiben, sodass sie häufig eine zu dichte Distanz erwischte und auch zwischen Distanzen einen Galoppsprung mehr ritt als eigentlich vorgesehen.

TIPP: Nachdem der Trainer ihr den Tipp gab, immer an das kleine Wörtchen „weiter" zu denken, führt sie sich dieses im Parcours immer wieder vor Augen und baut es in ihr Selbstgespräch ein. Somit werden die Zweifel gegen eine positive Anleitung, in diesem Fall „Weiterreiten!", ausgetauscht. Nach einigen Übungseinheiten konnte sie so ihren Rhythmus im Parcours und auch ihr Distanzgefühl verbessern (siehe Seite 79, Modul „Das persönliche innere Drehbuch").

4

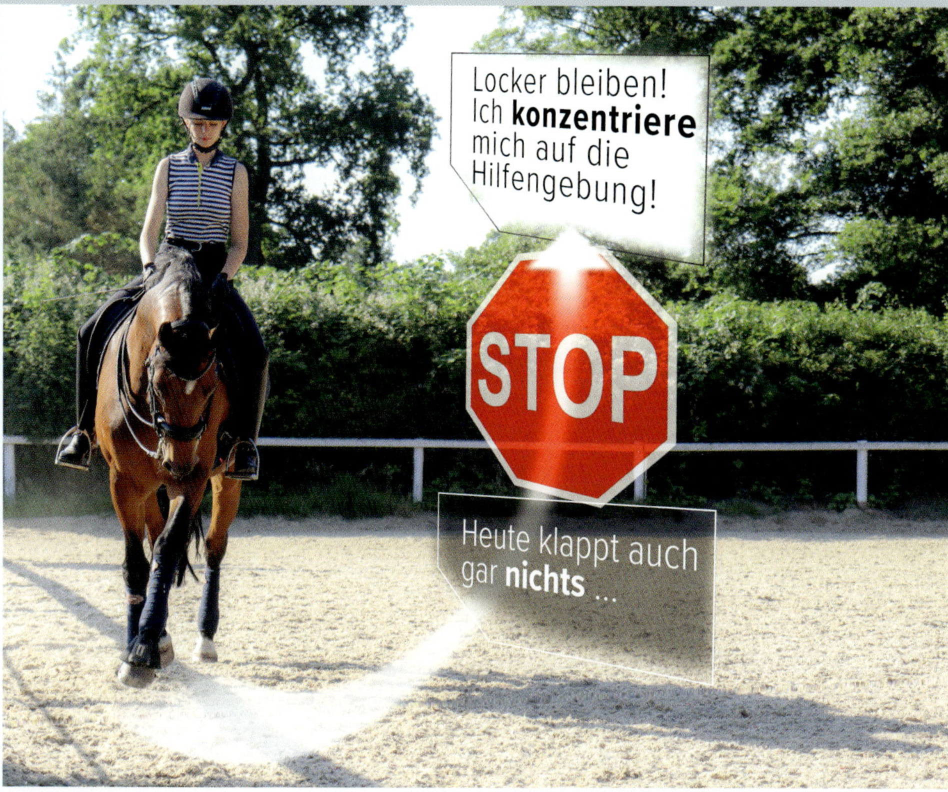

Erste-Hilfe-Maßnahmen zum Ausschalten von Störgedanken

Reiter sind besonders dazu angehalten, ihre Gedanken und Selbstgespräche zu kontrollieren und zu hinterfragen, da sich diese unmittelbar auf die Handlungen beziehungsweise auf das Pferd auswirken können. Störgedanken und negative Gedanken, wie „Heute klappt aber auch gar nichts" oder „Ich krieg den fliegenden Wechsel einfach nicht hin, wahrscheinlich reite ich einfach nicht gut genug" haben leider die Eigenschaft, dass sie sich nicht vorher anmelden, sondern sie schleichen sich ein. Dazu ist ein zugelassener negativer Gedanke auch noch der ideale Nährboden für weitere kritische und störende Gedanken. Damit ist der Teufelskreis in Gang gesetzt. Doch es gibt einige effektive Strategien dagegen, die auch während des Trainings mit dem Pferd beziehungsweise im Unterricht eingesetzt werden können. Nachfolgend werden drei Übungen zum Ausprobieren vorgestellt. Jeder sollte für sich prüfen: Was passt für mich zum jetzigen Zeitpunkt? Einige Reiter berichten, dass sie mit der „Stopp-Intervention" gut klarkommen, wenn sie schon auf dem Pferd sitzen und den „Resetknopf" eher vorher nutzen. Damit wird deutlich, mentales Training ist ganz individuell, sollte erprobt und variabel eingesetzt werden.

Gedankenstopp

Beim Auftauchen von Gedanken, die für das Reiten und Training störend oder ablenkend sind, kann diese Gedankenkette mit dem Stopp-Signal unterbrochen werden. Man sagt dazu unmittelbar zu sich selbst „Stopp!" und/oder sieht vor dem inneren Auge ein Stoppschild (das Verkehrsschild). Das Wort „Stopp!" wird dabei so lange wiederholt, bis die störende Gedankenkette komplett unterbrochen ist.

„Drop the thought!"
(Dalai Lama)

Danach folgt eine kurze Entspannungsphase (z.B. durch tiefes Durchatmen mit bewusst verlängerter Ausatmung, im Schritt am langen Zügel) und dann eine Vergegenwärtigung der eigenen Stärken und der handlungsleitenden Sätze beziehungeweise Selbstinstruktionen: „Ich bleibe ruhig und konzentriere mich auf meine Hilfengebung. Ich reite bewusst in die Ecke, visiere den Punkt an, an dem ich die Lektion reiten möchte, und gebe die entsprechende Hilfe ... ." Wichtig ist, dass positive Alternativgedanken eingesetzt werden, ansonsten kehren die negativen Gedanken zurück. Hier ist besonders die Frage hilfreich: „Was muss ich tun (Welche Hilfen muss ich geben?), um zum Beispiel die gewünschte Lektion zu reiten?" Das heißt, der Reiter legt seinen Fokus ganz bewusst auf seine Handlung und formuliert gezielt sein Selbstgespräch und sortiert seine Gedanken für die bevorstehende Aufgabe. Danach ist der Reiter optimal eingestimmt und kann die Aufmerksamkeit wieder ganz auf das Reiten richten. (Vgl. Baldasarre, Birrer & Seiler, 2003; Fliegel, Groeger, Künzel, Schulte & Sorgatz, 1981)

Magnetfilter

Der Reiter stellt sich vor durch einen Magnetfilter zu gehen. Beim Durchqueren des Filters, bleiben alle kritischen Gedanken (wie „Ich bin so steif und verkrampft", „Wieder klappt das nicht", „Gleich erschrickt sich mein Pferd wieder" oder „Ich kann mich nicht im Sattel halten") am Filter hängen wie die Flusen im Sieb eines Wäschetrockners. Auch hier ist es sehr nützlich, wenn der Reiter mit dem Rausgehen aus dem Magnetfilter die Leitsätze für sich präsent hat. Die negativen Gedanken werden im Sieb herausgefiltert und die positiven Leitsätze stehen im Vordergrund. Sie steuern das Handeln/Reiten. So wird der mentale Computer wieder mit der richtigen Software geladen. (Vgl. Savoie, 2006)

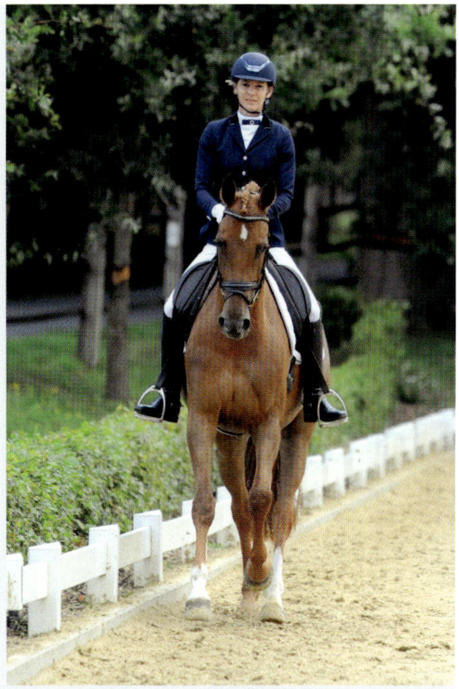

Durch die Vergegenwärtigung der eigenen Stärken, der „Pferdestärken" und Leitsätze wird der richtige Fokus hergestellt.

Resetknopf

Ein Reset ist erforderlich, wenn das System nicht mehr richtig funktioniert und sich die negativen Gedanken und Fehler aus der Vergangenheit einschleichen. Dazu stellt sich der Reiter vor, dass er einen Reset des eigenen mentalen Computers macht, um alle Störungen und Falschverknüpfungen zu korrigieren. Der Resetknopf wird gedrückt, der Computer fährt herunter und fährt mit geordneter Software sauber und ordentlich wieder hoch. Die mentale Gesamtsituation ist dabei vergleichbar mit der eines Computers. Mit dem richtigen Programm läuft es wieder. Die Vorstellung des mentalen Systemneustarts mit geordneten Gedanken ist Hauptbestandteil der Übung und kann durch die verlängerte Ausatmung (alles, was belastet und stört, wird in die Ausatmung gepackt), die Vergegenwärtigung der Stärken und Leitsätze und eine körperliche Aktion unterstützt werden. So wenden sich beispielsweise Tennisspieler nach einem schlechten Ballwechsel ab, machen einen Reset, und wenn sie sich wieder umdrehen, geht es weiter mit selbstbewusster Körperhaltung (siehe Seite 117, Modul „Embodiment") und dem richtigen Programm. Der Reiter kann dies ebenso für sich nutzen und zum Beispiel über das Reiten einer Volte neu mit dem richtigen, aktuellen Programm starten. (Vgl. Beckmann & Elbe, 2008)

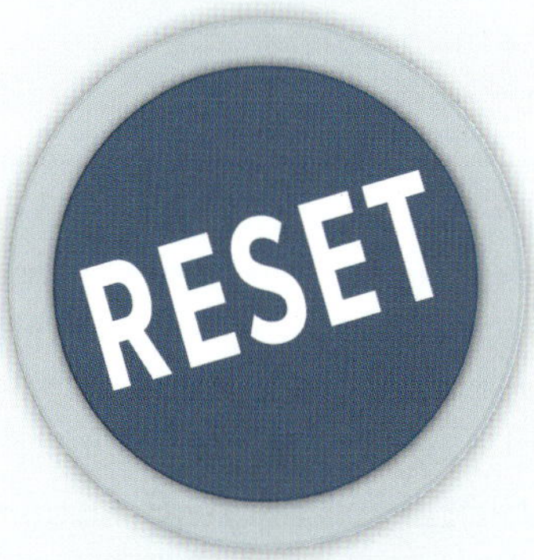

5

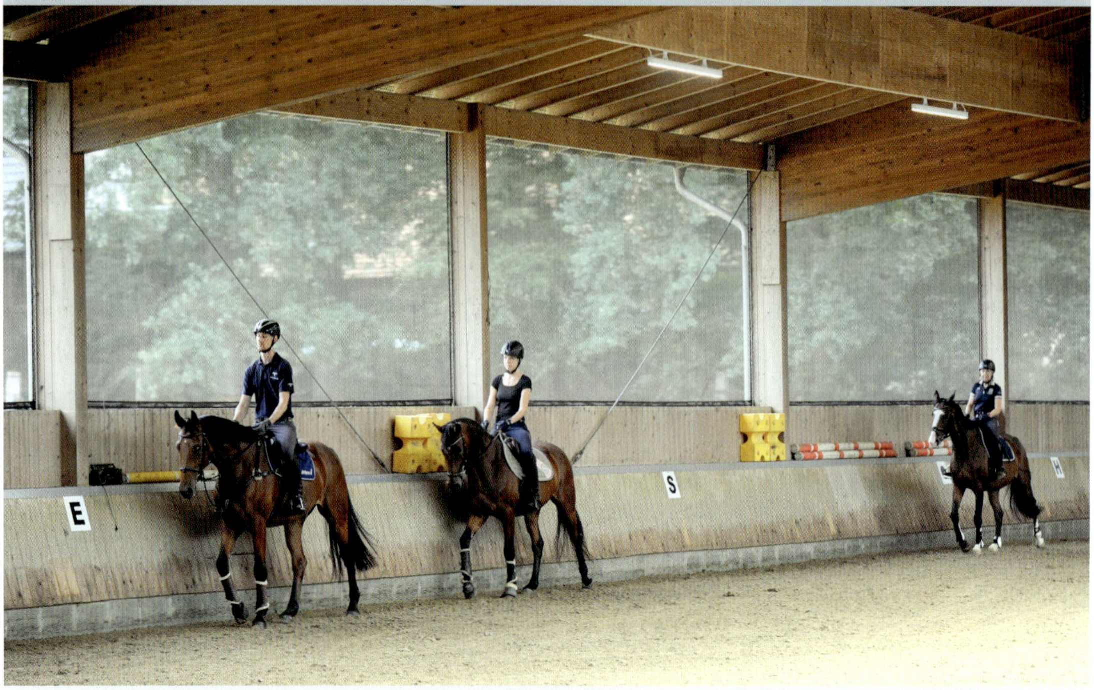

Auch wenn mit anderen Reitern trainiert wird, sollte der Fokus auf den Entwicklungsprozess des eigenen Leistungsstandes gelegt werden.

Der Weg zu mehr Selbstsicherheit

„Selbstbewusste verwandeln Probleme in Gelegenheiten, Unsichere machen es unbewusst umgekehrt."

(Ernst Ferstl)

Die Wahrnehmung und Beobachtung der „anderen" spielt im Reitsport eine bedeutende Rolle. Nicht nur auf Turnieren, sondern auch in Reitbetrieben oder Vereinen kann es passieren, dass sich Reiter untereinander vergleichen, etwas beweisen wollen oder ihre Leistung durch Personen beeinflusst wird, die beispielsweise nur am Rande zuschauen. Die Wahrnehmung eines Mit(st)reiters als schwächer oder stärker beeinflusst die Erfolgsaussicht, da sich der Fokus auf diesen ausrichtet. Auch unabhängig von anderen Personen kann es sein, dass es dem Reiter an Zuversicht und Selbstsicherheit fehlt, dass er sich bestimmten Aufgaben mit dem Pferd nicht gewachsen fühlt oder ihm beim Reiten immer wieder Selbstzweifel einholen. Techniken zur Stärkung des Selbstbewusstseins sind deshalb wichtig, sie helfen im Umgang mit herausfordernden oder unangenehmen Situationen und starker Konkurrenz. (Vgl. Engbert, Lockingen & Heiss, 2012)

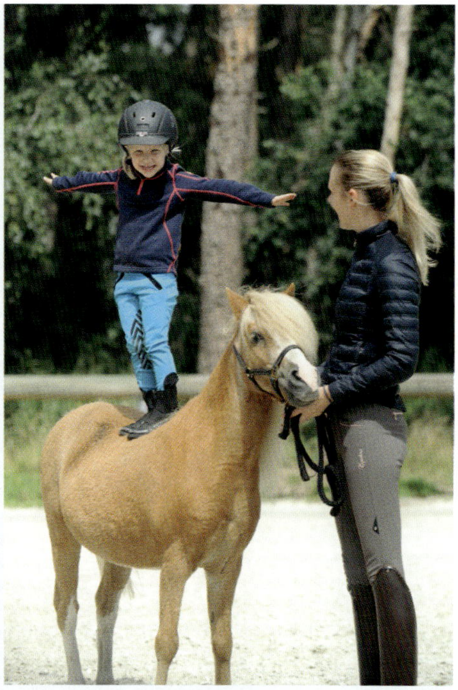

Frühe positive Erfahrungen im Umgang mit Pferden fördern das Selbstvertrauen.

Um selbstbewusst an Aufgaben heranzugehen, ist die Selbsteinschätzung eines Reiters von großer Bedeutung. Dafür gilt zunächst zu klären:

- Was denke ich von mir?
- Fühle ich mich der Situation gewachsen oder werde ich von Selbstzweifeln eingeholt? Wo kommt diese Unsicherheit her?
- Was könnte hinter dieser Angst stecken?
- Gibt es andere ähnliche Situationen, die dieses Gefühl in mir hervorrufen?

Der Reiter muss sich bewusst machen, dass seine Gefühlswelt (in diesem Fall z.B. Unsicherheit) eine Ursache und somit auch einen Grund hat, warum dieses Gefühl auftaucht. Es ist sehr hilfreich, sich damit auseinanderzusetzten, um Veränderungen herbeizuführen. Das erfordert Geduld. Viele Dinge passieren seit Jahren unbewusst und haben sich oft ungewollt in der Persönlichkeit festgesetzt. Mittlerweile ist bekannt, dass die Persönlichkeit eines Menschen schon sehr früh geprägt und geformt wird. Dieser Prozess startet mit der Schwangerschaft, also bereits im Bauch der Mutter. Die ersten Jahre eines Kindes haben großen Einfluss darauf, ob dieses zum Beispiel voller Selbstzweifel oder voller Selbstbewusstsein heranwächst.

Zurück zum Reiter: Das Hervorholen von positiven Eigenschaften und Handlungen ist der erste Schritt zu einer positiveren inneren Haltung. Dabei hilft es, sich auf seine Stärken zu beziehen und sich diese vor Augen zu halten. Das muss gut vorbereitet sein, denn bei Herausforderungen und unangenehmen Situationen schleicht sich schnell der innere Zweifler ein. Dem inneren Zweifler/Kritiker einen Namen zu geben hilft, sich von diesem abzugrenzen und den ungünstigen inneren Dialog wie zum Beispiel „Du bist nicht gut genug, das schaffst du sowieso nicht" diesem zuzuordnen und nicht für bare Münze zu nehmen. (Vgl. Rubin, 2018, S. 19)

Strategien für mehr Selbstbewusstsein

◄))) **Audio**

Magic Moments:
Glück, Erinnerungen, Momente der Entspannung und Freude

✓ Um selbstbewusster zu werden, sollte ich die Einschätzung, die ich von mir selbst (als Reiter) habe, verändern.

Was möchte ich (als Reiter) in Sachen Selbstbewusstsein gern verändern:

____

____

✓ Dabei gibt es nur die Begrenzungen, die ich mir selbst stecke. Ich schüttele meine bisherigen, begrenzenden Einstellungen ab und merke, wie viel ich eigentlich kann und auch schon geleistet habe.

Mein innerer Kritiker trägt den Namen (z.B. Feldwebel, Miesepeter, Teufelchen):

____

Folgende Begrenzungen und negative Gedanken lasse ich nun los:

____

____

✓ Ich vergegenwärtige mir meine Stärken (siehe Zielbestimmung).

Meine reiterlichen und persönlichen Stärken:

____

____

✓ Ich nutze die Visualisierungen und meine persönlichen Leitsätze (siehe Seite 27, Modul „Meine persönlichen Leitsätze"), damit programmiere ich mein Unterbewusstsein genau richtig. Ich lasse also den inneren Kritiker oder das schlechte Futter zu Hause und nehme den inneren Befürworter beziehungsweise das gute Futter mit.

Meine positiven Leitsätze, die ich gegen meinen Kritiker austausche:

____

____

✓ Ich erinnere mich an Situationen, in denen ich absolut selbstbewusst war, und überlege, welche Faktoren (Gedanken und Gefühle) dazu führten. Ich halte dies schriftlich fest und nutze die Aufzeichnungen in kritischen Situationen.

Meine guten Erinnerungen an einen erfolgreichen Ritt, ein gutes Training oder eine schöne Situation, in der ich mich selbstsicher gefühlt habe:

____

____

✓ Ich vergegenwärtige mir vergangene Erfolge und sehe mich selbst erfolgreich. Diese positive Erinnerung nutze ich bewusst für mich.

Was ich schon erreicht habe (vergangene reiterliche Erfolge, Fortschritte):

____

____

✓ Mein Selbstvertrauen wird gesteigert, wenn ich mein erfolgreiches Handeln bewusst und positiv abspeichere und mir dieses immer wieder vor Augen führe.

✓ Mit der „Als-ob"-Methode kann ich meine Unsicherheit in Selbstbewusstsein umwandeln. Wenn ich also so agiere, **als ob** ich eine bestimmte Stimmung und Einstellung hätte, dann habe ich diese zum Schluss auch tatsächlich. Die Chemie des **vorgetäuschten** Gefühls ist nämlich gleich mit der des **echten** Gefühls. Wenn ich selbstsicher sein will, dann sollte ich mich auch so verhalten, **als ob** ich selbstbewusster wäre. Denn ich steuere meine innere Einstellung durch die Veränderung meiner Körperhaltung, meiner Atmung, meiner Mimik und meiner Stimmlage. Es besteht immer die Wechselwirkung, sowohl von innen nach außen als auch von außen nach innen. Wenn ich nach außen durch meine Körperhaltung (siehe Seite 117, Modul „Embodiment"), Atmung, Mimik und Stimme Selbstvertrauen zeige, dann verändert sich auch mein „inneres" Gefühl. Damit schaffe ich mir die richtigen Gefühle.

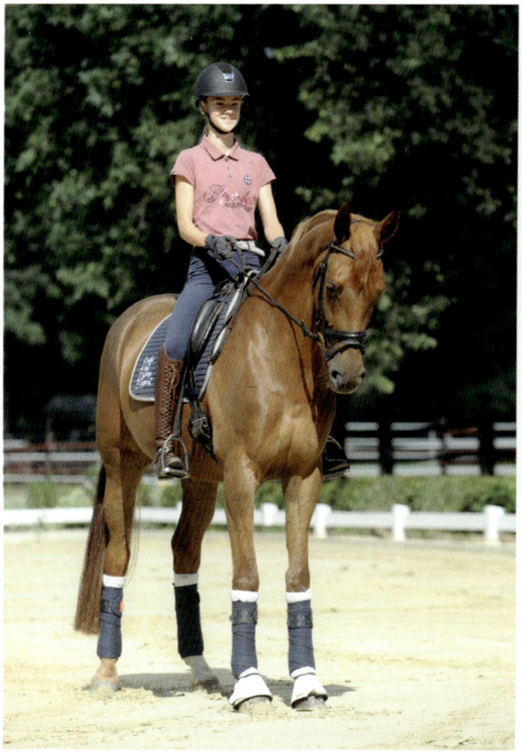

Das innere Gefühl wird durch eine selbstbewusste Körpersprache gestärkt.

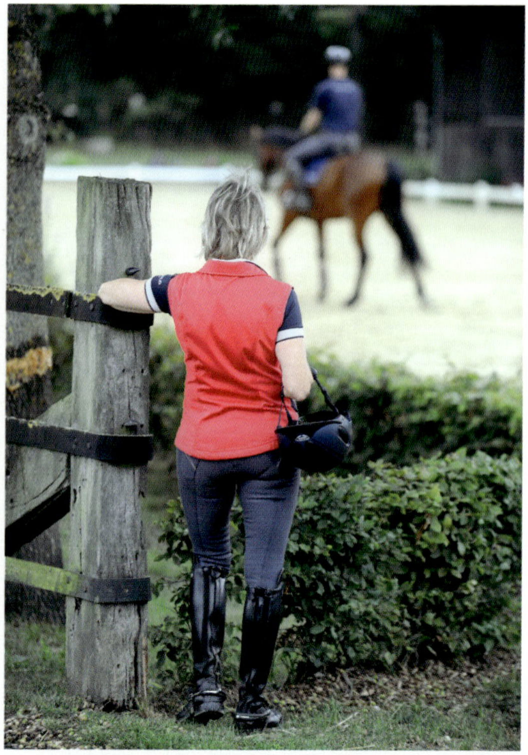

Anderen Reitern zuzuschauen erweitert auch den eigenen Horizont.

✓ Statt neben mir zu stehen, bleibe ich bei mir. Ich setze Aktivitäten (wie tief Luft zu holen, mein Gesicht zu reiben, etwas zu trinken oder guten Bodenkontakt zu haben) ein, die mir helfen, dass ich meinen Körper gut spüre.

✓ Ich kann auch mit einem Rollenspiel arbeiten. Ich suche mir dazu einen Reiter aus, der aus meiner Sicht selbstbewusst ist. Jetzt verhalte ich mich so, als ob ich die andere Person wäre.

✓ Ich beobachte erfolgreiche Reiter meines Niveaus, die eine vergleichbare Aufgabe zu bewältigen haben. Dadurch kann ich ein gutes Bild von der Art der Herangehensweise erhalten.

✓ Ich nutze Videoaufzeichnungen, die ich mir an einem ruhigen Ort anschaue. Dies können Aufzeichnungen von eigenen Erfolgserlebnissen sein oder auch Aufzeichnungen von Reitern, die mir ähnlich sind und die ich bewundere. Ich achte darauf, dass die Aufzeichnungen sich an meinen Fähigkeiten oder an meinem aktuellen Leistungsvermögen orientieren. Ich kann die Aufzeichnungen entsprechend variieren, mehrmals wiederholen und bei Bedarf durchaus auch in Zeitlupe anschauen.

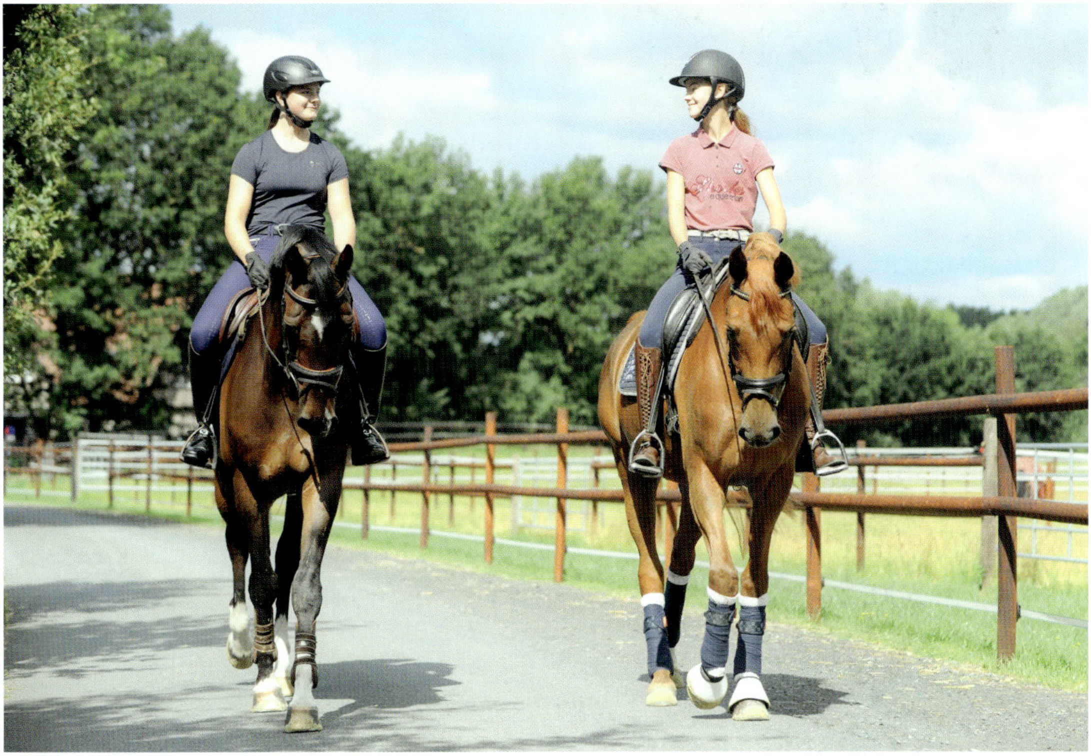

Ein positives Umfeld stärkt den Reiter in allen Bereichen des Pferdesports.

✓ Ich begebe mich in ein Umfeld, in dem ich mich wohlfühle, und umgebe mich mit Personen, die glaubwürdig sind, mir guttun und mich stärken.

Bei diesen Personen und in diesem Umfeld fühle ich mich wohl:

____

____

✓ Ich trete im Bewusstsein meines realen Alters und des aktuellen Zeitpunktes an. Ich mache mir dazu klar, dass ich nicht mehr der „kleine Reiter von damals“ bin. Ich habe mich weiterentwickelt und habe für diese Herausforderung trainiert.

✓ Ich trainiere meine körperlichen Fähigkeiten wie Ausdauer, Koordination, meine Beweglichkeit und Kraft. Durch ein besseres Körpergefühl fühle ich mich selbstbewusster und fitter.

(Vgl. Beckmann & Mattheis, 2012; Bohne, 2004; Savoie, 2006; Schinke, 2006; Schliermann & Hülß, 2008)

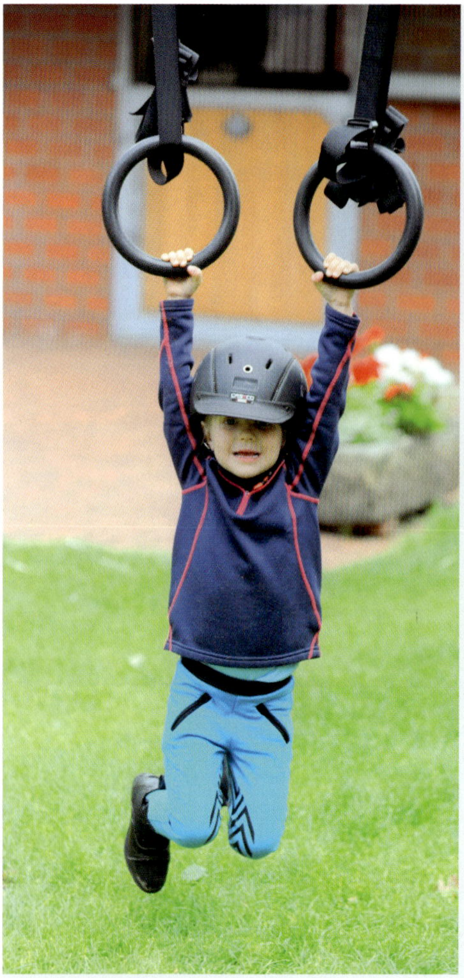

Vielseitige Ausbildung fördert die eigene Stärke.

FALLBEISPIELE FÜR TRAINER

Integration einer Reitschülerin mit geringer Selbstwirksamkeit

In eine Gruppe mit drei gleichaltrigen Kindern von 7 bis 9 Jahren gehört eine Reitschülerin mit geringem Selbstbewusstsein, die sehr zurückhaltend ist. Das Kind ist sehr unsicher, will aber unbedingt reiten und alles mitmachen. Die Reitschülerin reitet seit ca. einem Jahr und damit genauso lange in dieser Gruppe wie die anderen Kinder. Die anderen Kinder übernehmen beim Putzen meistens ihre Aufgaben mit, da sie oft äußert, dass sie dies oder jenes nicht kann, obwohl das objektiv nicht zutreffend ist. Nimmt man sich viel Zeit und lässt sie ihre Aufgaben mit viel Geduld und weiteren Erklärungen erledigen, funktioniert dies. Allerdings besteht dann schnell die Gefahr, dass sie vor den anderen Kindern bloßgestellt wird und dass die Geduld des Trainers nicht immer gegeben ist, sodass die alten Verhaltensmuster der Reitschülerin schnell wieder durchkommen und sie viele Sachen einfach nicht „kann", weil sie diese, ohne sie zu probieren, an ihre Gruppe abgibt.

TIPP: Es ist hilfreich, wenn mit den Eltern und dem Kind vereinbart wird, dass das Kind das Putzen und Fertigmachen des Pferdes zunächst in der Einzelbetreuung lernt.

Dabei kann auch vorsichtig geklärt werden, was die Reitschülerin von sich denkt. In die Erarbeitung können die bereits zuvor genannten Fragen punktuell mit eingebaut werden:

- Was denkt das Mädchen von sich?
- Fühlt es sich der Situation gewachsen oder wird es von Selbstzweifeln eingeholt? Wo kommt diese Unsicherheit her?
- Was könnte hinter dieser Angst stecken?
- Gibt es andere ähnliche Situationen (z.B. in der Schule), die dieses Gefühl in ihr hervorrufen?

Wenn genügend Sicherheit vorliegt, kann das Kind dann in der Gruppe mitmachen. Den anderen Kindern sollte vorab erklärt werden, dass sie ihre Reitfreundin unterstützen, aber nicht ihre Aufgaben übernehmen sollen. Ergänzend dazu könnte der Trainer mit ihr einen kleinen „Handzettel“ erarbeiten, auf den die einzelnen Schritte aufgemalt (je nach Alter und Schreibkompetenz des Kindes) oder aufgeschrieben sind. Dieser „Handzettel“ ist ein guter Anker für das Mädchen, sodass sie auch in der Gruppensituation wieder die Sicherheit hat: Ich kenne die Abläufe und kann das.

In diesem Fall sollte angesprochen werden, wie das Kind in anderen Bereichen reagiert, etwa in der Schule oder bei sonstigen neuen Situationen/Herausforderungen. Vielleicht hat sie hier schon Strategien entwickelt, auf die man zurückgreifen kann.

Empfehlenswert sind hier die Bücher von Ben Furmann „„Ich schaffs!“ in Aktion“ und die Materialien für Kinder „Ich schaffs!“ (erschienen im Carl-Auer Verlag). Die Beispiele kommen zwar nicht direkt aus dem Reitsport, sind aber gut übertragbar.

Wie kann es dem Trainer gelingen, dass sich seine Reitschüler als Team und nicht im Wettbewerb gegeneinander sehen, sowohl in der Unterrichtsstunde als auch auf dem Turnier.

TIPP: Zum einen könnte man konkrete Übungen anwenden, um die sozialen Kompetenzen der Reitschüler zu stärken. Auch teambildende Maßnahmen, um den Zusammenhalt zwischen den Reitschülern herzustellen, sind sehr hilfreich. Dies können Unternehmungen sein wie zum Beispiel in den Hochseilgarten gehen oder Go-Kart fahren, aber auch Gruppenspiele, die darauf ausgelegt sind, Kontakte untereinander zu knüpfen. So kann erreicht werden, dass die Reitschüler sich nicht mehr als Konkurrenten, sondern als Gemeinschaft sehen und auch Erfolge der anderen anerkennen. Alle Reiter wissen, wie viel Zeit, Herzblut, Schweiß und Tränen und so viel mehr sie in die Leidenschaft Pferdesport investieren, und sollten sich deswegen auch solidarisch und mitfühlend ihren Gleichgesinnten gegenüber verhalten.

Wenn Reitschüler mit sich zufrieden sind und die eigene Person anerkennen, einen gestärkten Selbstwert haben und sich ihrer eigenen Leistungsfähigkeit bewusst sind (siehe Seite 34, Modul „Der Weg zu mehr Selbstsicherheit“), können diese auch toleranter mit ihren Mit(st)reitern umgehen. Dafür können auch Gemeinschaftsübungen angeboten werden, indem die Reitschüler zu zweit Stärken- und Optimierungsprofile (also Bereiche, in denen sie noch besser werden können) erarbeiten und danach vorstellen. Ebenso können Dinge zum Vorschein geholt werden, die man an der anderen Person schätzt und als positive Eigenschaft hervorhebt. Diese Übungen werden auch

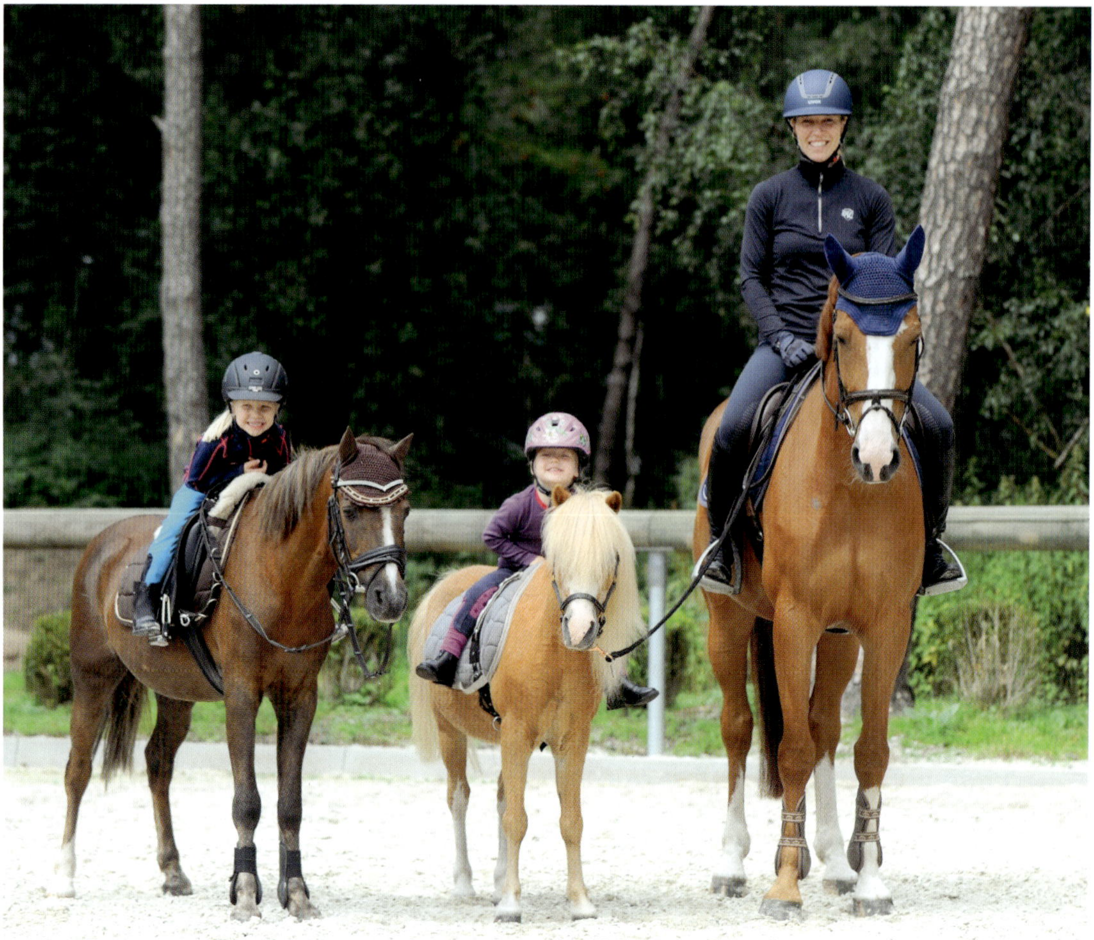

Gemeinsame Unternehmungen stärken das Wir-Gefühl.

gern zur Vorbereitung auf Teamwettkämpfe eingesetzt, um gegenseitiges Verständnis und Wertschätzung in den Vordergrund zu bringen.

Als Beispiel: Jeder Reiter schreibt seine eigenen Stärken und Schwächen auf und benennt zusätzlich drei Dinge, die er an dem anderen (auch z.B. Pferd-Reiter-Kombination) besonders gut findet. Diese stellt er dann vor und gibt dem Gegenüber seine Einschätzung. Parallel macht sein Partner das Gleiche. Sind in der Gruppe mehrere Reiter, werden nach der Vorstellung der Zweierübung alle Stärken zusammen auf einem Plakat gesammelt. Das ist auch eine schöne Übung für eine Jugendversammlung im Verein, wo sich die Jugend auf dem Poster verewigen kann und was dann zum Beispiel im Clubraum aufgehängt wird. Untermalt werden kann das Ganze noch mit schönen Fotos von den einzelnen Paaren oder gemeinsamen Aktivitäten.

Stärkenprofil eines Landeskaders Reiten:

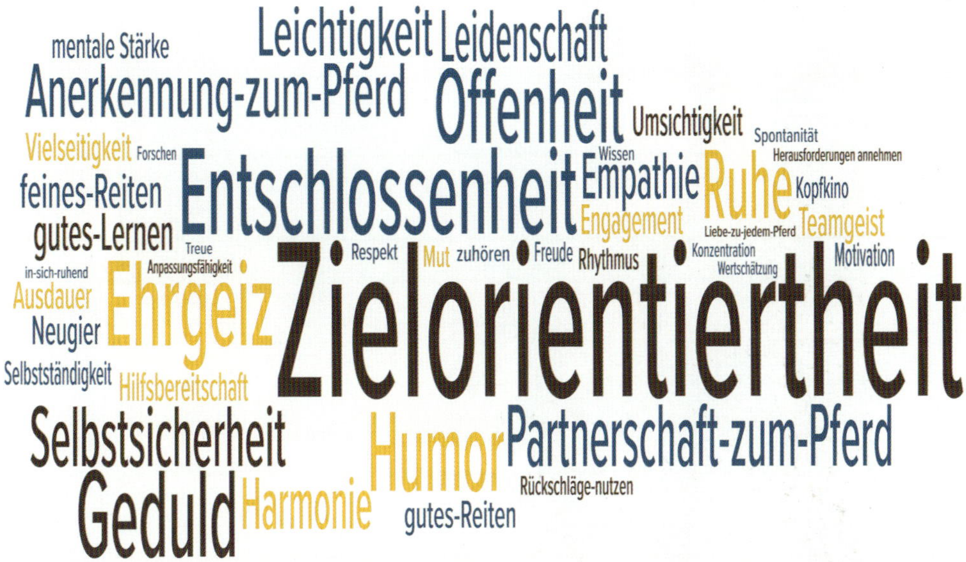

Stärkenprofil der Voltigiernationalmannschaft:

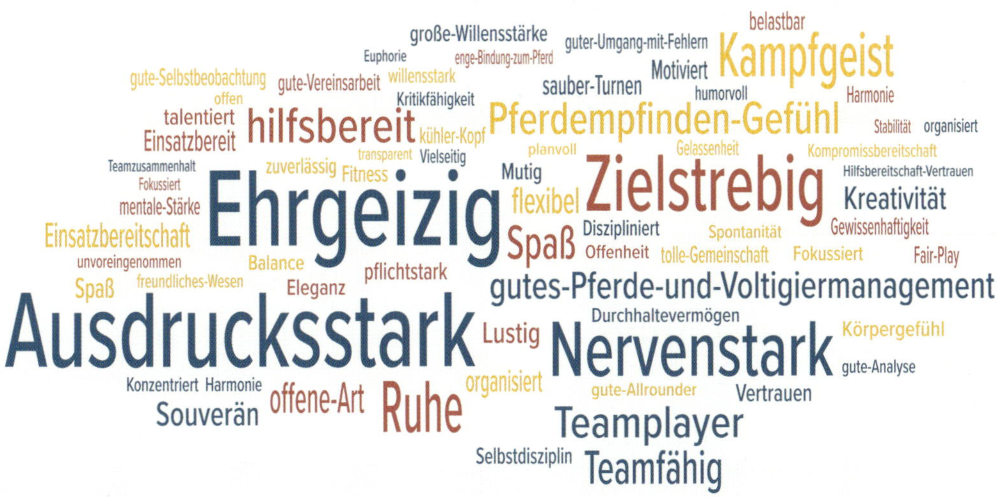

6

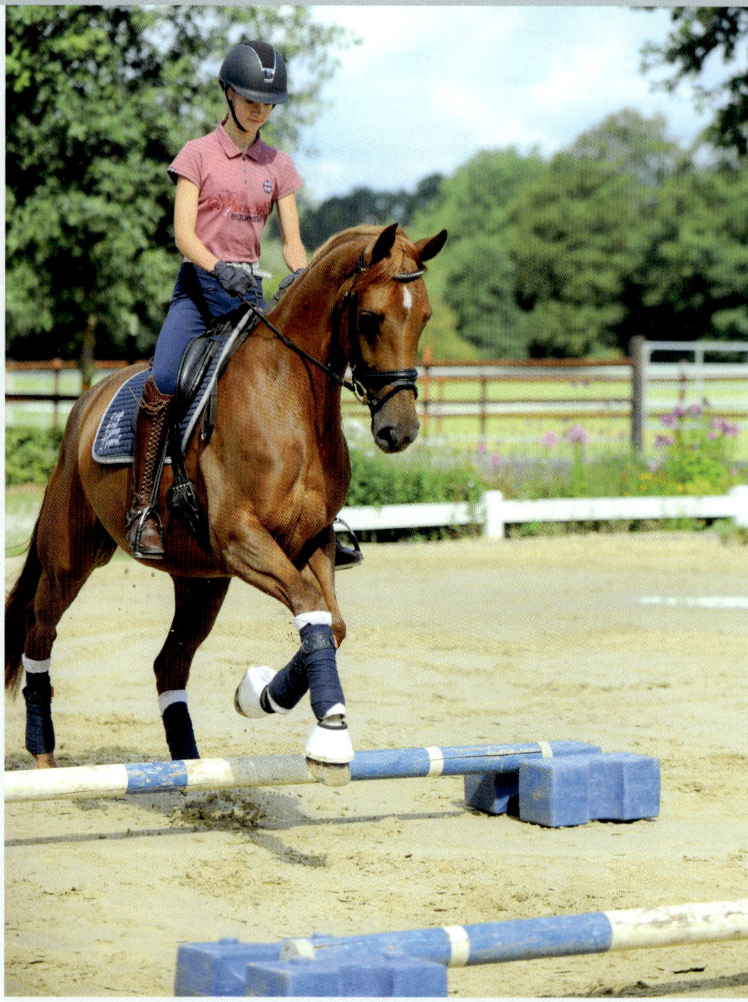

Nur ein auf die Aufgabe konzentrierter Reiter hat ein auf die Aufgabe konzentriertes Pferd.

Aufmerksamkeit und Konzentration

„Konzentration ist die Kunst, dort zu sein, wo man ist."

(Andreas Tenzer)

„Konzentriere dich mal!“

Ein gern genutzter Ausruf von Trainern ... „Worauf?“ und „Wie geht das?“ wären kluge Gegenfragen.

Aufmerksamkeit und Konzentration sind auch im Pferdesport wichtige Themen und ganz elementar für die Zusammenarbeit des Reiters mit dem Pferd. Nicht selten lässt sich der Reiter von äußeren Umständen ablenken und schweift mit den Gedanken ab. Dabei kann er sich gedanklich in die Vergangenheit oder in die Zukunft verirren. Die Gedanken schweifen dann in Situationen ab, die einem schon widerfahren sind. Zum Beispiel: „Beim letzten Ausritt hat mein Pferd an dieser Stelle gescheut.“ Oder der Reiter malt sich aus, was möglicherweise eintreten könnte; zum Beispiel: „Wenn ich wieder einen Fehler an der Trippelbarre im Parcours mache, bin ich nicht platziert.“ Beides, Vergangenheit und Zukunft, sind keine geeigneten Orte, um sich im Hier und Jetzt zu fokussieren. Die Gegenwart ist die einzige Zeitform, die der Reiter wirklich mit seinem Pferd beeinflussen kann. Also ist es wichtig, seine Aufmerksamkeit auf die gestellte Aufgabe zu legen. Die entscheidende Frage ist: „Worauf muss ich hier und jetzt meinen Fokus richten?“ Der Konzentrationsspeicher einer Person ist beschränkt, auch wenn Multitasking mit alltäglichen, einfachen Handlungen funktioniert, ist es bei komplexeren Aufgaben nicht möglich.

Vier Formen der Aufmerksamkeit

Weit-Außen sollte meine Aufmerksamkeit sein, wenn ich mich in einer neuen Umgebung befinde und mich orientieren möchte (z.B. die allgemeine Orientierung auf dem Turniergelände für einen logistischen Vor-Ort-Plan oder die erste Besichtigung eines Geländeparcours).

Eng-Außen sollte meine Aufmerksamkeit sein, wenn ich bestimmte Sachverhalte möglichst exakt betrachten möchte (z.B. ein aktuelles Hindernis im Parcours/Gelände, das Exterieur von meinem Pferd).

Weit-Innen sollte meine Aufmerksamkeit sein, wenn ich meine aktuelle Befindlichkeit beschreiben möchte (z.B. wie ich mich gerade fühle).

Eng-Innen sollte meine Aufmerksamkeit sein, wenn ich mich auf einen klar definierten Vorgang/Punkt meines „Innenlebens“ konzentriere (z.B. die Konzentration auf eine bestimmte Hilfengebung). (Formen der Aufmerksamkeit nach Nideffer, 1981. In Anlehnung an: Eberspächer, 2001, S. 45 ff.)

Die Fähigkeit, flexibel mit diesen unterschiedlichen Aufmerksamkeitsformen je nach Anforderung/Situation umgehen zu können, ist ein zentrales Trainings-/Turnier- und Lernziel. (Vgl. Eberspächer, 2001)

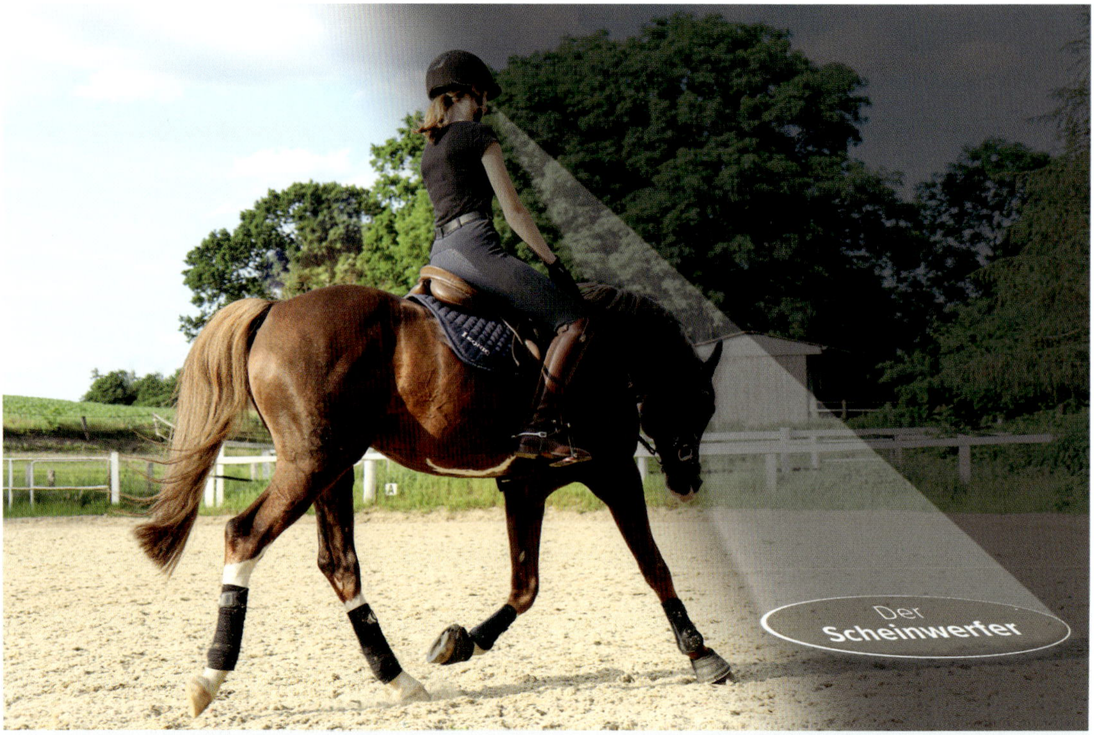

Konzentrations- und Achtsamkeitsübungen

Übung 1: Der Scheinwerfer

Eine gute Übung, um sich besser konzentrieren zu können, ist die Scheinwerferübung. Dafür stellt der Reiter sich in seinem Kopf einen Scheinwerfer vor, den er flexibel benutzen kann. Der Reiter ist Kameramann, Beleuchter und Regisseur zugleich. Der Lichtstrahl dieses Scheinwerfers kann alles, was der Reiter möchte und was ihm wichtig ist, in hellem Licht erleuchten lassen. Genauso kann er den Lichtstrahl auf einen Fokus bündeln und diesen in außergewöhnlicher Helligkeit strahlen lassen. Bei Aufgaben, die eine volle Konzentration erfordern, ist es vonnöten, den „inneren Scheinwerfer" ganz auf die bevorstehende Aufgabe zu richten. Andere Gegenstände oder die Umgebung werden dafür aber nicht so stark beleuchtet. Das ist sehr hilfreich bei Aufgaben, bei denen der Reiter nur mit sich und seinem Pferd beschäftigt ist und die volle Aufmerksamkeit auf das Reiten legt. Durch das Bündeln des Lichtstrahls und das Verdunkeln des „Drumherums" verschwinden unwichtige Nebenerscheinungen, wie zum Beispiel die Dinge, die neben der Reitbahn stattfinden. Genauso kann geübt werden, wirklich mit dem Blick zwischen den Pferdeohren zu bleiben und geradeaus zu schauen beziehungsweise nur dorthin zu sehen, wo hingeritten wird. Nicht nur bei Turnierreitern ist manchmal zu beobachten, dass während des Abreitens viele Dinge und Personen außerhalb des Abreiteplatzes wahrgenommen werden. Auch bei Reitern, die im Reit-

Audio

Scheinwerferübung:
Spot an!

unterricht/Training sind, verliert sich der Blick häufig aus dem Fokus der Hufschlagfiguren. Dies ist für die Konzentration auf dem Pferd nicht hilfreich, da die Gedanken abschweifen und nicht bei sich und dem Pferd beziehungsweise der richtigen Hilfengebung sein können. Der Blick kann wieder weit werden, wenn die Aufgabenstellung gemeistert ist. Je öfter diese Übung praktiziert wird, desto flexibler kann der Reiter „mit dem Scheinwerfer" und seiner Aufmerksamkeit umgehen und diese je nach Bedarf umschalten. Mit der Aufmerksamkeit und dem „Scheinwerfer" sollte der Reiter allerdings ökonomisch umgehen und auch Pausen einlegen. (Vgl. Gabler, 1988)

Übung 2: Innehalten

Achtsamkeit ist eine besondere Variante der Aufmerksamkeitslenkung. Achtsamkeitsübungen können zunächst auch außerhalb des Stalles geübt und durchgeführt werden. Dafür gilt es, seine gesamte Aufmerksamkeit auf eine ganz bestimmte Tätigkeit zu legen und diese mit allen Sinnen, Gefühlen, Gedanken und Körperempfindungen wahrzunehmen. Handlungen und Bewegungsabläufe, die vertraut sind und die routiniert erfolgen (z.B. ein Glas Wasser trinken, barfuß gehen, eine bestimmte Tätigkeit im Haushalt etc.), sollen sehr bewusst und konzentriert ausgeführt werden. (Vgl. Kratzer, 2012)

Am Anfang ist es oft gar nicht so einfach, mit seiner Wahrnehmung bei einer gezielten Tätigkeit zu bleiben. Beim Üben kann der Reiter sich möglicherweise dabei erwischen, wie die Gedanken doch wieder abschweifen. Es erfordert ein wenig Geduld und Ruhe, sich ganz auf die Begebenheit einzulassen. Gelingt dieses bei kleinen Handlungen schon ganz gut, kann die Übung auch im Zusammenhang mit dem Pferd ausgeführt werden (z.B. ganz bewusstes Putzen des Pferdes etc.).

Übung 3: Körperbezogene Übungen

Übung ohne Pferd:

Ich lege meine Hand auf eine gerade Fläche, zum Beispiel einen Tisch. Die Hand ist leicht geöffnet und die Finger liegen locker auf. Ich strecke nun nacheinander jeden Finger. Dabei achte ich darauf, dass meine anderen Finger ruhig bleiben. Ich führe die Streckbewegung ganz langsam aus, sodass sie nicht offensichtlich ist. Ich beginne mit meinem Daumen, dann folgt der Zeigefinger, der Mittelfinger usw. Bei der Wahrnehmung einer Bewegung stoppe ich und konzentriere mich wieder voll und ganz auf diese Übung. Wenn ich innerlich wieder ruhig bin, mache ich weiter. Wenn ich alle meine

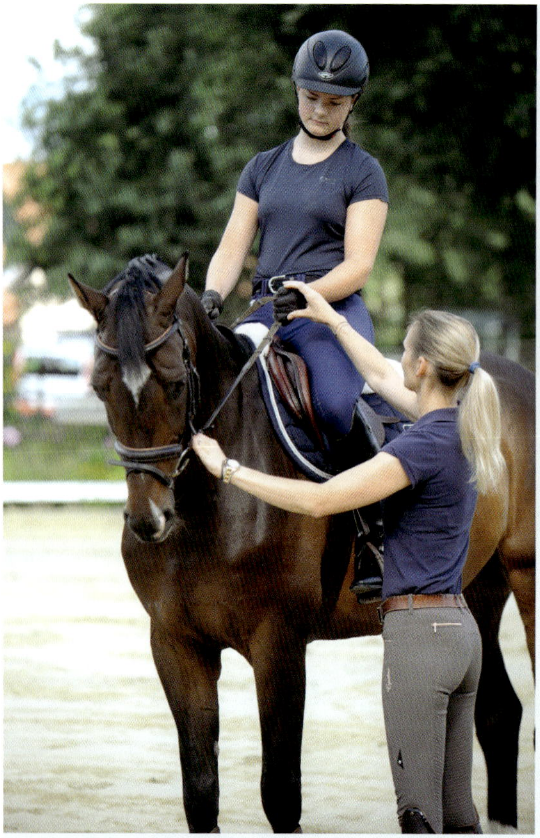

Der Reiter sollte sich gezielt Zeit nehmen, die Aufmerksamkeit auf kleine Details zu legen und diese bewusst wahrzunehmen und zu fühlen.

Finger gestreckt habe, schließe ich Finger für Finger in derselben Vorgehensweise – ohne eine sichtbare Bewegung – zur Faust. (Vgl. Heckers, 1997)

1. Übung auf dem Pferd:
Ich spüre ganz bewusst, wie der Reitstiefel meinen Fuß und meine Wade umfasst. Ich fühle mit allen Sinnen den Kontakt meiner Haut mit der umgebenden Stiefelhülle. Im Weiteren fühle ich die Stiefelhülle zwischen Wade und Pferdebauch und konzentriere mich auf die Atmung des Pferdes. Alternativ dazu kann ich auch einen anderen Kontakt zwischen meiner Haut und einem Teil meiner Kleidung, dem Helm oder einem Schmuckstück wählen.

2. Übung auf dem Pferd:
Ich sitze ruhig und entspannt auf dem Pferd und fühle die Kontaktstellen der Waden zum Bauch des Pferdes und den Sitzbeinhöcker im Sattel. Mein Fokus richtet sich nun auf meine Zügelführung. Über den Zügel spüren meine Hände die Maulspalte des Pferdes und ich nehme bewusst wahr, wie viel Druck ich vorsichtig über das Gebiss auf die Kieferäste des Pferdes ausübe.

3. Übung auf dem Pferd:
Eine weitere Übung ist das Reiten ohne Bügel. Ich konzentriere mich ganz auf das neue Gefühl im Sattel und spüre, wie ich mich neu auf dem Pferd ausbalanciere und losgelassen die innere Mitte finde. Die Schwierigkeit der Übung kann durch den Wechsel in die nächste Grundgangart erhöht werden. Wichtig ist, dass der Fokus des Reiters nur bei seinem Sitz und dem Nachspüren der Bewegung bleibt.

Diese Übung kann mit anderen Körperteilen variiert werden. Zum Beispiel kann der Fokus auch auf die Kopf-, Schulter-, Armhaltung oder das Mitschwingen des Beckens gelegt werden.

FALLBEISPIEL

Guckiges und abgelenktes Pferd

Ein Pferd lässt sich besonders schnell ablenken und steigert sich in manche Situationen hinein. Umgangssprachlich bezeichnet man dies als „guckig“. Manchmal treten diese Situationen in fremder Umgebung, aber auch oft im Training und vor allem zu Hause in der gewohnten Umgebung auf. Es reicht häufig, wenn kleinste Details verändert werden, um das Pferd und somit leider auch seinen Reiter aus dem Konzept zu bringen oder es sogar zum Scheuen zu veranlassen. Diese Situationen stören und bringen immer wieder Unruhe in die Arbeit.

Im folgenden Fall wurde auf dem heimischen Reitplatz eine neue, auffällige Fahne angebracht. Diese veranlasst das Pferd dazu, bei der kleinsten Bewegung der Fahne wegzuspringen. Auch bei Windstille ist das Pferd abgelenkt. Um auf die mögliche Reaktion des Pferdes gefasst zu sein, schaut der Reiter ununterbrochen zur Fahne, lenkt sich damit selbst ab und bereitet das Pferd unbewusst darauf vor, Reaktionen zu zeigen, und signalisiert unterbewusst „Achtung, da könnte etwas passieren“.

TIPP: Um diese Situation zu vermeiden, sollte der Reiter diesen Gegenstand nicht fokussieren, sondern bewusst in eine andere Richtung schauen und sich auf etwas anderes konzentrieren. Ahnt der Reiter schon vor der möglichen Reaktion des Pferdes, dass Fall X eintreffen könnte, überträgt sich dies auf das Pferd. Deshalb ist es wichtig, seinen Fokus auf Faktoren und Übungen zu lenken, die vermeiden, dass das Pferd sich erschreckt. Zum Beispiel kann der Reiter bewusst durch Reiten von Schulterherein das Pferd ablenken. Das heißt, es wird die eigene, aber somit auch die Konzentration des Pferdes auf Übungen gelegt, die zum Beispiel die Losgelassenheit schulen. Durch den Fokus auf die Übung wird der Angst vor der neuen Fahne kein Raum gegeben

7

Strategien zum Stressabbau und zur Wiedererlangung von Ausgeglichenheit

Übungsabschnitt

„Nichts ist entspannender, als das anzunehmen, was kommt."

(Dalai Lama)

Hinsichtlich der psychoregulativen Techniken gibt es eine Vielzahl unterschiedlicher Entspannungsverfahren. Nachfolgend werden Techniken vorgestellt, die relativ unscheinbar, verständlich, gut beschreibbar, schnell erlernbar und nutzbringend sind. Es handelt sich hierbei um minimale Maßnahmen mit großer Wirkung. Jeder sollte für sich erproben, welche Übung in den jeweiligen Situationen passen kann (vor dem Reiten, während des Reitens oder zwischendurch im Alltag). Dazu verweist Prior (2009, S. 15) auf folgenden Spruch: „Es ist leicht, es sich schwer zu machen, und schwer, es sich leicht zu machen." (Vgl. Bußmann, 2012; Prior, 2009)

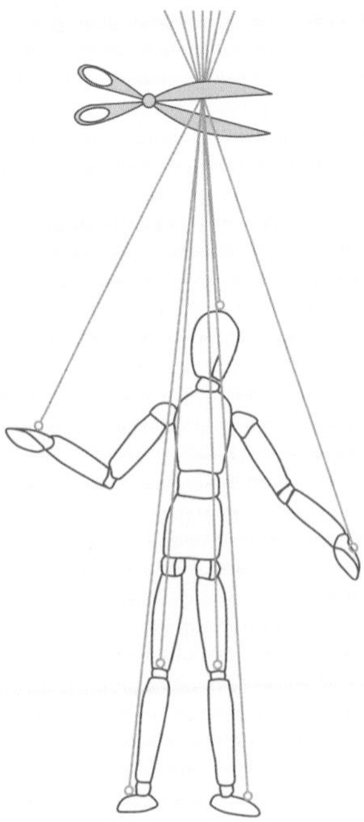

Blitzentspannung

Ich nehme eine aufrechte und angenehme Position entweder im Stehen oder Sitzen ein. Ich stelle mir vor, ich wäre eine Marionette. Diese Marionette ist an einigen Bindfäden aufgehängt. Wie bei einer Marionette hängen mein Kopf, meine Arme und Hände, meine Beine und Füße an den Fäden. Nun stelle ich mir vor, dass plötzlich alle Bindfäden gleichzeitig von jemandem durchgeschnitten werden. Blitzartig lasse ich alles hängen und atme dazu aus. Jetzt ist meine gesamte Muskulatur vom Kopf bis zum Fuß locker. (Vgl. Baldasarre, Birrer, & Seiler, 2003)

Befreiendes Ausatmen

Die Atementspannung ist die natürlichste Form, um sich zu entspannen. Sie ist schnell zu erlernen und überall einsetzbar. Bei der Atementspannung wird nicht das Aktivierungsniveau gesenkt und damit auch nicht die für den Unterricht/das Training/Ausreiten/Turnier notwendige „optimale Betriebstemperatur". Ich kann die Übung liegend, sitzend oder stehend machen. Ich schließe die Augen und nehme mir einen Augenblick Zeit für diese erholsame Atemübung. Ich atme drei- bis sechsmal durch die Nase ein und lasse mit jedem ausströmenden Atemzug die Anspannungen und alles, was mich belastet, wegfließen. Einatmen und leicht verlängert ausatmen, mit dem Ausatmen strömt alles, was mich stört, beunruhigt oder belastet heraus. Bei dieser Übung ist meine Ausatmungsphase länger als meine Einatmungsphase. (Vgl. Beckmann & Elbe, 2008; Derbolowsky, 2000; Engbert, Lockingen & Heiss, 2012)

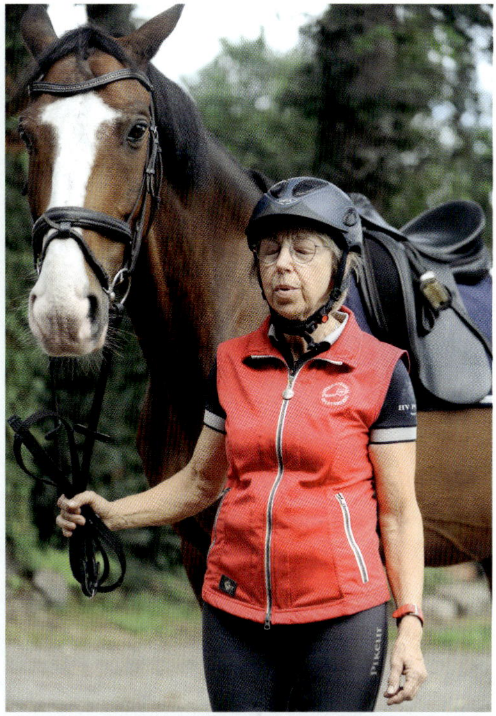

Die Atementspannung ist eine leicht zu erlernende Übung und kann überall unauffällig eingesetzt werden.

Zentaur: Mein Pferd und ich verschmelzen zu einer Einheit

Für den Zentaur trainiere ich zu geeigneten Zeiten beim Reiten die Bauchatmung. Dabei erfolgt die Einatmung tief durch meine Nase. Ich habe das Gefühl, ich könnte die Luft bis in den Bauch hineinströmen lassen. Mein Bauch weitet sich, so als ob ich „ziemlich dick" erscheinen wollte. Dann erfolgt die Ausatmung langsam und ruhig durch meinen Mund. Ich spüre, dass sich meine Gesäßmuskeln dabei lockern. Dadurch fühle ich mich mit meinem Pferd als eine Einheit. Ich stelle mir vor, wie sich mein Gesäß beim Ausatmen mit meinem Pferd vereint, es löst sich auf und verschmilzt mit dem Pferdekörper. Ich habe das Gefühl, als wäre ich ein Zentaur. Beim Aufsteigen atme ich bewusst auf diese Art und Weise. Ich wiederhole die Übung in sinnvollen Abständen. Während des Reitens kann ich die Übung in mein Aufwärmprogramm einbauen. Während des Turniers kann ich die Übung beispielsweise machen, wenn ich vom Abreiteplatz (Vorbereitungsplatz) zum Viereck reite beziehungsweise wenn ich außen um das Dressurviereck reite. Ich

Audio

Zentaur:
Pferd und Reiter verschmelzen zu einer Einheit

atme drei- bis viermal tief über die Nase ein und mit jeder Ausatmung lasse ich das Gesäß immer mehr in den Sattel sinken. Diese Übung kann vom Trainer auch gut in einer Gruppenstunde integriert werden. (Vgl. Savoi, 2006)

Lippenbremse

Die Einatmung erfolgt beliebig lange durch die Nase und die Ausatmung erfolgt langsam gegen den Lippenwiderstand, wobei die Lippen locker aufliegen, das heißt, der Mund ist fast geschlossen. Es ist eine Ausatmung gegen einen Widerstand und bekannt vor allem bei Menschen mit chronischen Atembeschwerden.

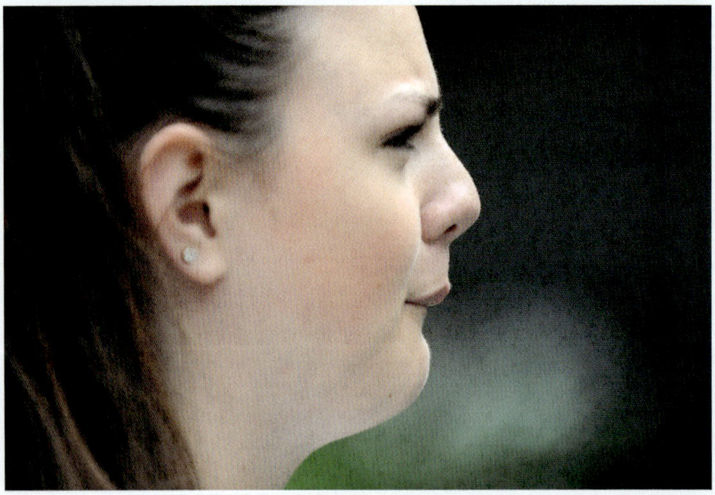

Die Lippenbremse kann als spezielle Atemtechnik eingesetzt werden.

Powernapping

Ich nutze den Schlaf als angeborene Entspannungsmethode. Der Kurzschlaf (zwischen 15 bis 30 Minuten) nach dem Mittagessen hilft wunderbar gegen die Tagesmüdigkeit und gibt Energie für den restlichen Tag. Es ist hilfreich, wenn ich mich dazu hinlege und einen Wecker stelle. Eine Schlafdauer über 30 Minuten hat für viele dagegen einen leistungsmindernden Effekt, beim Aufwachen fühlt man sich eher erschöpft und desorientiert. Idealerweise sollte das Powernapping zwischen 13 und 14 Uhr und nach dem Essen

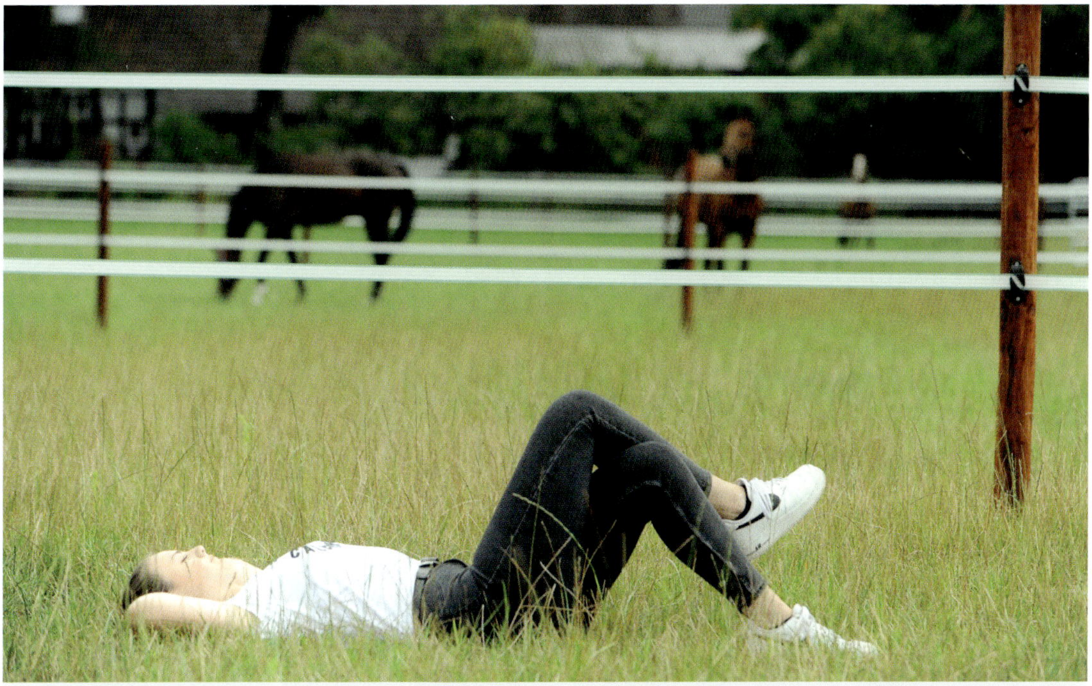

Ein Powernap zwischendurch hilft wie ein Wunder gegen die Tagesmüdigkeit.

stattfinden. Dieser Aufputscher (garantiert ohne Nebenwirkungen) verbessert die Aufmerksamkeit und damit die Leistungsfähigkeit, beugt vor im Hinblick auf Erschöpfungszustände und macht dazu noch gute Laune. Powernapping als Resilienznickerchen nutzen, wobei mit Resilienz psychische Widerstandsfähigkeit gemeint ist. (Vgl. Bender & Draksal, 2011; Croos-Müller, 2015)

Für Turnierreiter

Während der Turniervorbereitung sollte zwischendurch immer wieder eine Entspannung erfolgen. So kann die Entstehung einer leistungsmindernden Überspannung vermieden werden und die genau richtige Anspannung für das Turnier erreicht werden.

Musik, ein kurzes Hörspiel oder eine geleitete Meditation können helfen die Aufmerksamkeit bewusst auf etwas anderes zu lenken.

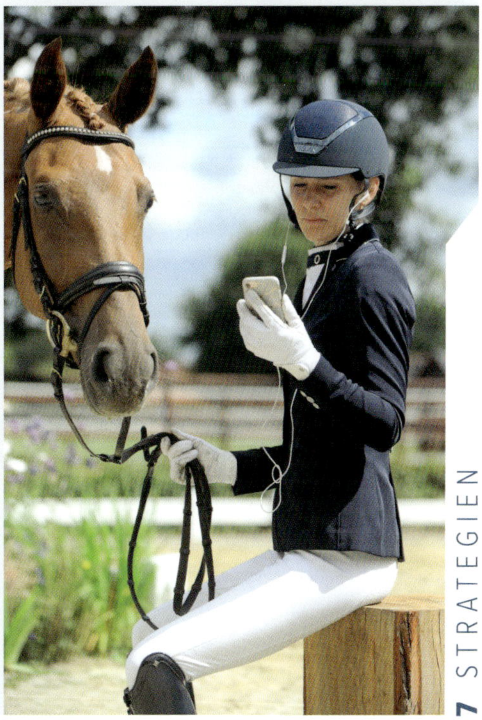

8

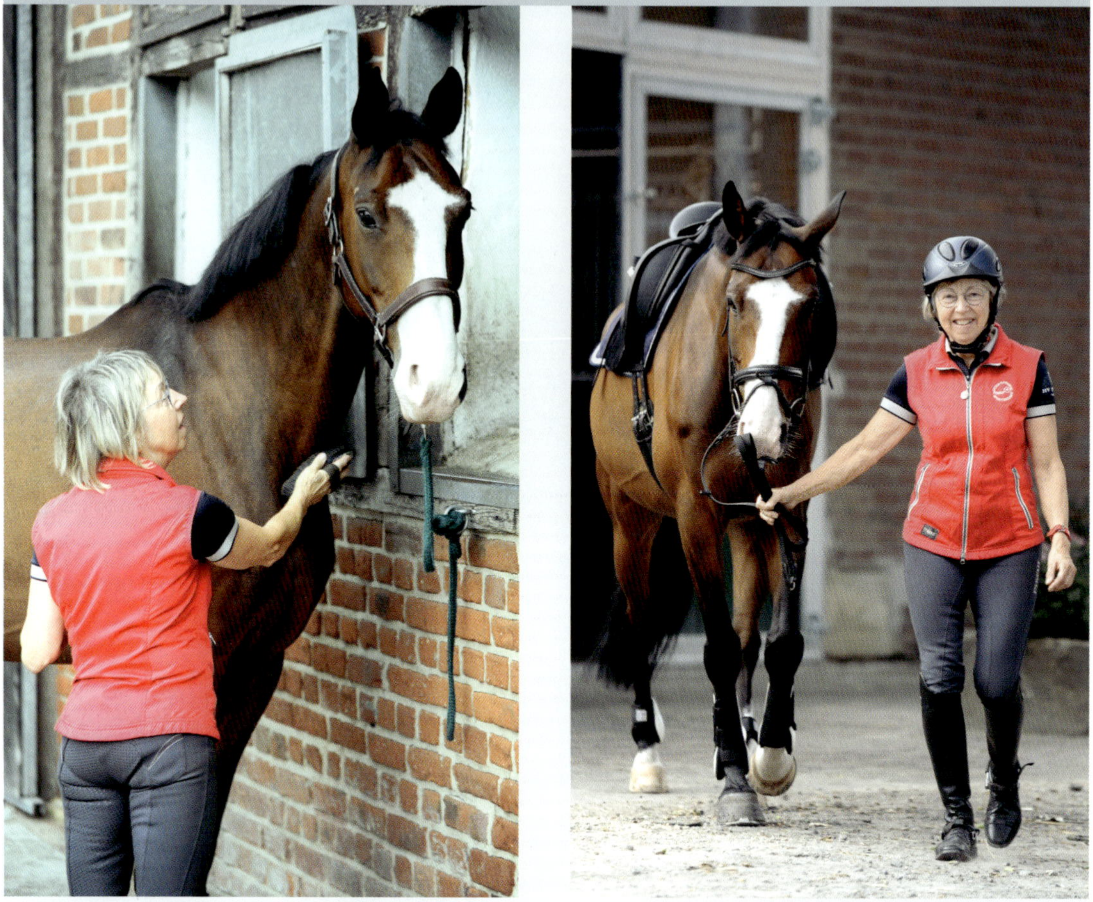

Eine gute, ruhige und entspannte Vorbereitung ist der erste Schritt zum erfolgreichen Reiten.

Gut erholt, zufrieden und leistungsbereit

„Das Rezept für Erfolg? Geschicklichkeit, Erholungspausen und Mut."

(Verfasser unbekannt)

Um gute Leistungen zu erbringen und Zufriedenheit beim Reiten zu erlangen, spielen viele Faktoren eine Rolle: Eine gute Vorbereitung, diszipliniertes und regelmäßiges Training, Motivation und Konzentration sind nur einige Schlagwörter, die dazu beitragen.

Gesundheit, Zufriedenheit und persönlicher Erfolg stellen sich aber nur ein, wenn angemessene Erholungsprozesse realisiert werden. Sie sind somit die Basis, damit die oben genannten Fähigkeiten und Kompetenzen auf den Punkt genau abgerufen werden können. Sie sind wichtig für das Wohlbefinden und sorgen dafür, dass Erschöpfungs- und Überlastungszustände vermieden werden. Regeneration sollte deshalb bewusst geplant und durchgeführt werden. Das gilt nicht nur für den Reiter, sondern auch für den Trainingsprozess beim Pferd. Häufig fällt es Reitern leichter, den Erholungsprozess beim Pferd zu fördern und einzuleiten als bei sich selbst. Dennoch ist dies für die gemeinsame Leistung im Sinne einer Teamleistung ebenso wichtig, damit sowohl Reiter als auch das Pferd mit den besten Voraussetzungen starten können. Im Sinne von Work-Life-Balance (Lebensbalance) geht es um eine gute Ausgeglichenheit in diesen Bereichen.

Zum besseren Verständnis werden vorab einige Informationen zum Zusammenspiel von Belastung und Erholung gegeben. Danach folgen praktische Tipps.

Belastung und Beanspruchung

In der Psychologie wird zwischen Belastung und Beanspruchung differenziert, wobei mit Belastung der objektive Anteil gemeint ist und Beanspruchung die subjektiven Folgen der Belastung bezeichnet. Dies bedeutet, dass gleiche Belastungen bei verschiedenen Personen unterschiedliche Beanspruchungen hervorrufen können. Der eine Reiter empfindet die Springstunden mit den gleichen Aufgabenstellungen als herausfordernd und belastend, der andere Reiter geht zufrieden und entspannt aus der Stunde heraus. Dies hängt immer vom individuellen Empfinden der Personen ab. Ebenso können Prüfungssituationen zum Beispiel auf einem Turnier ganz unterschiedlich wahrgenommen werden. Was dem einen Kopfzerbrechen und Bauchschmerzen bereitet, weckt bei dem anderen positive Motivation, die dem Reiter Freude bereitet. Subjektive Wahrnehmungen können also bei gleicher Belastung unterschiedliche Beanspruchungszustände erzeugen, bestehende Belastungen verstärken oder zu neuen Belastungen werden. Gemeint ist damit also die psychologische Verarbeitung durch die Person. Zu berücksichtigen sind interindividuelle Differenzen in der Ausdauer, Erholung und Stresstoleranz sowie weitere Umfeldvariablen (wie berufliche und familiäre Belastungen), das heißt, verschiedene Menschen zeigen hinsichtlich bestimmter Merkmale beobachtbare Unterschiede. Deshalb sollte auf individueller Basis die Beanspruchung kontinuierlich dokumentiert und betrachtet werden. (Vgl. Kellmann, 2002b; Kellmann & Kallus, 2000)

Diese Sichtweise verdeutlicht, dass der Reiter den Belastungen nicht passiv ausgesetzt ist, sondern sie entsprechend der eigenen Zielsetzung aktiv in ihrer Quantität und Qualität vermeiden oder aber herbeiführen kann. (Vgl. Kellmann & Kallus, 2000)

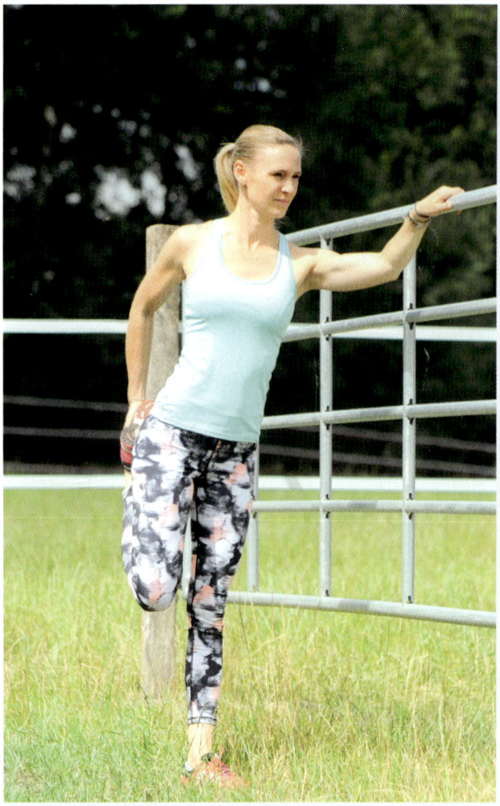

Dehnübungen fördern den Erholungsprozess.

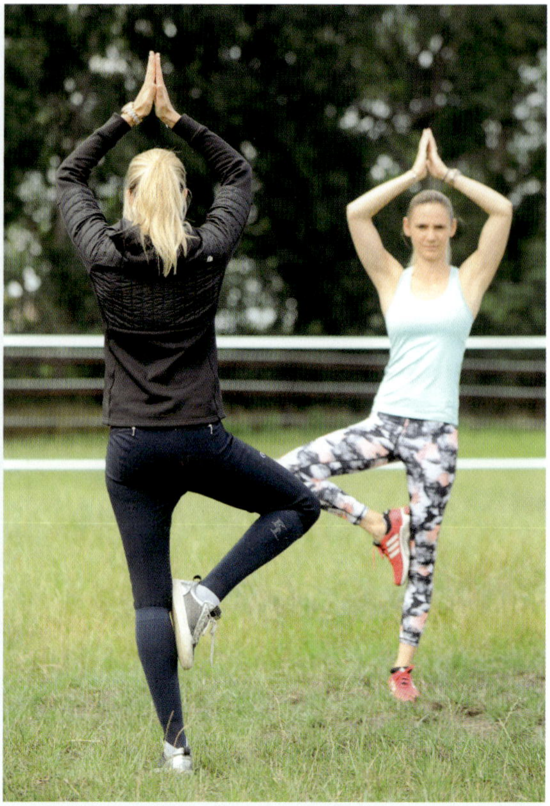

Übungen zur Stärkung des Gleichgewichts unterstützen bei der Wahrnehmung der inneren Mitte.

Individuelle Erholungsstrategien

Allgemein wird zwischen drei Formen der Erholung unterschieden:

1. Die passive Erholung beinhaltet ruhiges Liegen, Sitzen und Schlafen. Hinzu kommen Maßnahmen wie Massagen, Osteopathie, Dampfbäder, kalte und heiße Bäder und Saunagänge, die durch physikalische Reize (Hitze, Kälte, Druck und Berührung) den Blutfluss, die Muskulatur und die Atmung beeinflussen.
2. Die aktive Erholung bedeutet im Erholungsprozess eine mäßige körperliche Aktivität.
3. Die proaktive Erholung betrifft den selbst initiierten Prozess von Abwärmaktivitäten wie Ausschwimmen, Auslaufen und Dehnübungen im Sinne von Cool-down nach dem Training oder Turnier sowie die Ernährung.

(Vgl. Kellmann, 2014)

Sportwissenschaftliche Studien zeigen, dass eine bessere Erholung nach moderater Betätigung statt Passivität zu erwarten ist. Dies gilt ebenso für das Pferd. Nach einer größeren Belastung, zum Beispiel einem längerem Ausritt oder einem intensiven Training, ist an dem Tag danach leichte Arbeit/Bewegung für den Erholungsprozess förderlicher, als das Pferd in der Box stehen zu lassen. Auch für den Reiter ist leichte körperliche Betätigung durch lockeres Arbeiten des Pferdes oder auch andere sportliche Aktivitäten wie Walking, Schwimmen oder Yoga hilfreich für die Regeneration. Erholungsstrategien sollten – auch im Sinne von Work-Life-Balance – als fester Bestandteil in den Alltag eingebunden werden. Fehlende Regenerationsmaßnahmen führen entsprechend zu schlechterer Regeneration. Ebenso verhält es sich mit der Ernährung. Eine gute Basisernährung ist eine wichtige Grundlage. (Vgl. Friedrich, 2014; Kellmann, 2014)

Da Erholung individuell ist, sollte jeder für sich überlegen, was zu ihm passt. Damit wird auch deutlich, Erholung sollte flexibel eingesetzt werden. Welche Maßnahmen sind für den Reiter nach einer anstrengenden Unterrichts-, Trainings- oder Turniersituation hilfreich? Das Wissen über verschiedene Erholungsalternativen und eine gute Harmonie zwischen Beanspruchung und Erholung sind wichtig. Erholung braucht auch ein passendes Erholungsumfeld, das heißt, die Randbedingungen sollten stimmen. So können innere Konflikte die Erholung beeinträchtigen oder Lärm kann den Schlaf empfindlich stören. Über die Optimierung der Erholung kann auch indirekt die Motivation (siehe Seite 66, Modul „Leistungsmotivation") gesteigert werden. (Vgl. Kellmann, 2014; Kellmann & Kallus, 2000)

Einige Strategien für eine gute Balance zwischen Beanspruchung und Erholung

1. Erholungsmanagement

Vier Schritte zur Erholung:

- Festlegen des Erholungsziels (z.B. Vermeiden von Muskelkater nach intensivem Reitunterricht)
- Festlegen der Erholungsmaßnahmen (leichtes Auslaufen und Dehnübunge/Yoga nach dem Reitunterricht)
- Erkennen der Erholungsprobleme (Besonders bei wenigen Trainingsreizen, z.B. ein bis zwei Unterrichtsstunden die Woche, braucht der Körper länger für den Anpassungsprozess der reitspezifischen Muskulatur und Ausdauer.)
- Erfassen der Erholungseffizienz (Welche Erholungsziele wurden angestrebt? Wie wurde es umgesetzt und wie effektiv war dies?)

(Vgl. Allmer, Kleinert, Fritsch, Hofmann & Böing, 2000, in Anlehnung an Sulprizio & Kleinert, 2014, S. 29)

2. Den Schlaf optimieren

Der Schlaf ist nicht nur eine wichtige Erholungsstrategie, sondern auch die beste Medizin für den Menschen. Dafür werden keine besondere Ausrüstung und keine außergewöhnlichen Fähigkeiten benötigt. Durch guten Schlaf erholen sich das Gehirn und der Körper und wichtige Erinnerungen werden abgespeichert. Im Schlaf werden lebenswichtige Hormone hergestellt. Schlaf hilft, um körperlich, geistig, emotional und immunologisch gut drauf zu sein. Gähnen ist dabei ein Schlafmittel und dazu noch rezeptfrei.

Gute Schlafrezepte lauten:

- Raum des Schlafens, der Ruhe und der Dunkelheit schaffen (Schlafzimmer).
- Schlafrituale: Das Schlafzentrum im Gehirn bevorzugt Regelmäßigkeiten beim Einschlafen und Aufwachen.
- Warmer Tee (vorzugsweise Kamillentee) sorgt für Entspannung und Erholung.
- Eine warme Dusche eventuell auch kombiniert mit Kerzenlicht kann hilfreich sein.
- Analoger statt digitaler Medienkonsum vor dem Einschlafen ist zu bevorzugen.
- Eine kleine ausgewogene Abendmahlzeit ca. 2 Stunden vor der üblichen Einschlafzeit.
- Freundlichkeit und Großzügigkeit gegenüber anderen und sich selbst sind ein ideales Ruhekissen und reduzieren Schlafprobleme.
- Vermeidung von Streit und Konflikten kurz vor dem Schlafen und im Schlafzimmer; das Schlafzimmer sollte nicht zum Schlachtfeld werden.
- Die passende Dosierung: mit 3 guten Gedanken einschlafen.
- Beim Aufwachen durch Albträume sollten Tagträume genutzt werden (zum eigenen Regisseur werden und einen tollen gedanklichen Film drehen, der zum Beispiel schöne Erinnerungen oder Wünsche für die Zukunft beinhaltet). Durch diese positive Ausrichtung entsteht Zufriedenheit, und ein guter Schlaf wird wahrscheinlicher.
- Good Morning: Sonnenlicht nutzen, das unterstützt den Schlaf-Wach-Rhythmus des Gehirns.

(Vgl. Croos-Müller, 2014b, S. 38)

TIPP: Aus neurophysiologischer und sportpsychologischer Sicht ist die Zeit im Bett kurz vor dem Einschlafen besonders effektiv für mentales Training. Denn nachts gehen die Inhalte vom Kurzzeitgedächtnis in das Langzeitgedächtnis. Mit drei guten Gedanken (Was war heute schön für mich? Was ist mir beim Reiten heute gut gelungen? Worauf freue ich mich morgen?) einzuschlafen ist auf jeden Fall ein gutes Schlafmittel. (Vgl. Mayer, 2018)

3. Powernapping

Dieser Kurzschlaf (zwischen 15 bis 30 Minuten) nach dem Mittagessen hilft wunderbar gegen die Tagesmüdigkeit und gibt Energie für den restlichen Tag. Die ideale Zeit ist zwischen 13 und 14 Uhr und nach dem Essen. Powernapping (siehe Seite 53) verbessert die Aufmerksamkeit und damit die Leistungsfähigkeit, beugt Erschöpfungszuständen vor und macht dazu noch gute Laune. Besonders im Hinblick auf den Reitunterricht ist dies eine gute Möglichkeit, wach und erholt in den Stall zu fahren.

4. Entspannungsübungen

Entspannungsübungen sind Regenerationsbeschleuniger, wobei es eine Vielzahl unterschiedlicher Entspannungsverfahren gibt. Die wohl bekanntesten Verfahren sind Atemübungen, die Progressive Muskelrelaxation (PMR) und das Autogene Training (AT).

- Die Atementspannung (siehe Seite 51) ist die natürlichste Form, um sich zu entspannen. Sie ist schnell zu erlernen und überall einsetzbar. Bei der Atementspannung wird das Aktivierungsniveau nicht gesenkt und damit auch nicht die für die Unterrichtsstunde/das Training/das Turnier notwendige „optimale Betriebstemperatur". Bei der Entspannungsatmung wird die Ausatmung betont, sie ist im Vergleich zur Einatmung verlängert. Hierzu gibt es auch einige Varianten, wie etwa die Lippenbremse (siehe Seite 52). Man atmet normal ein und atmet durch einen fast geschlossenen Mund langsam wieder aus. Es ist eine Ausatmung gegen einen Widerstand und bekannt vor allem bei Menschen mit chronischen Atembeschwerden. (Vgl. Beckmann & Elbe, 2008)
- Das Autogene Training (AT) von I. H. Schultz ist eine schwerer zu erlernende Entspannungsmethode und erfordert mehr Übungszeit als die PMR. Das AT basiert auf der Hinzunahme von Autosuggestion, das heißt, formelhafte Redewendungen werden eingesetzt. (Vgl. Beckmann & Elbe, 2008; Engbert, Droste, Werts & Zier, 2011)
- Bei der PMR geht es um das Wahrnehmen des Unterschieds zwischen Anspannung und Entspannung. Normalerweise beginnt man mit den großen Muskelgruppen, die angespannt (ca. 5 bis 7 Sekunden) und danach locker gelassen werden (ca. 10 bis 15 Sekunden). Das Ziel ist es, dass man den Unterschied zwischen An- und Entspannung spürt. (Vgl. Engbert, Droste, Werts & Zier, 2011)

Audio

PMR: Entspannungsübung zur Unterstützung für einen losgelassenen Sitz

5. Gutes Zusammenspiel von Erholung und Belastung

Für das eigene Wohlbefinden ist auf ein gesundes Zusammenspiel von Belastung und Erholung zu achten. Es sollte ein wellenförmiger Ausgleich zwischen Belastung und Erholung (im physischen, mentalen und emotionalen Bereich) stattfinden. Entspannungsübungen können dazu als Regenerationsbeschleuniger genutzt werden. (Vgl. Loehr, 1996)

6. Belastungswechsel

Neben einer Pause und einer Verringerung der Belastung kann Erholung auch durch einen Belastungswechsel stattfinden. So kann sich der Körper entspannen, wenn ein Buch gelesen oder ein Film geschaut wird, und umgekehrt kann sich das psychische System durch körperliche Betätigung erholen. Diese Maßnahmen sind auch zwischen Turnierprüfungen einsetzbar. Der Reiter kann sich zur Entspannung zwischen den Prüfungen aus dem Turniergeschehen zurückziehen, um für sich Kraft zu schöpfen und den Fokus auf anderen Dinge zu legen (Musik hören, ein Buch lesen etc.). Dies schafft eine nötige Distanz und lässt zu, sich mental auch während des Turniers zu erholen. Bezogen auf Muskelgruppen wird dies im Sport im Rahmen von Zirkeltraining eingesetzt, eine Muskelgruppe wird trainiert, andere Muskelgruppen befinden sich währenddessen in der Ruhephase. (Vgl. Kellmann, 2014)

7. Richtige Ernährung

Eine ausgewogene und abwechslungsreiche Ernährung ist auch eine entscheidende Voraussetzung für eine optimale Regeneration. Die Hauptaufgabe ist es, unverzichtbare Nährstoffe (Wasser, Eiweiß, Fett, Kohlenhydrate, Vitamine und Mineralstoffe), die verbraucht wurden, wieder aufzufüllen. In diesem Zusammenhang ist eine individuelle ernährungswissenschaftliche Beratung sinnvoll. Es ist empfehlenswert, sich entsprechende Lebensmittel mitzubringen, da häufig auf Reitveranstaltungen oder Reitanlagen/-ställen nicht die richtige Versorgung gewährleistet sein kann. (Vgl. Friedrich, 2014)

https://www.pferd-aktuell.de/shop/broschuren-formulare-vertrage-unterrichtsmaterial/sonstiges/ernahrungskonzept-fur-pferdesportler-innen-download.html

8. Meine Erholungsampel

Die Ampel-Einschätzung, die sich in verkürzter Form an dem Erholungsverlaufsprotokoll (von Kellmann, Patrick, Botterill & Wilson, 2002 aus Kellmann, 2002b, S. 24) orientiert, kann helfen, dass Erholung bewusster gesteuert und eingeleitet wird. Dazu sollte die Einschätzung einmal in der Woche und idealerweise immer an einem bestimmten Wochentag erfolgen. Hier sollte genau überlegt werden, welcher Tag gute Informationen liefert. Danach kreuzt man einmal wöchentlich an, wie man sich in den fünf unten aufgeführten Bereichen gefühlt hat, und überlegt, was getan werden kann, dass alle Bereiche in den gelben und grünen Bereich kommen. (Vgl. Kellmann, 2002b)

Gute Ernährung und Pausen zwischendurch fördern die Ausgeglichenheit.

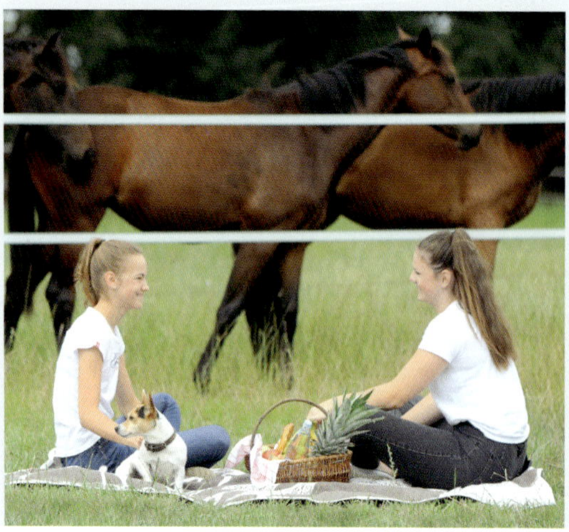

Meine Ampel-Einschätzung (1 bis 3 verbesserbar, 4 bis 7 gut und 8 bis 10 optimal)

	1	2	3	4	5	6	7	8	9	10
Wie erholsam war mein Schlaf in der vergangenen Woche?	●	●	●	●	●	●	●	●	●	●
Wie erholt habe ich mich in der vergangenen Woche vor meinem Reiten gefühlt?	●	●	●	●	●	●	●	●	●	●
Wir gut habe ich mich in der vergangenen Woche körperlich erholt?	●	●	●	●	●	●	●	●	●	●
Wie gut waren meine Pausen und Erholungszeiten in der vergangenen Woche?	●	●	●	●	●	●	●	●	●	●
Wie oft habe ich in der vergangenen Woche gelacht und hatte Spaß?	●	●	●	●	●	●	●	●	●	●

Erholung mit dem Pferd

Der Reit- und Pferdesport bietet eine Vielzahl von Erholungsmomenten mit dem Pferd. Diese könnten sein:

- Ein entspannter Ausritt mit dem Pferd, sich den Wind um die Nase wehen lassen, denn Natur entschleunigt.
- Ein Kurztripp oder Urlaub gemeinsam mit dem Pferd ist sehr erholsam und förderlich für die Partnerschaft von Pferd und Mensch.
- Ein gemeinsames Fotoshooting, das man professionell buchen oder für das man ganz einfach Freunde fragen kann.
- Eine Pflege-Auszeit nehmen – waschen, frisieren und besonders gründlich putzen.

- Massage des Pferdes oder Ähnliches – für viele Reiter ein toller Moment der Entspannung mit dem Pferd.
- Bewusste Auszeit: einfach mit dem Pferd grasen gehen, es Schritt führen oder es auf der Weide beobachten und sich an der Schönheit und Ruhe des Pferdes erfreuen.
- Für Kinder sind auch Übernachtungen am Stall, zum Beispiel in Pferdeanhängern oder auf dem Heuboden, eine tolle Möglichkeit, sich gemeinsam mit dem Pferd und Freunden zu erholen (Ferienfreizeit).

Für **Turnierreiter** können die nachfolgenden Ausführungen noch interessant sein.

Training und Erholung bilden eine komplexe Einheit, die als unverzichtbare Trainingsinhalte zu begreifen und zu planen sind. Körperliche Beanspruchungen, die in systematischer Weise mit Erholungsphasen wechseln, führen zu positiven Trainingseffekten, welche es dem Organismus ermöglichen, ohne Schaden und mit beschleunigender Erholung steigende Belastungen zu bewältigen. Die Balance von Stress und Erholung steht in enger Verbindung zur optimalen Leistung. Es ist nicht ungünstig, wenn der Reiter sich auf einem hohen Stresslevel befindet, solange er weiß, wie er sich optimal erholen kann. Art und Umfang der Beanspruchung und Erholung sind somit voneinander abhängig. (Vgl. Allmer, 1996; Kallus, 1992, Kallus & Erdmann, 1994; Kellmann, 2002a; Kellmann & Kallus, 2000)

Das Pferd als perfekter Freund für alle Altersklassen.

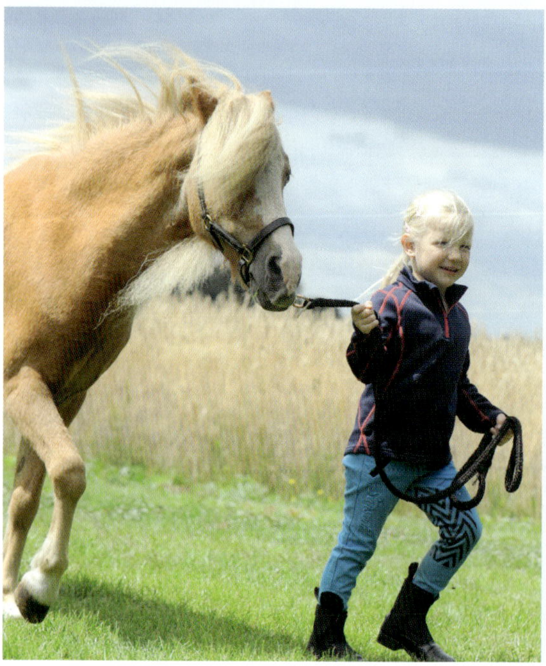

Sich an der Schönheit der Pferde erfreuen stärkt die Motivation für kommende Aufgaben.

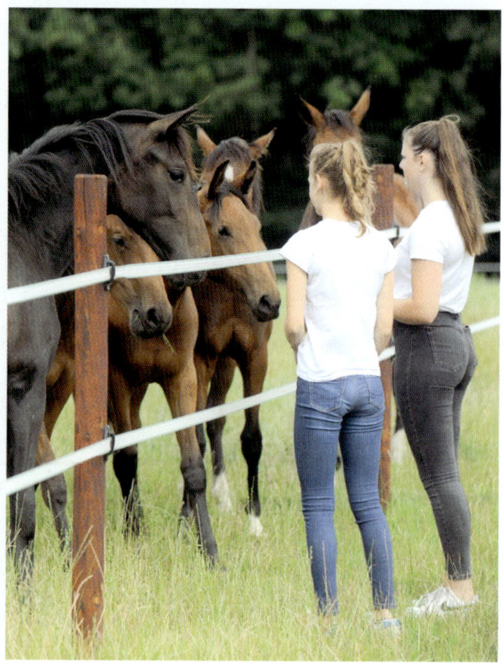

Erholungsprozesse beim Turnier

Konzentrationsfähigkeit und Kompetenzerwartung lassen sich beim Turnier am besten entfalten, wenn der Reiter in einem erholten Zustand ist. Bestleistungen sind von den Reitern zu erwarten, die sich im Verlauf eines Turniers angemessen erholen können und denen zudem eine optimale Gestaltung von Belastung beziehungsweise Belastungen (bei Mehrfachstarts) und Erholung gelingt.

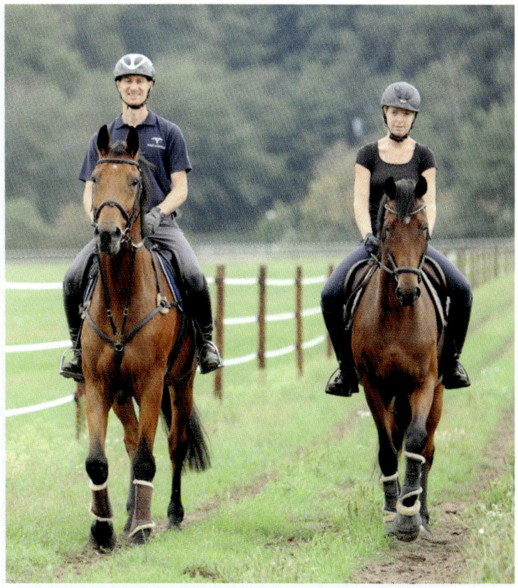

Auch für die Pferde ist ein Wechsel zwischen Belastung und Erholung von besonderer Wichtigkeit, um optimal leistungsbereit und ausgeglichen zu sein.

Für Pausen zwischen den Ritten/Prüfungen gilt das LEA-Prinzip:
Lösen – **E**rholen – **A**ktivieren
(Schliermann & Hülß, 2008, S. 100).

Zunächst beginnt die Distanzierungsphase (= Lösen). Danach folgt die Regenerationsphase mit Abschalten und „freien Kopf" bekommen (= Erholen). In dieser Erholungsphase können, je nach zur Verfügung stehender Zeit, Massagen, Dösen, Powernapping oder Schlaf eingebaut werden. Die Flüssigkeits- und gegebenenfalls die Nahrungszufuhr sollte hier ebenso Berücksichtigung finden. Diese Phase sollte zum „Auftanken" genutzt werden. Jeder Reiter kann hier seine individuellen Strategien entwickeln, ein allgemeingültiges Rezept für alle gibt es nicht. Diese Pause dient einerseits der psychophysischen Regeneration und andererseits dem Austausch mit dem Betreuer- und Unterstützungsteam (wie Trainer, Pferdebesitzer, Pfleger etc.). Dabei passiert es oft, dass der Reiter mehr Informationen bekommt beziehungsweise sich erfragt, als er verarbeiten kann. Dies kann die Erholung stören. In der letzten Phase der Pause geht es um die körperliche wie auch gedankliche Aktivierung. (Vgl. Bußmann & Staufenbiel, 2019; Kellmann & Kallus, 2000; Mayer & Hermann, 2014; Schliermann & Hülß, 2008)

Auf mehrtägigen Turnieren und auch auf Turnieren, wo der Reiter mehrfach Einsätze hat, ist die Erholung ein wichtiger Baustein für lang anhaltende Leistung(en). Dazu gibt es die Formel:

Rest-Regroup-Refocus-Recharge

Rest: Methode zur guten Erholung wählen
Regroup: Negativ-Erfahrungen ausblenden und Fokus auf die guten Aspekte des Rittes

Refocus: Neuausrichtung der Konzentration auf die bevorstehenden Ritte/Aufgaben.
Recharge: Aktivierung des individuell optimalen innerlichen Leistungszustands, zum Beispiel durch positive Selbstgespräche und Visualisierungen (s. Modul 3 und Modul 11). (Vgl. Bußmann, Collatz, Brand-Petzold & Stöckel, 2024)

Regenerationstechnik: Tapering

In anderen Sportarten wie Triathlon, Laufen und Radfahren nennt man eine systematische Trainingsreduktion „Taperphase". Dabei werden die psychologischen und physiologischen Stressoren des Trainings Schritt für Schritt runtergefahren. Durch die Anwendung dieser Technik können die Leistung und Muskelkraft sowohl vom Reiter als auch vom Pferd verbessert werden. Ebenso werden auch positive Effekte bezogen auf Stress, Müdigkeit, Schlafprobleme und das Empfinden von Anstrengungen erzielt. Damit ist Tapering das sogenannte „i-Tüpfelchen" der letzten Phase der Turniervorbereitung. (Vgl. Kellmann, 2014, Taylor & Schneider, 2007)

FALLBEISPIEL FÜR TRAINER
Kombination aus fehlender Erholung und Kondition

Der Reiter kann nicht mehr, er braucht eine Pause, kann das aber nicht kommunizieren und sagt stattdessen, dass sein Pferd müde ist. Das zieht sich über die gesamte Reitstunde hinweg.
Wie kann der Trainer dem Reitschüler verständlich machen, dass es okay und sogar wichtig ist, sich seinen eigenen Schwächen zu stellen, um diese zu verändern?

TIPP: Der Trainer sollte seine Schüler gut kennen und sehen, wenn diese an ihre Grenzen stoßen. Daraufhin können Pausen eingebaut werden, damit das Leistungsniveau nicht abfällt, sondern erhalten bleibt. Nicht nur für den Reiter sind die Pausen wichtig, auch für das Pferd sind neue und schwere Aufgaben besonders anstrengend. Schrittphasen einzubauen helfen Pferd und Reiter, Kräfte und Konzentration zu bündeln. Die Kommunikation während und nach dem Unterricht ist ebenso wichtig, da der Trainer durch den Austausch besser einschätzen kann, wie weit Pferd und Reiter gefordert sind.

Nach dem Unterricht kann der Schüler aufgefordert werden sich selbst zu reflektieren und zu beschreiben, woran er das nächste Mal arbeiten möchte. Unterstützend können auch gemeinsam mit dem Reitschüler Stärken- und Schwächenprofile angelegt werden, die dann im Unterricht Berücksichtigung finden. Wichtig ist auch zu wissen, was die konkreten Ziele sind und was der Reiter dafür tun möchte? Falls die Einsicht des Reiters nicht

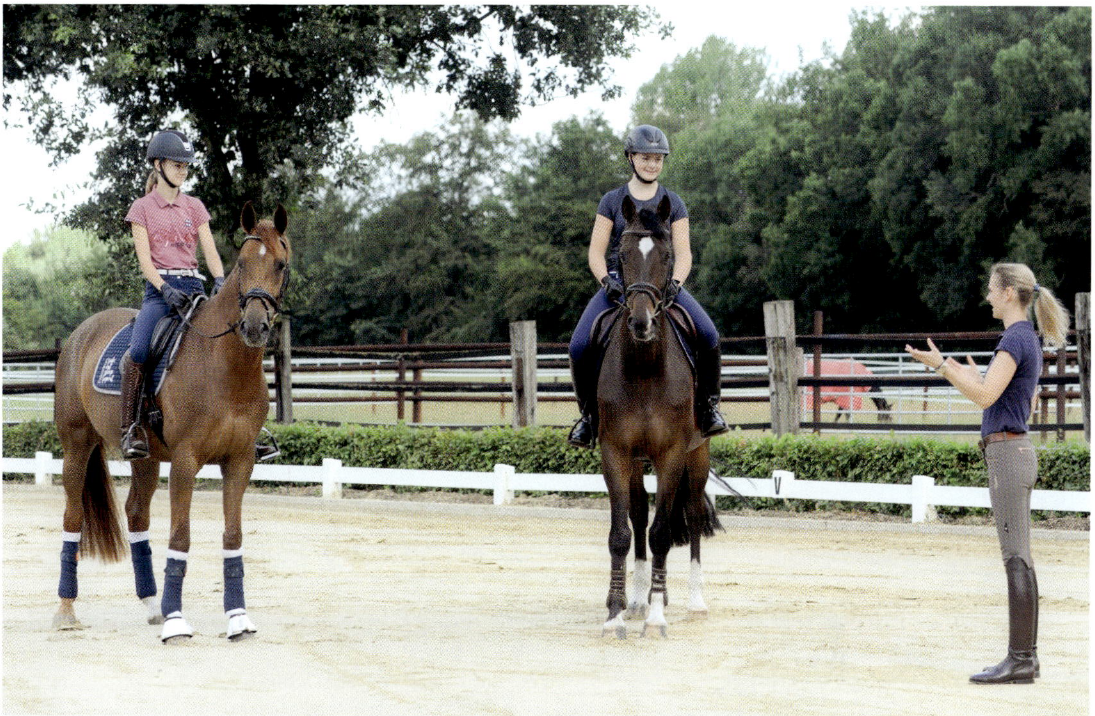

Der Austausch nach der Unterrichtsstunde ist die beste Vorbereitung für die nächste Reiteinheit.

gegeben ist, dass nicht nur das Pferd ein Problem mit der Konditionsschwäche hat, helfen harte Fakten, wie zum Beispiel den Puls des Reiters zu messen. Fehlende Kondition geht immer zulasten der Koordination und Konzentration. Deswegen sind auch Trainingsprogramme (wie Ausgleichstraining, Yoga, Pilates etc.) neben dem Reiten eine gute Alternative, um die eigene Leistungsfähigkeit zu verbessern. Dafür können auch unterstützende Tests, wie zum Beispiel der Sportmotorik-Test für Reiter, angewandt werden, um objektive Aussagen über den Trainingszustand des Reiters zu erhalten.

https://www.pferd-aktuell.de/shop/broschuren-formulare-vertrage-unterrichtsmaterial/sonstiges/sportmotorischer-test-fur-reiter-download.html

Daraufhin werden dann Trainingsprogramme erstellt, die zusätzlich unterstützen. Da das Training auf dem Pferd zeitlich limitiert ist, sind dies gute Möglichkeiten, um sich weiter für das Reiten zu verbessern. Konditionelles Training fördert vor allem die Konzentrationsfähigkeit, die vom Reiter in jeder Situation mit dem Pferd gefordert ist. Nur wenn der Reiter in der Lage ist, sich voll und ganz auf sein Pferd einzulassen, kann auch das größtmögliche, harmonische Zusammenspiel der beiden Partner stattfinden.

9

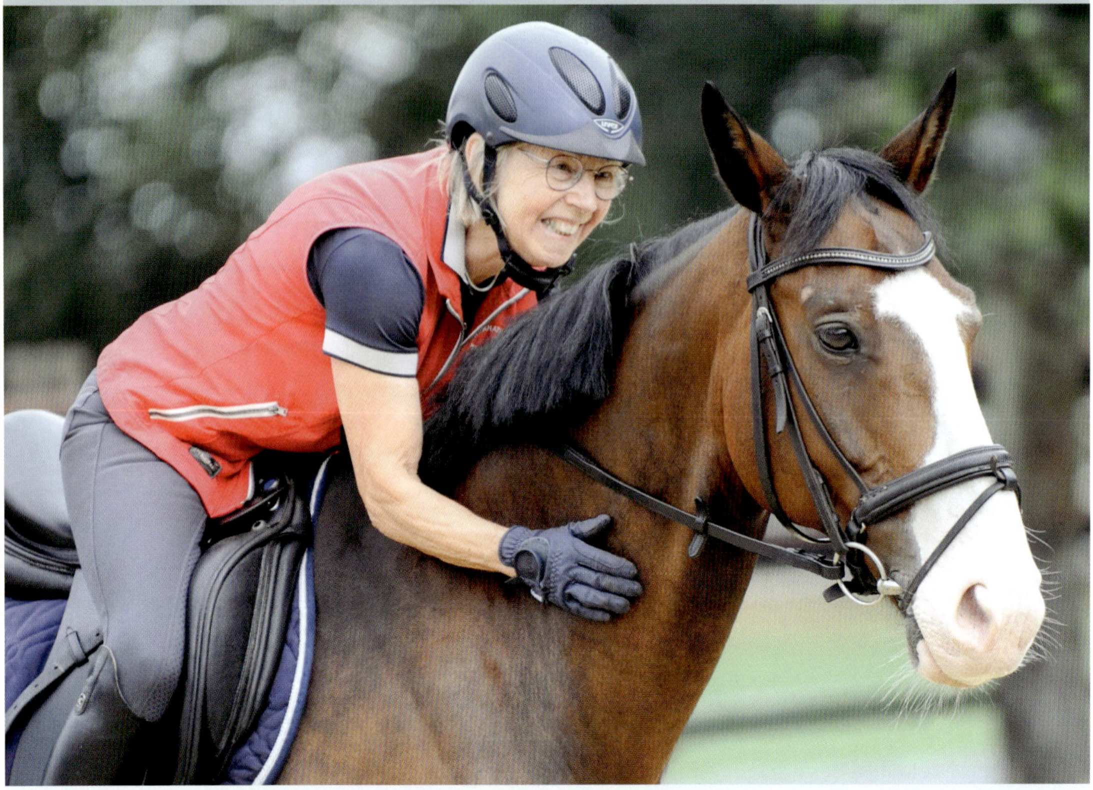

Motive können ganz unterschiedlicher Art sein. Entscheidend ist, dass die Voraussetzungen zu den Motiven passen, dann entsteht automatisch Motivation.

Leistungsmotivation*

„Nichts Großes ist je ohne Begeisterung geschaffen worden."
(Ralph Waldo Emerson)

Motiv und Motivation

Aus den Wörtern „Motiv" und „Motivation" geht bereits sprachlich ein Zusammenhang hervor. Doch wie sieht dieser Zusammenhang aus? Und was bedeuten diese Begriffe?

* Das Modul wurde mit Dr. Kathrin Staufenbiel erarbeitet.

Ein Motiv (z.B. Erholung beim Reiten) ist ein zeitlich stabiles, persönliches Bedürfnis und somit Antrieb für das Handeln, für das Aufsuchen oder Meiden von Situationen. Menschen unterscheiden sich in ihren Motiven. Auch zum Sport-Treiben, Reiten und zum Umgang mit dem Pferd können verschiedene Motive führen: Menschen treiben Sport, um gesund zu leben, Spaß zu haben oder um sportliche Erfolge zu erreichen. Motive und Bedürfnisse sind überdauernde Veranlagungen (Dispositionen), die in der frühen Kindheit erlernt werden. Wenn es für jemanden unwichtig ist, sich selbst zu verbessern und sich mit anderen zu messen, ist das Leistungsmotiv nicht besonders stark ausgeprägt und der Reiter wird daher auch keinen Spaß daran empfinden, an einem Turnier teilzunehmen. Motive lenken unser Verhalten und sind dennoch häufig unbewusst. In dem Nachdenken darüber, was einem wichtig ist und wonach man sich sehnt, können eigene Motive bewusst werden. Dieses Bewusstwerden eigener Motive und Bedürfnisse spielt für das Setzen bewusster Ziele eine große Rolle: Unbewusste Motive und bewusste Ziele sollten möglichst ähnlich sein. (Vgl. Alfermann & Stoll, 2010)

Was ist hingegen Motivation? Motivation ist ein zeitlich begrenzter Zustand. Ein Reiter ist motiviert, wenn die Situation zu seinen Motiven passt. Wenn er also ein hohes Leistungsmotiv hat und sich gute Trainingsbedingungen bieten, ist die Motivation hoch. Motivation ist somit zeitlich nicht so stabil wie Motive. Jeder kennt das: Scheint die Sonne und ich gehe mit Vorfreude in den Stall, um gleich auszureiten, ist die eigene Motivation hoch. Regnet es, ist die Halle überfüllt und ich bin müde nach einem anstrengenden Arbeitstag, ist die Motivation eher gering. Bei der Motivation hängt vieles von den Anreizen der jeweiligen Situation ab, zum Beispiel wie der Reiter sich fühlt, wie das Wetter ist und was auf dem Trainingsplan steht. Situationen ändern sich und somit auch die Motivation. (Vgl. Alfermann & Stoll, 2010)

Passen Motive und die Anreize der Situation zusammen, entsteht Motivation, die wiederum das Verhalten beeinflusst.

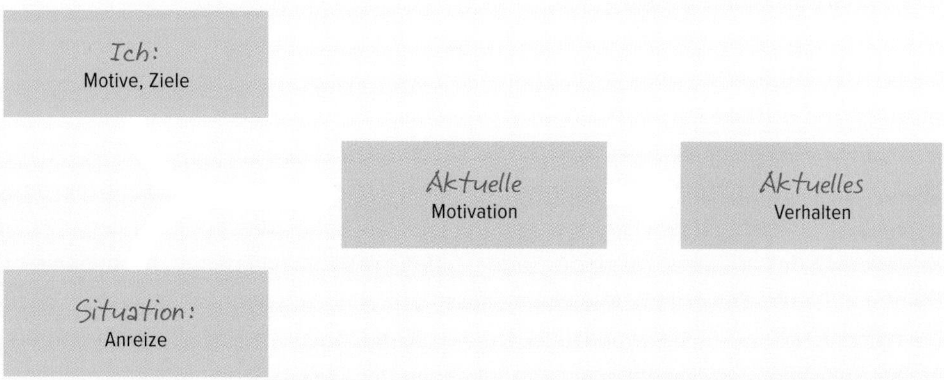

(Eigene Darstellung auf Grundlage von Alfermann & Stoll, 2010)

Intrinsische und extrinsische Motivation

Aus dem letzten Abschnitt geht hervor, dass Motivation nur entstehen kann, wenn die jeweilige Situation zu den Motiven passt. Generell kann die Situation auf zwei verschiedene Weisen motivierend wirken.

Zum einen gibt es Situationen, welche die „intrinsische Motivation" ansprechen. Ein Reiter ist intrinsisch (innerlich) motiviert, weil ihm die Aufgabe Spaß macht, er im richtigen Maße gefordert wird und er sich als kompetent erlebt. Das Verhalten geschieht aus einer inneren Begeisterung, quasi „aus ihm selbst" heraus, und wird von ihm kontrolliert. Andere Situationen sprechen die „extrinsische Motivation" an. Eine Person ist extrinsisch (von außen) motiviert, wenn eine hohe Siegesprämie ausgeschrieben ist oder der Trainer eine gute Leistung fordert. Das Verhalten erfolgt motiviert, ist jedoch eher von anderen bestimmt. Sowohl intrinsische als auch extrinsische Motivationen können zu Fortschritten und Erfolgen führen. Auf lange Sicht ist es jedoch wichtig, dass die intrinsische Motivation überwiegt, dem Reiter das Reiten beziehungsweise das Training Spaß macht und er „aus sich selbst heraus", also selbstbestimmt, handelt. Bei schwierigen Situationen, Verletzungen oder schweren Trainingseinheiten reichen hohe Siegesprämien nicht, um durchzuhalten. Wenn die Person jedoch selbstbestimmt handelt und dabei ihren inneren Motiven und Bedürfnissen folgen kann, entsteht intrinsische Motivation und damit die Bereitschaft und die Kraft, noch einen Schritt weiterzugehen. Wichtig ist daher, Situationen zu schaffen, die den Reiter intrinsisch motivieren. Wie diese Situationen aussehen, kann nur dieser selbst entscheiden.

Dafür sind folgenden Fragen hilfreich:
- Was macht mir Spaß?
- Was passt zu meinen inneren Motiven und Bedürfnissen?
- Was reizt mich, was erlebe ich als Herausforderung?

(Vgl. Alfermann & Stoll, 2010)

Hindernisse überwinden

Manchmal reicht die Motivation nicht aus. Vielleicht fühlt der Reiter sich schlapp und ausgepowert. Vielleicht stehen Übungen auf dem Trainingsplan, die ihm nicht liegen (z.B. das Erlernen des Aussitzens oder die Springstunde mit Gymnastikreihen, bei denen sich Pferd und Reiter schwer tun). Manchmal muss der Reiter sich dennoch irgendwie dazu überwinden, diese Tätigkeiten anzugehen. In diesen Momenten sind der Wille und bewusste Selbstmotivierung notwendig. Die folgenden Tipps sollen zeigen, wie die Leistungsmotivation gesteigert werden kann:

1. Motive und Ziele überprüfen

Im ersten Abschnitt dieses Kapitels wurde beschrieben, dass Motive oder Bedürfnisse oft unbewusst sind. Ziele hingegen setzt und verfolgt man bewusst. Wichtig ist daher, dass die Ziele auch zu den eigenen Motiven passen, sonst ist es auf Dauer schwierig, motiviert zu bleiben. Wenn der Reiter also das Ziel hat, an einer Veranstaltung oder einem Lehrgang teilzunehmen, doch das tiefe Bedürfnis vorhanden ist, zur gleichen Zeit mit seiner Familie zu verreisen, kann es zu einem inneren Konflikt kommen, der es erschwert, das Ziel motiviert zu verfolgen. Daher ist es wichtig, sich in regelmäßigen Abständen Zeit zu nehmen und sich über die eigenen Motive klar zu werden. Die Leitfragen sind:

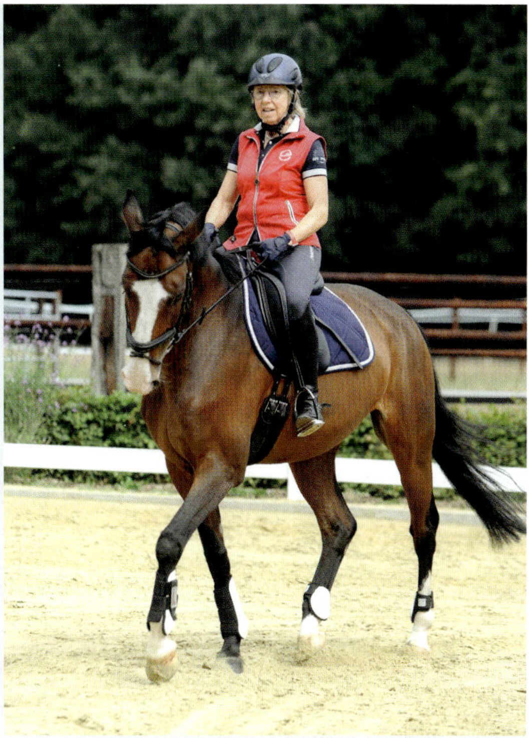

Um motiviert zu trainieren, müssen manchmal auch Schwierigkeiten überwunden werden. Deswegen ist es wichtig, sich seiner Ziele und Motive bewusst zu sein.

- Was begeistert mich?
- Wonach strebe ich (gemeinsam mit meinem Pferd)?
- Nehmen die Dinge, die mir wichtig sind, in meinem Alltag genügend Raum ein?
- Warum betreibe ich den Pferdesport?
- Welche Trainingseinheiten oder Beschäftigungen mit dem Pferd machen mir besonders Spaß?
- Passen meine Motive/Bedürfnisse zu meinen Zielen?

Es kann passieren, dass auch bei diesen Überlegungen die wahren Motive und Bedürfnisse, die hinter einem Ziel stehen, nicht erkannt werden. Um zu den wirklichen Motiven zu gelangen, sollte sich für die oben genannten Leitfragen Zeit genommen und die Gefühle sollten aufmerksam wahrgenommen werden. Gefühle wissen oft mehr über unbewusste Motive als der Verstand. Vielleicht kann auch ein Bild dazu gemalt werden, was einem wichtig ist. Bilder oder Kreativität in anderer Form eröffnen oft Einblicke in unbewusste Bedürfnisse.

Was also tun, wenn auffällt, dass die Ziele nicht zu den Motiven passen? Hier gilt es, zu handeln und bewusste Ziele und unbewusste Motive möglichst nah zueinander zu bringen.

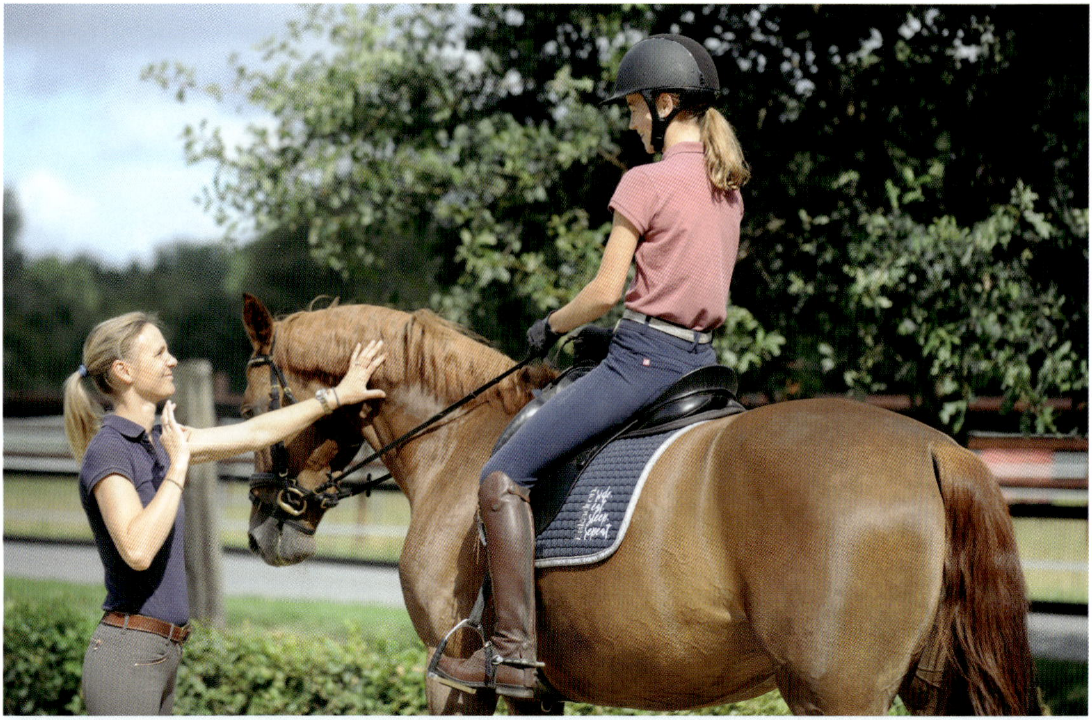

Positive Unterstützung von außen ist nicht nur in schwierigen Phasen motivierend.

Denn nur so kann Motivation über einen längeren Zeitraum bestehen und Begeisterung entfacht werden, getreu dem Motto von Ralph Waldo Emerson: „Nichts Großes ist je ohne Begeisterung geschaffen worden." Um Ziele und Motive in Deckung zu bringen, helfen offene Gespräche mit Trainern, Mannschaftskameraden, Freunden und Mitgliedern der Familie. So kann ein Ziel gefunden werden, dass besser zu den eigenen Motiven passt. (Vgl. Martens & Kuhl, 2011)

Zur Erinnerung: Es ist sehr hilfreich, ein gesetztes Ziel in Zwischenziele aufzuteilen. Auf diese Weise werden Fortschritte deutlich und wirken motivierend. Für weitere Informationen zur Zielsetzung siehe Seite 11, Modul „Zielbestimmung, Vision und Stärken".

2. Mit dem Team zum Erfolg

Leistungssport und damit zusammenhängende Tätigkeiten verlangen viel Disziplin und Energie von mir. Manchmal ist es schwer, das allein zu meistern und sich immer wieder selbst zu motivieren. Hier ist ein unterstützendes und motivierendes Umfeld sinnvoll, welches ich mir selbst suchen kann:

- Welche Personen geben mir Kraft?
- Mit wem kann ich gut über meinen Sport sprechen?
- Wer versteht mich?
- Wer motiviert mich?

Auf diese Weise stelle ich mir mein Team auf. Und mit meinem Team als Unterstützung schaffe ich das auch. (Vgl. Taylor & Schneider, 2007)

3. Ziele erleben und spüren

Selbst wenn ich Motive und Ziele auf Deckung überprüft habe, gibt es Situationen, in denen ich mich nicht aufraffen kann, im Unterricht/Training alles zu geben. In diesen Momenten setzt der Wille ein. Ganz bewusst erinnere ich mich an mein nächstes Zwischen- oder Hauptziel. Ich stelle mir vor, wie es sich anfühlen wird, wenn ich das Ziel erreicht habe. Möglichst bildhaft denke ich daran, was für ein tolles Gefühl es sein wird und wie stolz ich auf meine Leistung sein werde (siehe Seite 138, Modul „Meinen Erfolg planen"). Stolz werde ich auch schon sein, wenn ich mich überwunden und im Unterricht/Training alles gegeben habe. Ich erinnere mich daran, dass ich für dieses Ziel genau jetzt handeln muss.

4. Bild, Lied, Symbol und/oder Motto einsetzen

Es kann auch sehr hilfreich sein, dass ich mir ein Bild, Motto, Symbol und/oder ein Lied suche, das ich als „Mutmacher" mit meinen sportlichen Zielen in Verbindung bringe, das mich anspornen und mir Kraft geben kann. Diese Mutmacher haben eine weitere Unterstützungsqualität. Denn sie können immer greifbar sein und stehen auch zur Verfügung, wenn die Helfer aus meinem Team einmal nicht da sind. Die Kombination von Symbolen, Mottos und imaginären wie realen Unterstützern ist besonders effektiv. (Vgl. Bauer & Hegemann, 2010)

5. Selbstbelohnung

Ergänzend dazu kann ich mit mir selbst einen kleinen Vertrag schließen. Ich kann mich selbst zum Handeln bringen, wenn ich mir überlege, wie ich mich für ein gutes Training belohnen werde; vielleicht mit meinem Lieblingsessen oder mit einer Shoppingtour, die ich mir erlaube. Die dabei entstehenden positiven Gefühle nutze ich als Antrieb, im Training mein Bestes zu geben.

FALLBEISPIEL
Versagensängste

Eine Reiterin fährt mit ihrem Pferd regelmäßig zum Turnier. Auf dem Abreiteplatz angekommen, schaut sie sich nach ihrer Konkurrenz um. Bei Begutachten ihrer Mitstreiter fällt der Kommentar: „Na, wenn die hier sind, brauche ich gar nicht starten." Die Mitkonkurrenten waren dann auch immer der Grund für ihre Misserfolge.

TIPP: Zunächst sollte sich die Reiterin bewusst machen, warum sie mit ihrem Pferd auf das Turnier gefahren ist. Grundsätzlich gilt, sich eigene Ziele zu setzen und diese unabhängig von den Konkurrenten im Auge zu behalten (siehe Seite 11, Modul „Zielbestimmung, Vision und Stärken"). Die zuvor genannten Fragen dienen dazu, den Prozess zu hinterfragen:

- Was begeistert mich?
- Wonach strebe ich (gemeinsam mit meinem Pferd)?
- Warum betreibe ich den Pferdesport?
- Passen meine Motive/Bedürfnisse zu meinen Zielen? Was macht mir Spaß?
- Was passt zu meinen inneren Motiven und Bedürfnissen?
- Was reizt mich, was erlebe ich als Herausforderung?

Ein guter Gegenspieler zur Versagensangst ist die Bewusstmachung der Ziele (siehe Seite 11, Modul „Zielbestimmung, Vision und Stärken"; Seite 66, Modul „Leistungsmotivation"; Seite 129, Modul „Rituale und Routinen" und Seite 79, Modul „Das persönliche innere Drehbuch"), der eigenen Stärken und der „Pferdestärken" (Stärken des Pferdes). Der Prozess sollte allerdings unbedingt vorab erfolgen. Sehr hilfreich ist es auch, das Erarbeitete durch Wiederholung zu verinnerlichen und sich ergänzend dazu aufzuschreiben, damit es beim Aufkommen der Unsicherheit direkt nachgelesen werden kann. Im Moment der Unsicherheit sind die eigenen Stärken kaum abrufbar, da dominieren leider die eigenen Schwächen und eben die Stärken der Konkurrenten. Ein Drehbuch (siehe Seite 79, Modul „Das persönliche innere Drehbuch") zum Ritt ist hier auch eine effektive Maßnahme, das heißt vorher aufzuschreiben, was ich genau tun will. In dem Moment, wo sich der Reiter mit dem Ablauf beschäftigt, rücken die Ängste in den Hintergrund. Rituale und Routinen geben weitere Sicherheit. Ebenso sind kurze und prägnante Leitsätze (siehe Seite 27, Modul „Leitsätze") eine erste gute Hilfe, um sich wieder in den richtigen Fokus zu bringen: „Ich reite für mich!" und „Ich konzentriere mich auf mein Pferd und unsere eigene Leistung!" Im Weiteren könnte ein Perspektivenwechsel helfen: „Toll, dass ich schon mit solch erfahrenen Reitern zusammen in einer Prüfung/einer Stunde/einer Gruppe reiten kann. Da haben wir uns ja schon weiterentwickelt."

In der Leistungsmotivation (siehe Seite 73, Modul „Attribution") wird zwischen zwei Richtungen in der Motivation unterschieden: die Hoffnung auf den Erfolg und die Furcht vor dem Misserfolg/die Angst zu versagen. Über den Fragebogen AMS-Sport (Achievement Motives Scale-Sport von Elbe, Wenhold & Müller, 2005), kann man für sich ermitteln: Wo stehe ich? Wie hoch ist meine Versagensangst?

10

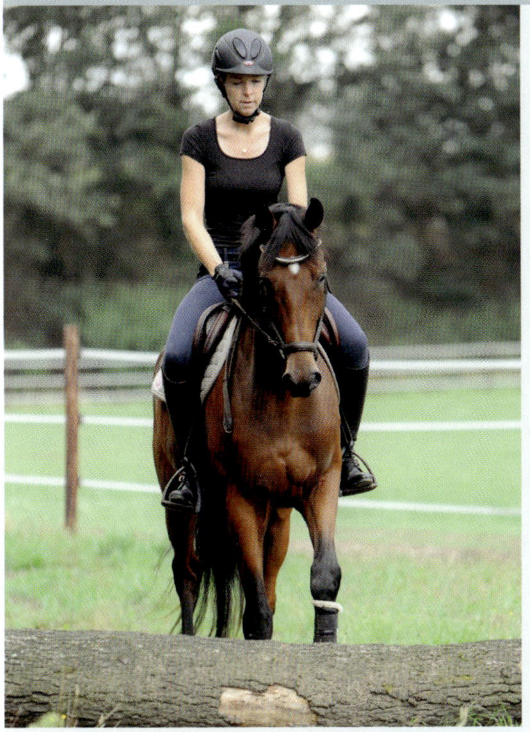

Zunächst muss ergründet werden, warum das Hindernis nicht überwunden werden kann und welcher Ursache dies zugeschrieben wird.

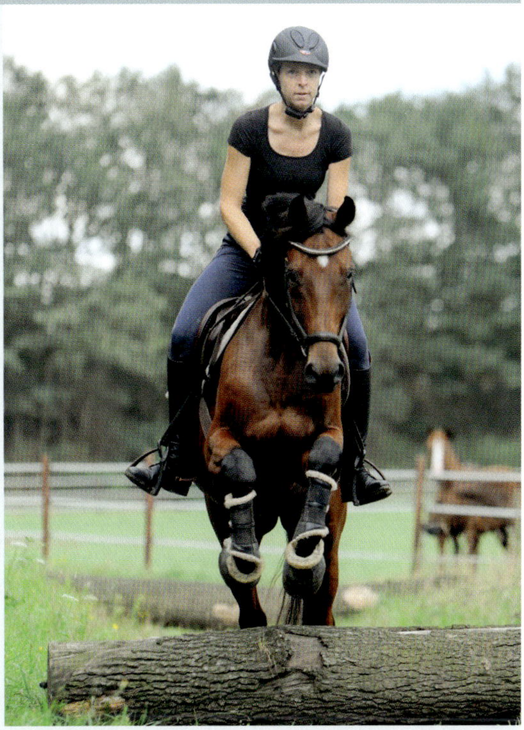

Wenn der Grund erkannt ist, kann die Aufgabe durch gezielte Hilfestellung leichter bewältigt werden.

Attribution*

„Es bekommt der Sache, ihre Ursachen zu ergründen."

(Emil Baschnonga)

Was war die Ursache?

„Attribu... was?" Mit „Attribution" ist das Zuschreiben von Ursachen zu Ereignissen oder Handlungen gemeint. „Und warum sollte ich mir als Reiter über Attributionen Gedanken machen?"

* Das Modul wurde mit Dr. Kathrin Staufenbiel erarbeitet.

Ganz im Sinne der Devise „Nach dem Reiten ist vor dem Reiten“ haben Attributionen – beziehungsweise die Ursachen, die einem Ergebnis beim letzten Training, Unterricht oder Turnier zugeordnet werden – entscheidenden Einfluss auf die Erwartungen bezüglich des nächsten Unterrichts/Trainings/Turniers. Auch die Motivation hängt ganz entscheidend davon ab, welche Ursachen den letzten Erfahrungen beim Reiten beigemessen werden. Hierzu ein kleines Gedankenspiel: Wenn ich beim letzten Ritt mit meinem Pferd meine Ziele nicht erreichen konnte, könnte ich zum Beispiel davon ausgehen, dass dieser Misserfolg an meiner nicht ausreichenden Fähigkeit liegt. „Dieses Ziel werde ich nie erreichen! Ich muss es gar nicht weiter probieren.“, könnte ich in diesem Zusammenhang denken. Die Motivation wäre am Boden. Es wäre jedoch vielleicht auch möglich, dem Scheitern beim letzten Mal eine andere Ursache zuzuschreiben, zum Beispiel dem grippalen Infekt, der dafür sorgte, eine Woche im Bett zu verbringen und nicht ausreichend trainieren/üben zu können. Es liegt nah, dass Erwartungen an das nächste Training im ersten Fall (Attribution: fehlende Fähigkeit) anders ausfallen werden als im zweiten (Attribution: Grippe mit Trainingsausfall). Und es liegt auch nah, dass die Vorbereitung des Pferdes und Reiters jeweils unterschiedlich ausfallen wird. Die erste Ursache, die fehlende Fähigkeit („Ich kann das einfach nicht.“), ist eher zeitlich stabil, nicht zu verändern, und somit werden die Erwartungen für den nächsten Ritt weniger anspruchsvoll sein. Im zweiten Fall kann erneut ein hohes Ziel gesetzt werden, denn schließlich waren die Grippe und deren Auswirkungen nur vorübergehend, also zeitlich variabel (veränderbar). An diesem Beispiel wird deutlich, dass unterschiedliche Attributionen ganz entscheidende Folgen mit sich bringen können. Da das Zuschreiben von Ursachen oft sehr schnell und unbewusst abläuft, lohnt es sich, sich einmal Zeit zu nehmen und sich etwas ausführlicher mit diesem Thema zu beschäftigen.

Dimensionen der Ursachenzuschreibung

Ein vor mehr als 30 Jahren entwickeltes Modell zu unterschiedlichen Ursachenzuschreibungen gilt auch heute noch als Grundlage für jeden, der einen Einblick in die Thematik bekommen möchte. Der US-amerikanische Psychologe Bernard Weiner unterteilte Attributionen in zwei Dimensionen, einmal nach der Stabilität (zeitlich stabil oder zeitlich variabel) und nach der Lage (innerhalb/internal oder außerhalb/external). Folglich kann ich Ursachen auf vier Weisen zuschreiben:

stabil-internal: Wenn die Ursache zeitlich stabil und innerhalb meiner Person zu finden ist. Beispiel: eigene reiterliche Fähigkeit
stabil-external: Wenn die Ursache zeitlich stabil und außerhalb meiner Person wahrgenommen wird. Beispiel: überdauernde Aufgabenschwierigkeit, zu schwerer Parcours oder Lektionen, die abgefragt werden, für die aber Pferd und Reiter noch nicht ausgebildet sind

variabel-internal: Wenn die Ursache zeitlich variabel und innerhalb meiner Person ist. Beispiel: eigene Tagesform

variabel-external: Wenn die Ursache zeitlich variabel und außerhalb meiner Person besteht. Beispiel: Zufall, schlechte Wetterbedingungen, folglich schlechter Boden zum Reiten, zu volle Reitbahn oder Zeitverschiebungen auf dem Turnier etc.

(Vgl. Schlicht & Strauß, 2003)

Erfolgszuversicht oder Misserfolgsangst

Welche Rückschlüsse der Reiter aus Erfolgen oder Misserfolgen zieht, ist entscheidend für seine Einstellung zur nächsten Unterrichtseinheit, zum nächsten Training oder für das nächste Turnier. Menschen unterscheiden sich in ihren Attributionsstilen, das heißt, sie unterscheiden sich darin, wo sie typischerweise nach Ursachen suchen. Hierbei unterscheiden Psychologen zwischen erfolgszuversichtlichen und eher misserfolgsängstlichen Menschen. (Vgl. Alfermann & Stoll, 2010)

Wie sieht die Attribution von Erfolgszuversichtlichen aus?

Erfolge werden eher internal und stabil attribuiert (z.B. eigene Erfahrung, eigene Disziplin, eigenes Können), Misserfolge hingegen eher external und variabel (z.B. schlechtes Wetter, schlechte Reitbedingungen, zu viel los in der Halle etc.). Eine Attribution von Erfolgen auf internale und stabile Faktoren ist förderlich für das eigene Selbstbewusstsein. Ich selbst habe durch meine Fähigkeit und meinen Trainingsfleiß das Ziel erreicht! Wenn ich Misserfolge als variabel ansehe, kann ich beleuchten, woran ich noch arbeiten muss, sodass ich mich optimal auf den nächsten Ritt vorbereiten kann. Eine genaue Analyse von Erfolgen und Misserfolgen führt auch dazu, dass ich lerne, meine Fähigkeiten besser einzuschätzen. Somit kann ich mir für die nächste Unterrichtsstunde, das nächste Training oder Turnier ein realistisches Ziel setzen und auf Erfolg hoffen. (Vgl. Alfermann & Stoll, 2010)

Wie sieht hingegen die Ursachenzuschreibung von Misserfolgsängstlichen aus?

Hier ist es genau umgekehrt: Erfolge werden eher external und variabel (z.B. Zufall) und Misserfolge eher internal und stabil attribuiert (z.B. unzureichende Begabung beim Reiten). Wird ein positives Ereignis nur als Zufall gesehen, entwickelt sich das Gefühl, bei Erfolgen von anderen (oder vom Glück) abhängig zu sein. Wird gleichsam ein negatives Ereignis mit unangenehmen Konsequenzen stabil attribuiert (beispielsweise mangelnde Fähigkeit als Ursache), entsteht das Gefühl, die Situation nicht kontrollieren zu können. Aus dieser wahrgenommenen Nicht-Kontrollierbarkeit kann sich eine Furcht vor Misserfolg entwickeln. Reiter, die bei Turnieren nicht die Leistungen abrufen können, die sie im Training zeigen (sogenannte „Trainingsweltmeister"), leiden häufig an dieser Angst, der Furcht vor dem Misserfolg. Auf Turnieren hoffen sie nicht auf Erfolg und vertrauen nicht auf ihre reiterlichen Fähigkeiten. Vielmehr versuchen sie, Misserfolge und die damit einhergehenden negativen Konsequenzen zu vermeiden. Wer an Misserfolgsängstlichkeit leidet, sucht sich häufig zu leichte oder zu schwere Aufgaben. Bei zu leichten Aufgaben wird der Erfolg dann nicht dem eigenen Können zugeschrieben, sondern der Aufgabenleichtigkeit („Der Parcours war aber auch niedrig" oder „Die Aufgabe kennt mein Pferd ja auch im Schlaf."). Der Erfolg geht nicht auf das eigene Konto! Somit ändert sich durch diesen Erfolg für den Reiter nichts: Beim nächsten Turnier oder Training wird dieser wieder Misserfolg befürchten. Bei zu schweren Aufgaben bestätigt das negative Ergebnis nur die Angst des Reiters und seine Angst zu versagen. Misserfolgsangst kann dazu führen, dass Reiter keine Freude mehr an ihrem Sport empfinden und mit ihrem Hobby aufhören beziehungsweise im Extremfall ihre Karriere im Leistungssport beenden. Doch an der Angst vor Misserfolg kann gearbeitet werden, um bald wieder mit Erfolgszuversicht reiten zu können! (Vgl. Alfermann & Stoll, 2010)

Günstige Attribution lernen und Strategien zur Bewältigung der Misserfolgsangst

Wie kann ich an meiner Attribution arbeiten, um aus Erfolgen und Misserfolgen zu lernen und um mich optimal auf die nächste Unterrichtsstunde, das nächste Training/Turnier einzustellen?

1. Was ist meine typische Attribution, also Ursachenzuschreibung?

Da Attribution häufig unbewusst abläuft, nehme ich mir immer wieder einmal kurz Zeit, darüber bewusst nachzudenken. Bezogen auf meine letzte Unterrichtsstunde, mein letztes Training oder Turnier kann ich mir folgende Fragen stellen:

- Welche Ursache(n) habe ich herangezogen, um Erfolge oder Misserfolge zu erklären?
- Wurde(n) diese von mir identifizierte(n) Ursache(n) für meinen Erfolg oder Misserfolg auch von anderen Menschen (Trainer, Reiterkollegen ...) so gesehen?

2. Debriefing

Ein Debriefing (siehe Seite 20, Modul „Der Prozess danach – Debriefing") ist eine Auswertung nach einem wichtigen Ereignis und kann auch für Unterrichts- oder Trainingssituationen genutzt werden. Dafür werden die Lösungsansätze entsprechend angepasst. Besonders nach unerwarteten Ereignissen oder Misserfolgen ist die Ursachensuche sehr wichtig. Zunächst erfolgen eine kritische Betrachtung meiner Leistung und das Sammeln von Fakten. Ich sollte offen sein für ein subjektives wie objektives Feedback. Der Austausch mit meinem Trainer und eventuell weiteren Experten (z.B. Einsicht in den Richterbogen) liefern Fakten und Meinungen aus unterschiedlichen Perspektiven (aus der Sicht des Trainers sowie eventuell aus der Sicht der Richter). Ebenso kann die Hinzunahme von Videoaufzeichnungen (sozusagen als harte Fakten) sehr nützlich sein. Die gemeinsame Analyse hilft mir, Ursachen für das unzufrieden stimmende Ergebnis zu finden. Bedeutende Aspekte sind:

- Was wollte ich erreichen?
- Was habe ich erreicht?
- Welche Erklärungsansätze habe ich?
- Welche Erklärungsansätze liefern die Experten?
- Welche Erkenntnisse gewinne ich aus der Videoaufzeichnung?
- Wie hoch war der Aufwand dafür?

Es gilt zu fragen, was aus diesem Ereignis gelernt beziehungsweise was daraus gefolgert wird und was verändert werden soll:

- An was muss ich noch arbeiten?
- Welche Veränderungen sind notwendig?
- Was sollte am Unterrichts-/Turniertag vielleicht organisatorisch umgestellt werden?
- Wer könnte mich dabei unterstützen?

Auf diese Weise erlange ich meine Kontrollierbarkeit zurück und bin zuversichtlich und motiviert, dass ich meine Leistung verbessern und steigern kann. Ich muss mich nicht vor dem nächsten Unterricht/Training/Turnier fürchten, denn wir haben das Problem des letzten Misserfolgs erkannt, bearbeitet und behoben. Genau daran erinnere ich mich immer wieder: Problem erkannt – Problem behoben! Der bekannte Spruch heißt: Gefahr erkannt, Gefahr gebannt.

Übrigens: Andere Meinungen einzuholen ist wichtig. Feedback gibt mir die Möglichkeit, meine Fähigkeiten besser einzuschätzen und somit auch die richtigen Ziele (siehe Seite 11, Modul „Zielbestimmung, Vision und Stärken") zu setzen.
(Vgl. Beckmann & Elbe, 2008; Hogg & Kellmann, 2002)

3. Umgang mit Erfolgen und Misserfolgen im Alltag

Erfolge und Misserfolge entstehen mehrfach täglich und nicht nur bei Turnieren. Wenn der Reiter nach jeder Unterrichtseinheit/jedem Training einmal bewusst überlegt, was gut („Heute hat das Rückwärtsrichten schon sehr gut geklappt, das Pferd hat sich sehr zufrieden und losgelassen angefühlt.") und was nicht so gut geklappt hat („Leider konnte nicht richtig an die Bande herangeritten werden, auf der die Decken lagen."), was also ein Erfolg oder Misserfolg war, lernt der Reiter einen neuen Umgang damit. Auch die Erfolge und Misserfolge beim alltäglichen Training geben wichtige Informationen über den momentanen Leistungsstand. Dabei scheint es oft schwerer, die alltäglichen Erfolge wahrzunehmen. Viele Sportler nehmen diese als „normal" hin. Wichtig ist, dass der Reiter auch die kleinen Leistungsverbesserungen wahrnimmt und sich dafür lobt. (Vgl. Martens & Kuhl, 2011)

4. Individuelle Bezugsnormorientierung

Beim Turnier (aber auch im Reitunterricht) erfolgt der Vergleich mit anderen. Doch die Leistungsfähigkeit der anderen liegt außerhalb des Einflussbereiches des Reiters. Daher sollte die eigene Entwicklung immer das Maß der Dinge sein. Es macht Sinn, in regelmäßigen Abständen zu prüfen, welche Verbesserungen in einzelnen wichtigen Bereichen (z.B. bei der Erarbeitung der Versammlung oder Geraderichtung des Pferdes oder dem losgelassenen Sitz des Reiters) erzielt wurden. Dazu kann das Modul „Skalierungsfragen: Die Teilerfolge erkennen" (Seite 138) genutzt werden. (Vgl. Beckmann & Elbe, 2008)

5. Prozessziele setzen

Reiter, die sich prozessorientierte Ziele setzen, können negative Gedanken leichter unter Kontrolle halten und haben eine bessere Konzentration. Denn prozessorientierte Ziele (siehe Seite 11, Modul „Zielbestimmung, Visionen und Stärken") lenken und binden die Aufmerksamkeit ganz konkret auf den Bewegungsablauf und lassen kaum Raum für negative und kritische Gedanken. Deshalb sind sie besonders für misserfolgsängstliche Reiter/Menschen sehr hilfreich. (Vgl. Beckmann & Elbe, 2008)

6. Passende Aufgaben auswählen

Die Reiter sollen sich Aufgaben auswählen, wo sie eine mittlere Bewältigungschance sehen, diese zu erreichen. Die Aufgabe sollte mit Einsatz und Können zu schaffen sein und zugleich auch einen Anreiz darstellen.

11

Das persönliche innere Drehbuch

„Das Leben eines Menschen ist das,
was seine Gedanken daraus machen."
(Marc Aurel)

Im Pferdesport kommt es darauf an, dass der Reiter nicht nur für sich, sondern auch für das Pferd denkt. Das erfordert Aufmerksamkeit, Disziplin und vor allem eine gute Gedankenkontrolle. Die Vorstellung, die der Reiter von sich, seinem Pferd und seinen Handlungen hat, beeinflusst das gewünschte Ziel in hohem Maße. Positives Denken, klare innere Bilder und die Bewertung von Situationen sind ausschlaggebend für den Erfolg mit dem Pferd. Deswegen lohnt es sich, bestimmte Situationen gründlich vorzubereiten und sich selbst immer wieder zu hinterfragen, ob die Gedanken und Selbstgespräche, die einen vor, während und nach dem Ritt einholen, auf positive Weise nützlich sind oder ob sie einen blockieren. Das innere Drehbuch, „der eigene Film" eines Reiters ist dafür verantwortlich, wie der eigene innere Zustand und die Außenwelt wahrgenommen werden. Der Reiter kann sich hinterfragen: „Habe ich positive Erwartungen an die Unterrichts-/Trainingsstunde beziehungsweise an die bevorstehende Turnierprüfung oder sehe ich diesen Situationen im Vorfeld schon mit Zweifeln und Angst entgegen?" Um Herausforderungen meistern zu können, ist es hilfreich, diese Situationen vorab mental im Kopf durchzuspielen, und zwar mit einer optimistischen, aber auch realistischen Erwartungshaltung. Das heißt, der Reiter schreibt sein eigenes Drehbuch, positiv, mit allen Details und präzisen Handlungsabläufen. Handlungen, welche bereits in der Vorbereitung mehrfach durchgespielt wurden, können in der entscheidenden Situation besser abgerufen werden. Mentales Training ersetzt natürlich nicht die Praxis, denn: „Reiten lernt man nur durch Reiten." Es kann diese aber positiv beeinflussen und gibt dem Reiter Handlungssicherheit. Unsere Synapsen sind durch das mentale Training bereits auf die Situation eingestellt und können schneller reagieren. Je häufiger eine Bewegung, ein Bewegungsmuster, zum Beispiel die richtige Hilfengebung beim Reiten, durchgespielt wird, desto eher wird der Reiter diese in der Praxis umsetzen können. Gelernt wird im großen Maße durch Wiederholungen und in kleineren Portionen.

Zunächst stellt sich der Reiter einen optimalen Ritt, Sprung oder eine Lektion vor und versucht so genau wie möglich eine positive Vorstellung von der gewünschten Handlung zu bekommen. Dies sollten lebhafte und realistische Vorstellungsbilder sein.

Beispiel: Ich stelle mir in Gedanken vor, wie ich selbstsicher, mit Überblick und Vorfreude in den Parcours reite. Mein Pferd fühlt sich durchlässig an und reagiert auf meine Hilfen. Schenkel-, Gewichts- und Zügelhilfen sind fein aufeinander abgestimmt. Der Sitz ist geschmeidig, mein Blick ist geradeaus und die Hände sind tief. Ich sitze losgelassen, mit positiver Grundspannung auf dem Pferd und bin bereit, die Aufgabe zu meistern. Ich schaue mich noch einmal auf dem Springplatz um und habe den Plan für den Parcours genau im Kopf. Ich grüße die Richter, klopfe mein Pferd und galoppiere an, rhythmisch und mit einem guten Grundgalopp. Ich visiere den ersten Sprung an, habe mein Pferd geschlossen und fühle die Distanz. Kraftvoll überwinden wir das erste Hindernis, ich gehe in der Bewegung mit, lande, richte meinen Oberkörper auf, schließe den Galopp und taxiere rhythmisch den nächsten Sprung ...

Dabei ist es von Vorteil, sich mit allen Sinnen auf die Situation einzulassen (Wie fühlt es sich an, gemeinsam mit dem Pferd den Sprung zu überwinden?) und diese zu verschriftlichen. Alles, was einmal notiert wurde, bleibt in besserer Erinnerung und kann zur Not noch einmal nachgelesen werden. Wenn der Handlungsplan steht, sollte dieser auswendig gelernt werden, so dass der Plan in der entscheidenden Situation abgerufen werden kann. Bei komplexen Bewegungsabläufen, wie zum Beispiel beim Reiten von bestimmten Bewegungsabläufen oder Dressurlektionen, ist es von Vorteil, die Bewegungen an wichtigen Knotenpunkten zu unterteilen. Das heißt, ich versuche die komplexe Aufgabe in kleinere Abschnitte zu gliedern und gebe diesen einen besonderen Namen beziehungsweise eine Überschrift. Die Abschnitte können in der Praxis auch durch ein Schnalzen oder Durchatmen gekennzeichnet werden.

Zusammenfassung Drehbuch:

- Ich stelle mir den Bewegungsablauf mit möglichst vielen Sinnesmodalitäten (Wie hört sich das an? Wie fühlt sich das an? Wie sieht das aus?) vor.
- Ich schreibe den Bewegungsablauf detailliert und präzise auf. Ich schreibe auf, was ich konkret tun will, und nicht das, was ich vermeiden möchte. Dies ist vergleichbar mit einem Rezept für mein Lieblingsgericht. Dort steht genau, was ich machen soll, welche guten Zutaten in welcher Dosierung dazukommen.
- Per Selbstgespräch lerne ich den Bewegungsablauf auswendig.
- Danach hebe ich die Knotenpunkte (entscheidende Stellen des Bewegungsablaufs) hervor.
- Diese markiere ich symbolisch durch Schlagwörter oder Silben (hilft, den Ablauf zu rhythmisieren und gefühlsmäßig zu verankern).

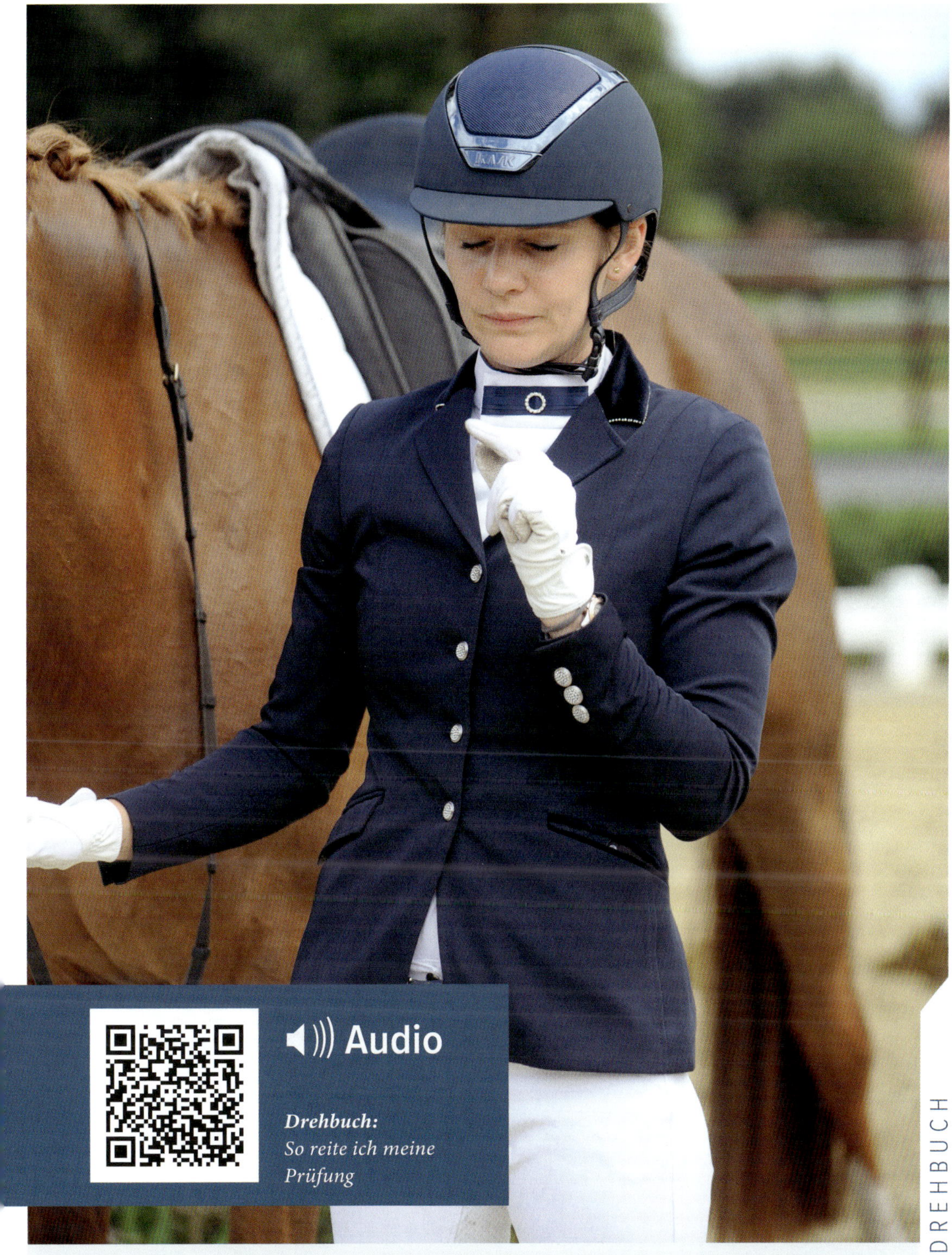

Durch das mentale Wiederholen der bevorstehenden Aufgabe festigen sich die Abläufe und können schneller abgerufen werden.

Um auch in unerwünschten Situationen richtig zu reagieren, kann der Reiter einen Plan B erstellen. Dabei werden die Störgrößen (s.u.) mit eingebaut, die ihm Schwierigkeiten bereiten. Um rechtzeitig Gegenmaßnahmen einleiten zu können, ist es wertvoll, sich auch auf diese unerwünschten Situationen vorzubereiten, da diese meist sehr konsequentes und überzeugendes Verhalten vom Reiter verlangen. Dazu denke ich an mögliche Reaktionen meines Pferdes und erarbeite entsprechende regulierende Verhaltensweisen. Hierbei berücksichtige ich sämtliche Störgrößen, die das Verhalten meines Pferdes beeinflussen können (z.B. Unruhe, Fahnen, an denen das Pferd nicht vorbei möchte, Zuschauer, schlechte Wetterverhältnisse etc.). Durch regelmäßiges mentales Training optimiere ich meine Verhaltensweisen und Bewegungsabläufe und kann auch in Situationen, in denen mein Pferd ausweicht, angemessen reagieren. In der Realität ist dieser Plan B sogar schon oft zum Plan Best geworden. (Vgl. Mayer & Hermann, 2010)

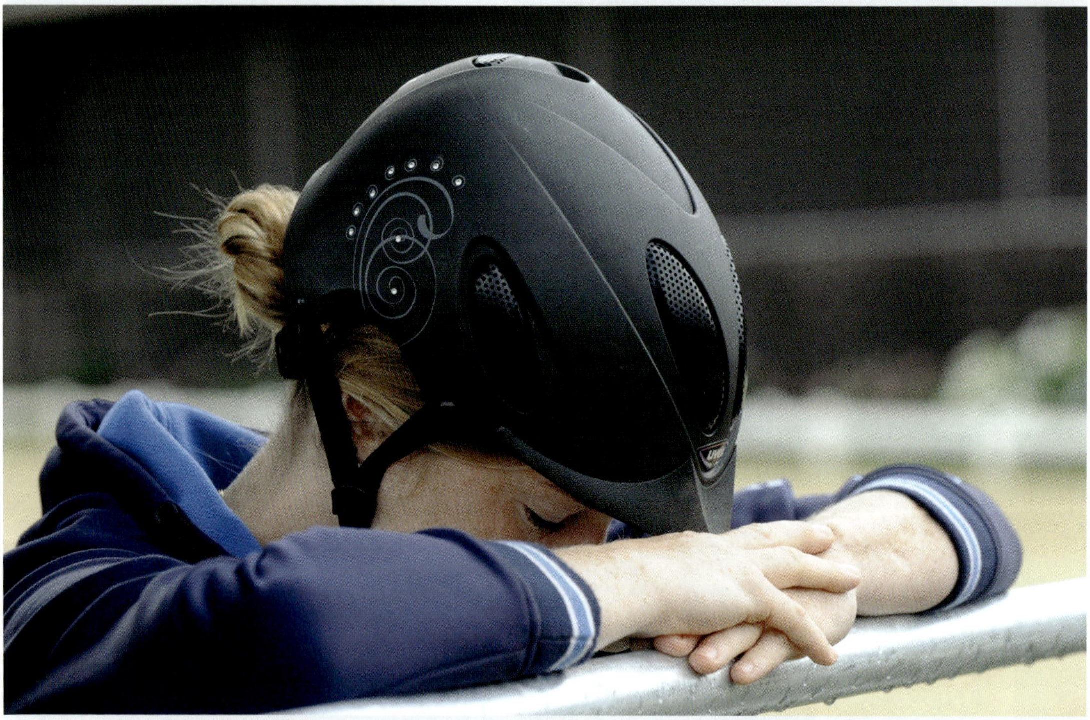

Bewegungsabläufe festigen sich, indem die Handlungsabfolgen visualisiert und mit einem passenden Selbstgespräch wiederholt werden.

1. Bewegungsbeschreibung durch Videoanalyse differenzieren

Ich nutze das visuelle Feedback, um Details der Bewegung herauszufiltern und zu ergänzen. Während der Videoanalyse versuche ich mich in die Bewegung hineinzuversetzen

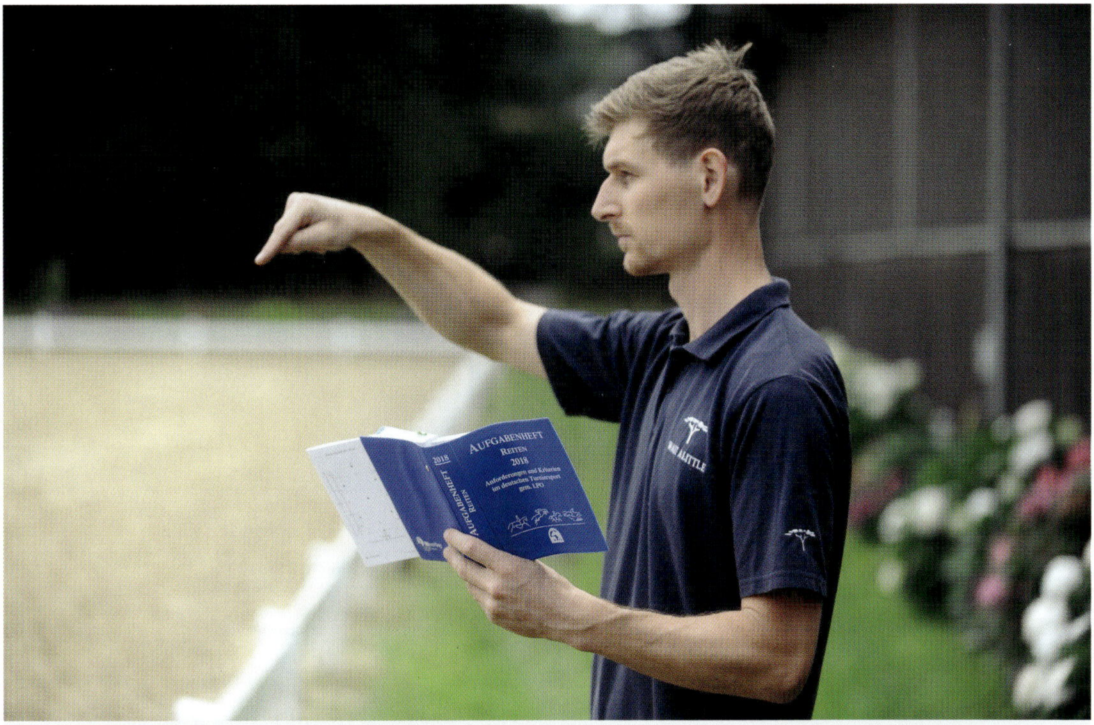

Verschiedenste Situationen können durch regelmäßiges mentales Training vorbereitet und optimiert werden.

und nachzuvollziehen, wie sich die Bewegung anfühlt. Diese Erkenntnisse werde ich nachher in meine Beschreibung integrieren.

2. Bewegungsbeschreibung durch praktische Durchführung differenzieren

Ich versuche möglichst viele Sinneswahrnehmungen und Bewegungsinformationen in meine Bewegungsbeschreibung mit einfließen zu lassen und konzentriere mich dabei besonders auf mein Bewegungsgefühl.

3. Erarbeitung von Knotenpunkten sowie Kennzeichnung der Knotenpunkte auf Schlagworte

Für die Knotenpunkte lege ich individuelle, bedeutende Stellen des Bewegungsablaufs fest und benenne diese mit bestimmten prägnanten Schlagworten. Meine Schlagworte stimme ich auf den Rhythmus der Bewegung ab.

4. Zeitliche Äquivalenz von praktischer und vorgestellter Bewegung überprüfen

Um die Qualität der Bewegung zu verbessern, übe ich, die zeitliche Vorstellung der Bewegung zu optimieren, sodass der Ablauf der vorgestellten Bewegung der real durchgeführten Bewegung zeitmäßig nah kommt. Das so erstellte Kopfkino sollte – soweit dies realisierbar ist – in der realen Zeit erfolgen.

FALLBEISPIELE FÜR TRAINER

Umgang mit Nervosität und Leistungsdruck

Ein Reitschuler versucht das erste Mal die Gangart Galopp zu reiten beziehungsweise reitet das erste Mal mit seinem Pferd in den Wald oder startet bei seinem ersten Turnier. Wie kann der Trainer seinen Reitschüler am besten mental darauf vorbereiten und unterstützen, was ist zu tun, wenn es nicht so gelingt wie gewünscht?

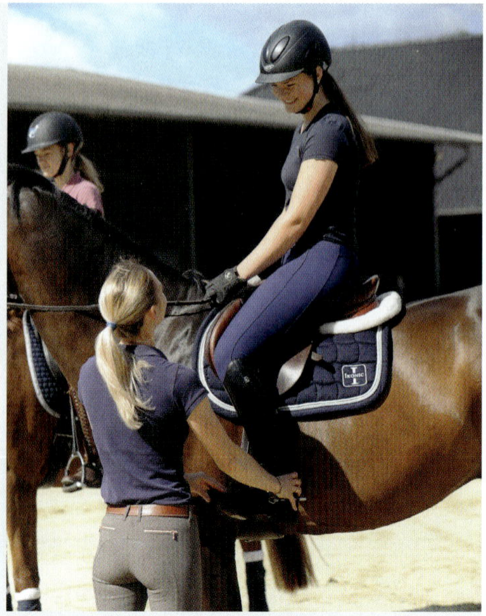

Durch eine überzeugende und authentische Körpersprache kann der Trainer dem Reiter Zuversicht und Vertrauen für die bevorstehende Herausforderung vermitteln.

TIPP: Der Trainer sollte gegenüber dem Reitschüler eine überzeugende Körpersprache einnehmen und den Spiegelneuronen-Effekt (siehe Seite 111 und 122) nutzen, also ausstrahlen, dass er dem Reitschüler die Aufgabe auf jeden Fall zutraut. Der Trainer kann im Sinne des „Drehbuchs" noch einmal kurz und mit einfachen Worten besprechen, was genau der Reitschüler umsetzen soll. Er verweist ausdrücklich darauf, dass er für diesen ersten Galopp/Ausritt/dieses erste Turnier trainiert hat und deswegen gut vorbereitet ist. Erinnerungen, Bilder und/oder Videos vom Training können als Unterstützer dienen. Bilder verdichten Informationen und „sagen mehr als tausend Worte". Erinnerungen helfen, dass der Reitschüler in die erfolgszuversichtliche Stimmung kommt. Ideal wäre es, wenn der Trainer vorab mit dem Reitschüler die Stärken des Reiters sowie die Erinnerungen an gute Trainingseinheiten erarbeitet und verschriftlicht. Dazu kann die „Powercard" (siehe Anlage Taschenkarten) als Vorlage dienen. Diese geeigneten auf den Reitschüler abgestimmten motivierenden Sätze und Erinnerungen könnte der Reitschüler sich dann immer wieder verinnerlichen. Mit dieser Gedankendisziplin bleibt er im richtigen, zuversichtlichen Modus.

Entscheidend in neuen, herausfordernden Situationen ist, dass der Reiter sein vorab erarbeitetes Drehbuch (wie zuvor beschrieben) parat hat. Dies gibt ihm nicht nur unmittelbar während der Aufgabe, sondern auch schon vorab die nötige Sicherheit, zu wissen, welche Hilfengebung in welcher Reihenfolge er beim ersten Angaloppieren geben sollte, worauf er beim Ausreiten achtet oder was er auf dem Turnier zeigen möchte.

Eine gewisse mittlere Anspannung ist für eine gute Leistung notwendig. Zu berücksichtigen sind dabei noch die Art der Aufgabe und die Persönlichkeit des Reiters. Sollte der

Trainer merken, dass der Reitschüler zu nervös wird, hilft die Atementspannung (siehe Seite 51). Hier liegt die Betonung auf der Ausatmung. Der Trainer gibt einfach die Atmung vor und unterstützt damit den Reitschüler, damit er in die richtige Anspannung kommt, beziehungsweise proaktiv, damit er in der richtigen Anspannung bleibt.

Fehler passieren und sollten als Informationsquelle genutzt werden. Sie bringen uns weiter, wenn wir aus der Analyse die entsprechenden Veränderungen einleiten. Dabei hilft zum einen der Resilienzansatz als auch das Debriefing (siehe Seite 20, Modul „Der Prozess danach – Debriefing" und Seite 114, Modul „Strategien zum Umgang mit Misserfolgen und sportlichen Krisen") im Sinne einer prozessualen Nachbereitung. In der praktischen Übersetzung am Beispiel des Galopps heißt das: Was wollte ich zeigen? Was habe ich gezeigt? Welche Erklärungen habe ich dafür? Was sagt mein Trainer? Was zeigt das Video? Was ist die Lehre daraus für mein Pferd und mich in den nächsten Trainingseinheiten? Wichtig ist, dass diese Erkenntnisse dann auch tatsächlich umgesetzt beziehungsweise in das Training/die nächste Unterrichtsstunde eingebaut werden.

Sichere Hilfengebung über die Verinnerlichung des Drehbuchs

Das Pferd galoppiert gehorsam und ruhig. Beim Übergang zum Trab pariert es durch falsche Hilfengebung abrupt zum Halten. Die Reiterin verliert das Gleichgewicht und rutscht völlig unspektakulär über die Schulter des Pferdes zu Boden. Die Reiterin entwickelt große Unsicherheit und verweigert das Galoppieren.

TIPP: Hat die Reiterin eine Angst, die so ausgeprägt ist, dass sie nicht mehr galoppieren möchte, sollte man sie keinesfalls überfordern oder mit Druck behandeln. Mentales Training über das Drehbuch kann hier der erste Schritt sein. Die Schülerin sollte den theoretischen Ablauf mit ihrem Trainer besprechen, hier wird genau formuliert, was sie tun kann und wie die passende Hilfengebung ist. Das Aufschreiben des Ablaufs verfestigt dies weiter. Damit wird deutlich, dass der Galopp eine machbare Aufgabe für die Reiterin ist. Die Reiterin bekommt immer mehr ein Bild davon, wie sie völlig stressfrei und sicher galoppiert. Hat die Reiterin das Drehbuch so weit verinnerlicht, dass sie sich bereit fühlt, einen Schritt weiterzugehen, sind Übungen an der Longe sinnvoll. Zusätzlich zu der Schulung des Körpergefühls, des Gleichgewichts und des Sitzes, einhergehend mit der Verfeinerung der Hilfengebung, gibt die Longe der Reiterin ein Gefühl von Sicherheit, da im Notfall eingegriffen werden könnte. Unabhängig davon, ob die Reiterin an der Longe oder beim freien Reiten unterrichtet wird, können Übungen wie das Ausführen von halben und ganzen Paraden helfen. Das Beobachten von anderen Reitern kann der Reiterin ebenfalls Impulse vermitteln, dass Galopp nicht grundsätzlich Stress bedeutet.

12

Aktivierungstechniken: Wach und aktiv sein, wenn es losgeht

„Wer aufhört, besser werden zu wollen, hört auf, gut zu sein."

(Marie von Ebner-Eschenbach)

Psyching-up

Zur Erbringung von guten Leistungen wird eine passende körperliche und psychische Anspannung benötigt. Ein Faktor für eine gute Hilfengebung auf dem Pferd ist das abgestimmte Zusammenspiel, also die An- und Entspannung der Muskulatur. Auch beim mentalen Training ist das Wechselspiel zwischen An- und Entspannung eine zentrale Fertigkeit. Die optimale Leistung (siehe Seite 100 „Yerkes-Dodson-Gesetz") ist bei einer mittleren Anspannung zu erwarten und variiert individuell und je nach sportlicher Aufgabe, das heißt, es gibt ein personen- und sportartspezifisches Optimum. Sowohl die Person als auch die sportliche Aufgabe sind somit von Bedeutung. So hat der aktivere Mensch eine etwas höhere Anspannung als der eher ruhige Mensch. Eine versammelte Lektion beim Dressurreiten bedarf einer anderen Anspannung als ein frischer Galopp. Die Kunst dabei ist es, für die jeweilige reiterliche Aufgabe den richtigen Aktivierungsgrad zu erreichen. Techniken zur Erhöhung der Aktivierung und zur Beseitigung von Müdigkeit, Lethargie und Trägheit werden unter dem Begriff „Psyching-up" zusammengefasst. (Vgl. Beckmann & Elbe, 2008; Eberspächer, 2001)

Aktivierungstechniken

Motorische Aktivierung:

- diagonales Gegenstrecken von Arm und Bein
- Aktivierungsatmung (die Betonung liegt auf der Einatmung, tief und kräftig durch die Nase einatmen, kurz den Atem anhalten und die Ausatmung automatisch geschehen lassen)
- abrupte, schwunghafte und schnelle Bewegungen
- Stand-Sprint-Steigerung
- Abklatschen von Beinen, Armen, Brust und Gesicht

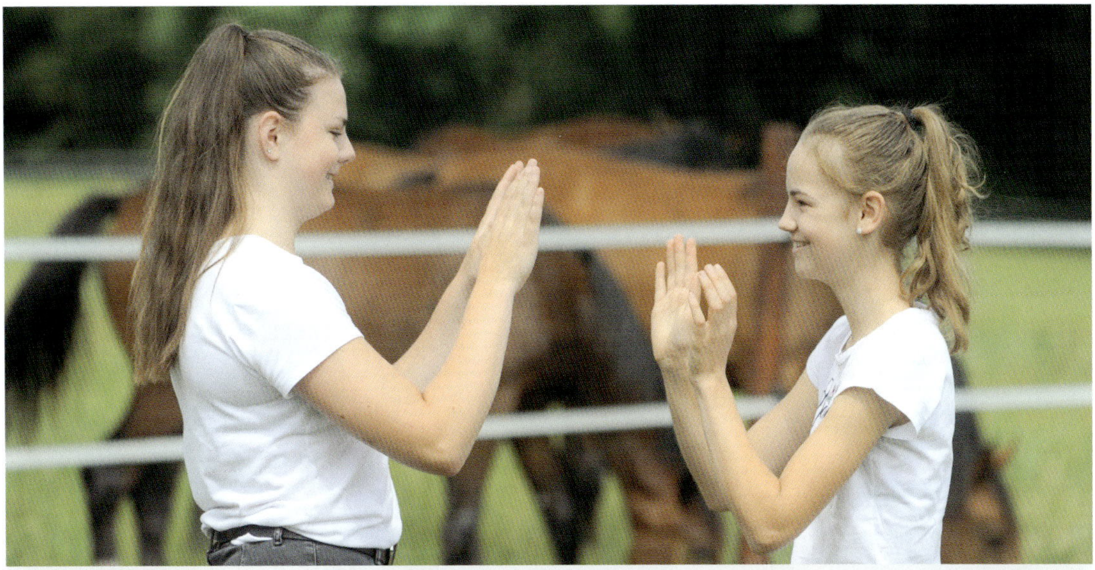

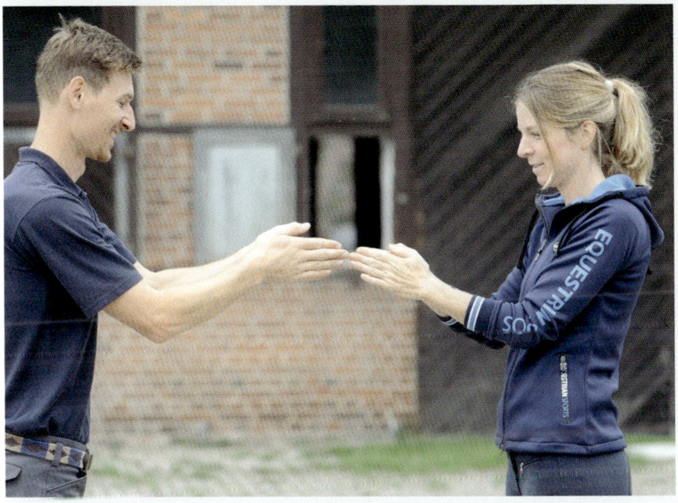

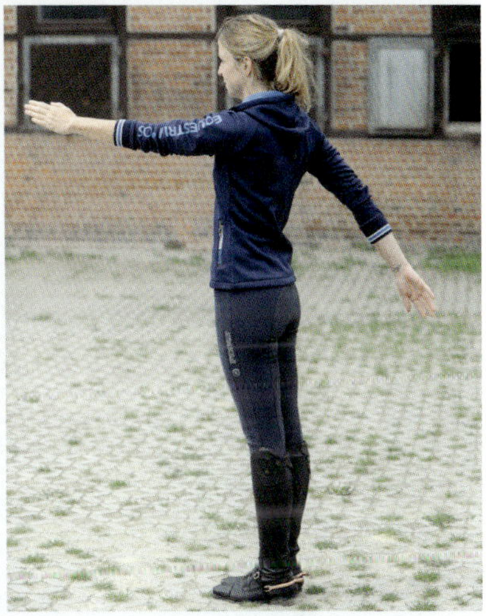

Sportliche Aktivitäten, bei denen die Schnelligkeit gefördert wird, aktivieren auch den Geist.

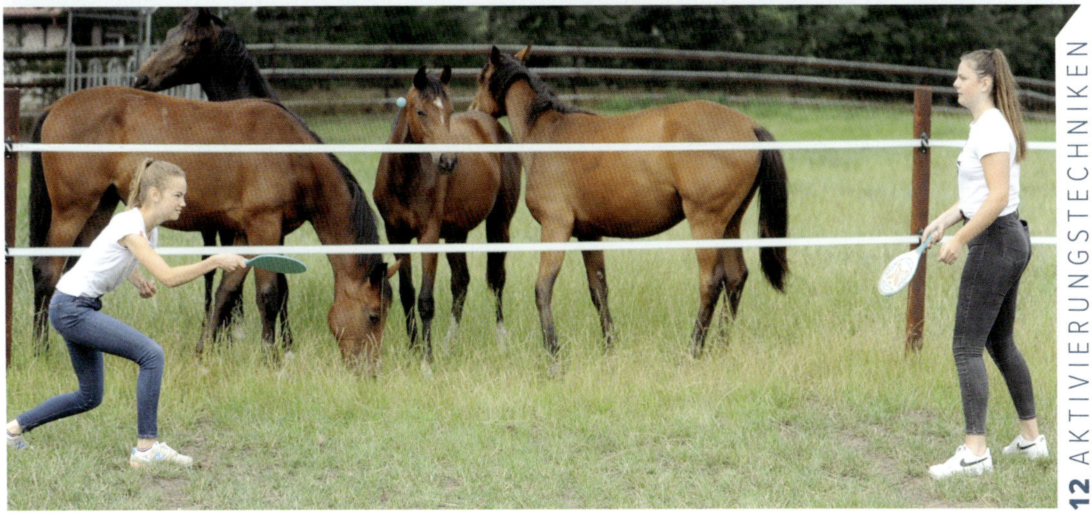

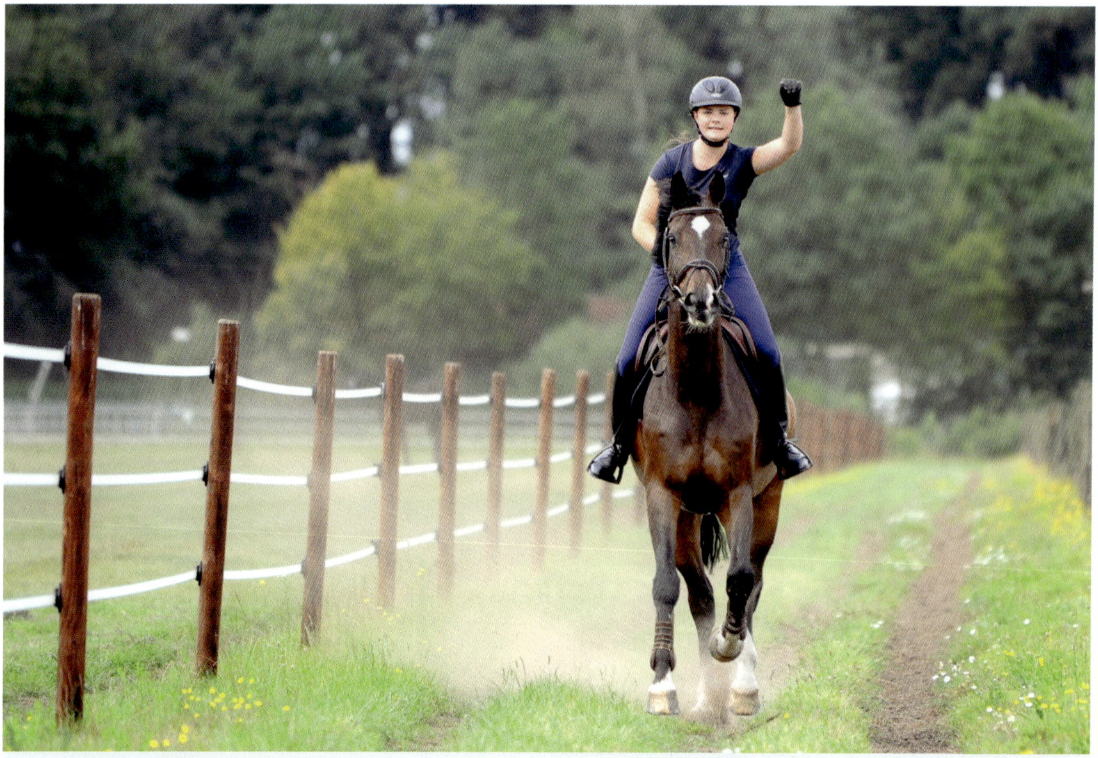

Schöne Erinnerungen auf Fotos lösen positive Emotionen aus.

- Reaktionsübungen (z.B. mit kleinem Gummiball)
- Ein aus den Kindertagen bewährtes Abklatschspiel zu zweit: Die Fingerspitzen werden zueinander gehalten, dann versuche ich die Hände meines Gegenübers abzuklatschen, er/sie versucht gleichzeitig, diese wegzuziehen, nach einem Treffer wird gewechselt
- Für Kartenspieler: das Hochgeschwindigkeitskartenspiel „Speed"

Mentale Aktivierung:

- Mobilisierende Emotionsbilder: denn Bilder sagen mehr als tausend Worte. Besonders im Pferdesport gibt es so viele tolle Bilder von den Pferden, zum Beispiel ein Bild vom Pferd beim Grasen oder ein Bild von Pferd und Reiter, das positive Emotionen und Erinnerungen auslöst.
- Pep Talk: Die Aktivierung erfolgt über Selbstmotivierungsgespräche (z.B. „Hier und jetzt – gib alles!", „Richtig Gas geben!", „Volle Konzentration!" und „Ich kann das!") und Durchhalteparolen (z.B. „Immer dranbleiben!" und „Jetzt durchhalten!") vor und auch während der Durchführung des Trainings/Ritts.
- Erfolgsvision: Visionen erhöhen die Motivation und dazu stellt der Reiter sich seinen persönlichen Erfolg mit dem Pferd vor (siehe Seite 141, Modul „Meinen Erfolg planen").
- Einsatz von Power-Vokabeln: zum Beispiel dynamisch, stark, kraftvoll und erfolgreich.
- Sprüche, ein Symbol und Motto einsetzen. Dadurch können zusätzliche Kraftreserven

mobilisiert werden, die Aktivierung der rechten Gehirnhälfte über den Einsatz des Mottos erzeugt einen positiven Handlungsimpuls und macht Mut.

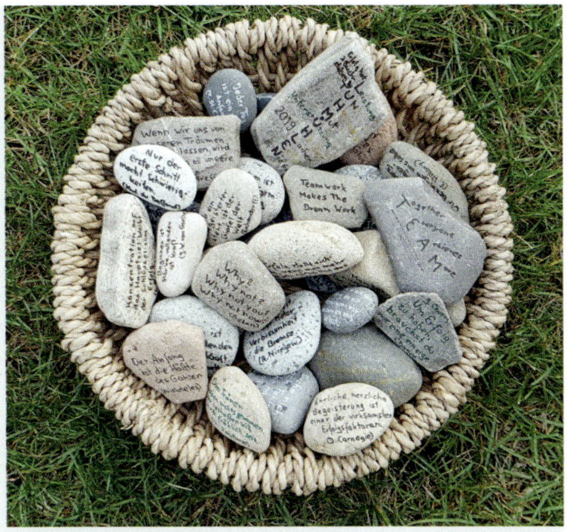

Mottosteine

Aktivierende Düfte:
Den Geruchssinn für Erinnerungen an aktivierende Ereignisse nutzen. Aktivierende Düfte sind zum Beispiel Eukalyptus, Pfefferminze, Citrus, Limette, Menthol und Kaffee.

Aktivierende Musik:
Musik beeinflusst die Stimmung und aktiviert, dazu wählt man Lieder aus, die die Motivation und Erfolgszuversicht anregen.
(Vgl. Bauer & Hegemann, 2010; Beckmann & Elbe, 2008; Bender & Draksal, 2011; Eberspächer, 2001)

Hier sollte jeder Reiter für sich erproben, was zu ihm und gegebenenfalls auch zu seinem Pferd passt. Mentales Training ist sehr individuell und kann zudem variabel eingesetzt werden. Es gibt Momente, wo Musik zur Aktivierung hilfreich ist und zu anderen Zeitpunkten besser ein Motto passt.

Meine Playlist

Meine Lieblingsmottos

13

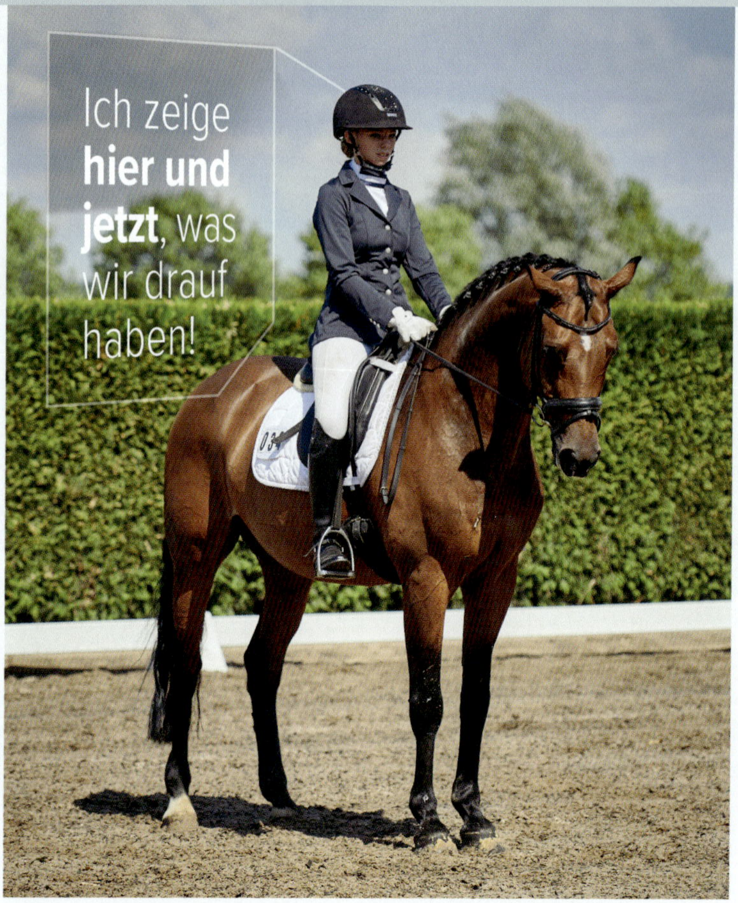

Aufmerksamkeitsregulation

Ich kann diese Übung vor dem Unterricht/Training, dem Ausritt oder dem Turnier sitzend oder liegend durchführen. Ich begebe mich dazu an einen ruhigen Platz und lenke meine Aufmerksamkeit auf die reiterliche Aufgabe, die ich bewältigen möchte. Meine Atmung ist ruhig und langsam. Ich werde mir bewusst darüber, dass das Entscheidende hier und jetzt passiert, in diesem Augenblick. Ich konzentriere mich auf meine Atmung. Ich nehme meinen Atem bewusst wahr, ich verändere ihn dabei nicht. Ich halte mir noch

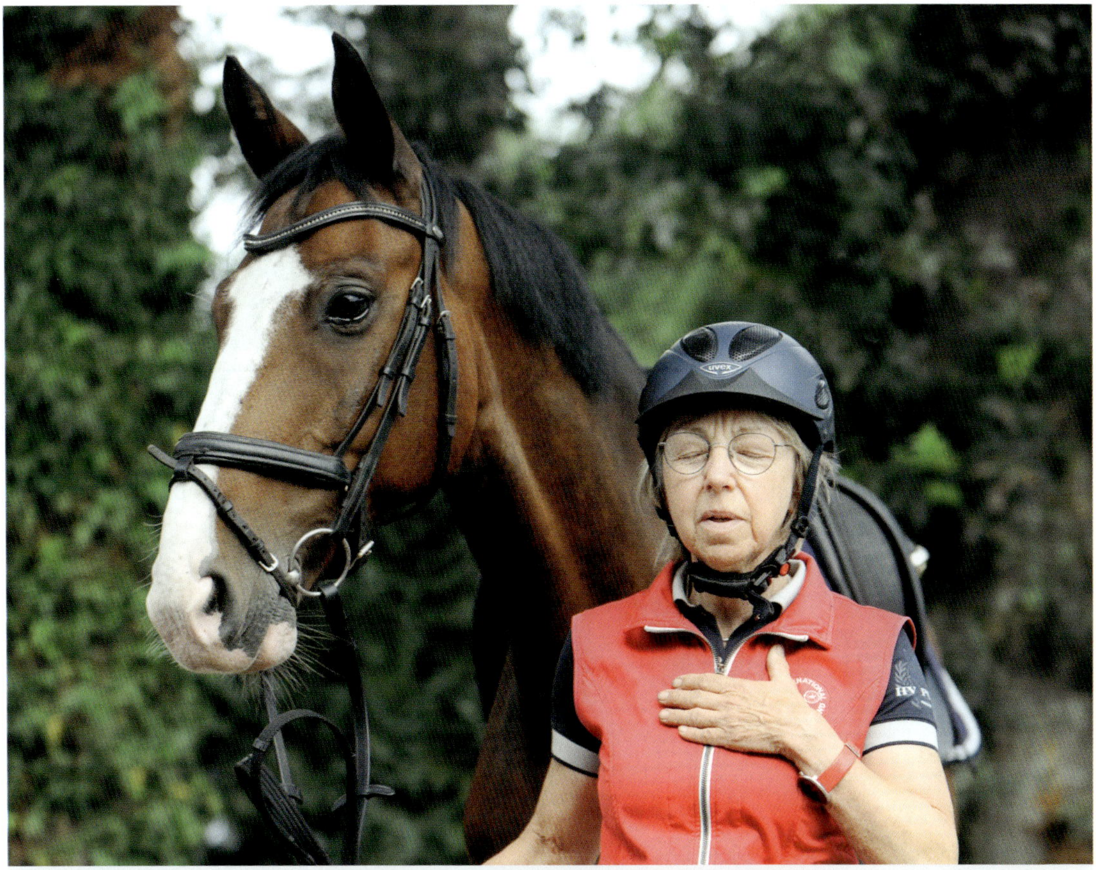

Mentale Übungen können auch direkt vor dem Reiten durchgeführt werden.

einmal vor Augen, was für mich in diesem Augenblick für diese Situation, zum Beispiel dieses Training oder diesen Ausritt, das Zentralste ist. Ich lenke meine Aufmerksamkeit auf die wichtigsten und entscheidenden Bereiche der Bewegung. Ich stelle mir den für mich optimalen Bewegungsablauf in all seinen Nuancen und in Echtzeit (= in der realen Zeit) vor. Ich statte meine mentalen Bilder mit für mich wichtigen Details aus, dadurch werden sie lebendiger. Auch hier beteilige ich alle Sinne (Sehen, Fühlen, Hören, Riechen und Schmecken) und füge meine Emotionen hinzu. Ich spüre die Harmonie mit meinem Pferd. Ich verweile einige Zeit bei jedem Teilabschnitt des Bewegungsablaufs. Zum Beispiel stelle ich mir vor, wie ich geschmeidig im Galopp gemeinsam mit meinem Pferd über die Wiese reite. Ich spüre den Kontakt zu meinem Pferd und merke, wie wir eins werden. Ich sitze im leichten Sitz ausbalanciert, mit feinen Schenkel-, Gewichts- und Zügelhilfen sicher im Sattel und lasse mich rhythmisch vom Pferd tragen. Ich kann mir den Bewegungsablauf aus unterschiedlichen Perspektiven (vom Pferd, von der Seite, von oben, von vorn und aus der Innenperspektive) vorstellen. Ich halte die Spannung und Konzentration bis über den Ritt/die Aufgabe hinaus. Ich wiederhole die Übung regelmäßig. (Vgl. Baldasarre, Birrer & Seiler, 2003; Bender & Draksal, 2011)

14

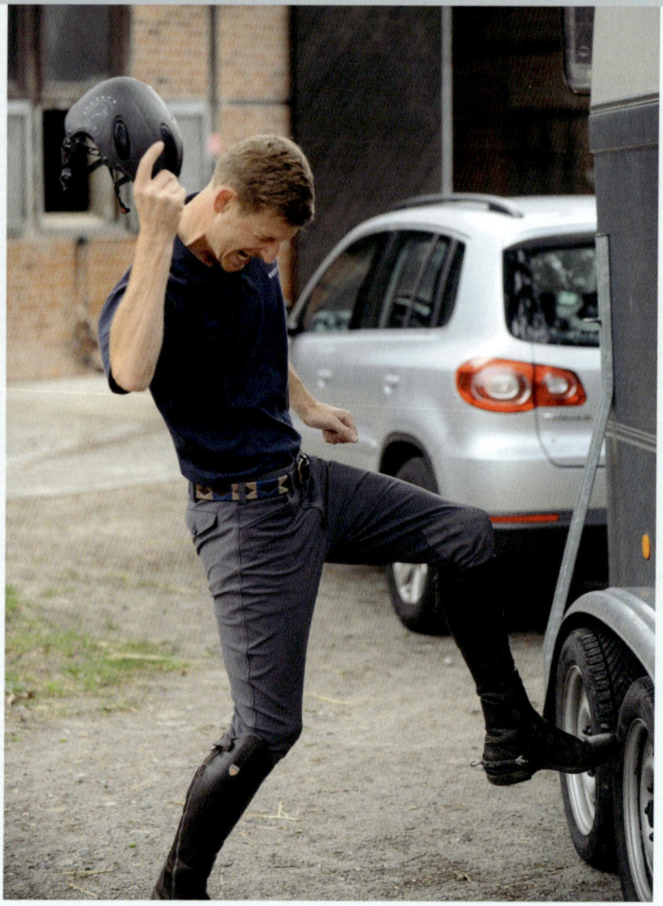

Emotionen rauszulassen ist manchmal sehr sinnvoll, aber natürlich nicht am Pferd.

Emotionale Balance im Pferdesport

Pferdesport und Emotionen gehören zusammen, sie sind in ganzer Vielfalt immer da. So kann es die Freude über ein gemeinsames Erfolgserlebnis mit dem Pferd sein oder aber die Enttäuschung nach einem Misserfolg, wie zum Beispiel der Sturz vom Pferd. Ein gutes Gefühlsmanagement wird in diesem Sport ganz besonders gefordert. Erfolgreiche Personen bedienen sich der Kraft der Emotionen, damit sie mental stark sind und bei kritischen Ereignissen trotzdem ihre Leistung abrufen können. B. Peters beschreibt Emotionen als den „Turbo auf dem Weg zur Höchstleistung. Der Umgang mit ihnen kann Spiele entscheiden, im Sport, im Beruf wie auch im alltäglichen Leben“ (Peters, Hermann & Müller-Wirth, 2008, S. 79). (Vgl. Lurz & Fargel, 2012, Peters, Hermann & Müller-Wirth, 2008)

Für die mentale Gesundheit und Stabilität ist es somit von zentraler Bedeutung, die eigenen Emotionen zu kontrollieren, gezielt zum Besseren wenden zu können oder sie zu akzeptieren und/oder auszuhalten. Es spricht vieles dafür, ein breites Repertoire an Regulationsstrategien zur Verfügung zu haben, die sich gegenseitig unterstützen und ergänzen. Im Umgang mit dem Pferd ist es hilfreich, seine eigenen Emotionen und Gefühle regulieren zu können, um ruhig und konsequent die richtigen Hilfen zu geben und sich passend zu verhalten. Ebenso beim Reiten und besonders auf dem Turnier schafft es Vertrauen in die eigene Person, sich im Besitz von einer ganzen Reihe an Kompetenzen zu wissen, mit unerwarteten, nicht optimalen Situationen und auch Fehlern umgehen zu können. (Vgl. Berking, 2017)

Ich möchte an meinen **emotionalen Fähigkeiten** arbeiten, weil:

____

____

____

Mein **positives Ziel**, warum es sich lohnt, zu trainieren und fleißig zu üben, ist:

____

____

____

Ich habe **Stress**, wenn:

____

____

____

In belastenden Situationen hilft das Wissen über Modelle, die einem aufzeigen, dass die Situation gemeistert werden kann. Besonders unterstützend ist ein gutes Selbstcoaching beziehungsweise Coaching durch den Trainer, damit es zur Verbesserung der eigenen Fähigkeiten beziehungsweise zur Leistungsentfaltung kommt und nicht zur Verurteilung und Abwertung der Geschehnisse beziehungsweise der eigenen Person. Fehlt die Fertigkeit, Emotionen regulieren zu können, führt dies häufig zu Angst und Vermeidungsverhalten. Dies reduziert dann auch die Möglichkeit, Kompetenzen aufzubauen und Erfolgserlebnisse zu erfahren. Dadurch kann sich das negative Selbstbild weiter verfestigen. Um diesen Kreislauf zu durchbrechen, ist der erste Schritt, innerlich zur Ruhe zu kommen, damit zuvor erlernte Techniken angewandt werden können. (Vgl. Berking, 2017)

Im Folgenden werden zentrale Kompetenzen und das Training zum Umgang mit belastenden Emotionen dargestellt.

Sieben wichtige Kompetenzen für die Regulation von Emotionen

(nach Berking, 2017, S. 14 ff.)

1. Gefühle bewusst wahrnehmen

Der Umgang mit belastenden Gefühlen ist sehr komplex und erfordert eine gute Selbstregulation. Ziel ist im ersten Schritt die bewusste Aufmerksamkeit. Beispiel: Der Reiter erkennt, dass die Situation, wie zum Beispiel das Reiten über ein Hindernis, in ihm ein unangenehmes Gefühl auslöst.

2. Gefühle erfassen und identifizieren

Wenn das Gefühl identifiziert wurde, kann man sein Wissen nutzen, um mit dem Gefühl konstruktiv umzugehen – zum Beispiel 5 Minuten ärgern ist akzeptabel, nach dieser Zeit gehe ich dagegen an. Bezogen auf das Springreiten nimmt der Reiter das Gefühl, zum Beispiel die aufsteigende Angst vor dem Fallen, in sich wahr und kann diese gegenüber sich selbst oder auch gegenüber dem Trainer benennen. Der kann dann wiederum weitere unterstützende Anweisungen geben, die dem Reiter mehr Sicherheit vermitteln.

3. Erkennen der Ursache(n) für das aktuelle Befinden

Wenn ein bestimmtes Gefühl aktiv ist und dies erkannt wird, ist es möglich, eine Veränderung einzuleiten oder zu akzeptieren, dass das Gefühl gerade nicht verändert werden kann. Der Reiter erinnert sich an eine Situation, in der das Pferd schon einmal vor dem Sprung verweigert hat und er infolge runtergefallen ist. Er macht sich bewusst, dass dies eine alte Erfahrung ist, die mit der jetzigen Situation und dem aktuellen Trainingszustand nicht im Zusammenhang steht.

4. Innerliche emotionale Unterstützung

Sich selbst emotional zu unterstützen ist wichtig zur Sicherung der kognitiven Leistungsfähigkeit und um so bewusst initiierte Bewältigungsfertigkeiten einzusetzen. Der Reiter bezieht sich auf seine Stärken (siehe Seite 11, Modul „Zielbestimmung, Vision und Stärken") und die Harmonie, die zwischen ihm und dem Pferd besteht. Er konzentriert sich auf einen guten Grundgalopp und seine Hilfengebung, die für das Anreiten des Sprungs notwendig ist. Ebenso kann er in einem positiven Selbstgespräch (siehe Seite 27, Modul „Meine persönlichen Leitsätze") sich zusprechen, dass er und sein Pferd das Hindernis meistern werden, und sieht dieses Bild zusätzlich vor seinem inneren Auge.

5. Gefühle aktiv positiv beeinflussen

Durch die positive Beeinflussung negativer Gefühle wird verhindert, dass sich diese langfristig festsetzen. In dem Moment, wo der Reiter sich der belastenden Situation (das Anreiten des Hindernisses) stellt und diese gut vorbereitet, kann er seine Angst überwinden. Dabei spielt die Vorbereitung eine zentrale Rolle. Die Situation wurde bereits mehrfach mit geeigneten Handlungsanweisungen (rhythmisches Anreiten, konsequente Hilfengebung und dem Vertrauen darin, die Distanz zu erkennen) mental durchgespielt (siehe Seite 79, Modul „Das persönliche innere Drehbuch").

6. Akzeptieren und Aushalten der Gefühle

Akzeptanz und Toleranz sind bedeutsam, da Emotionen oft nicht nur durch den eigenen Willen verändert werden können. Das heißt, wenn die Angst im ersten Schritt nicht verhindert werden kann, sollte der Reiter akzeptieren, dass dieses Gefühl ihn zurzeit beim Springreiten begleitet. In dem Augenblick, wo er das Gefühl nicht bewertet, sondern akzeptiert, ist es besser auszuhalten.

7. Konfrontation mit emotional belastenden Situationen

Um Ziele, wie die Veränderung negativer Gefühle, langfristig zu erreichen und eigene Bedürfnisse zu befriedigen, ist es wichtig, sich mit belastenden und negativen Emotionen konfrontieren zu können. Je häufiger sich Reiter in der täglichen Arbeit den „Hindernissen" stellen, zum Beispiel über das Einbauen von Bodenplanken und Cavalettis sowie das Springen von kleinen Kreuzen, wird der Respekt vor den Sprüngen weniger. Das Überwinden wird selbstverständlicher und die Angst immer kleiner.

Training der sieben Basiskompetenzen

(nach Berking, 2017, S. 27 ff.)

Besonders im Pferdesport ist es wichtig, mit Druck und Belastungen umgehen zu können, Fehler schnell abzuhaken und sich selbst zu regulieren, damit die Aufgabenstellung und die Kommunikation mit dem Pferd zielgerichtet weiter verfolgt und geübt werden können. Das Training der Basiskompetenzen nach Berking zeigt Handlungs- und Verarbeitungsmöglichkeiten auf, in schwierigen Situationen, zum Beispiel bei Misserfolgen im Training und/oder auf Turnieren, aus dem Teufelskreis der negativen Emotionen (wie Ärger, Angst, Wut oder Traurigkeit) herauszukommen.

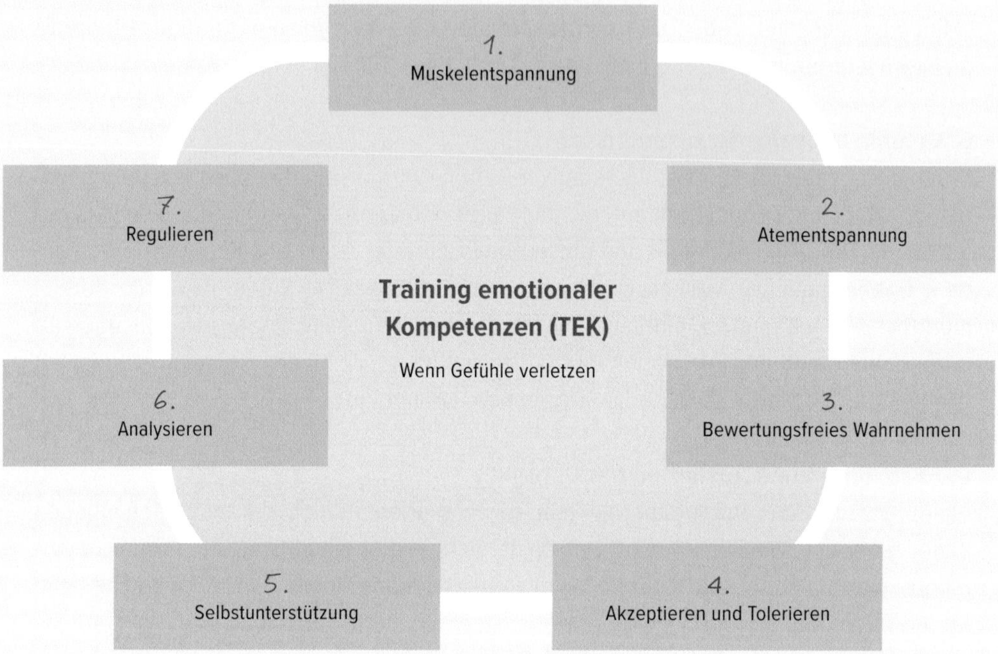

(Modifiziert nach Berking, 2017, S. 27)

Basiskompetenzen 1 und 2: Muskelentspannung und Atemregulation

Ein hohes Erregungsniveau wie große Aufregung oder Nervosität schränken zielgerichtete Regulationsbemühungen ein, da dieses mit körperlichen Prozessen einhergeht, die das Zentralnervensystem in seiner Funktion beeinträchtigen und Stresshormone erhöhen. Die Handlungen sind dann unkontrollierter und vorrangig ausgerichtet auf die kurzfristige Verhinderung negativer Emotionen. Teilbereiche des Gehirns lösen körperliche und mentale Reaktionen aus, die die Gefahrenabwehr erleichtern sollen (erhöhte Spannung der Muskulatur und der Atemfrequenz). Da heute meistens in bedrohlichen Situationen kein Grund zur Flucht mehr besteht, ist diese noch aus der Vergangenheit stammende Reaktion des Körpers nicht hilfreich. Ganz im Gegenteil und ganz besonders im Reitsport wird die Situation dadurch häufig noch verschlimmert. Der gezielte

Einsatz von Muskel- und Atementspannungsverfahren durchbricht den Kreislauf. Die Übung Zentaur (siehe Seite 51) eignet sich hervorragend dafür, sie kann auch beim Schrittreiten auf dem Pferd eingesetzt werden.

Basiskompetenz 3: Bewertungsfreies Wahrnehmen

Hierbei ist es wichtig, zunächst etwas Abstand zu der Situation zu bekommen und zu versuchen eine objektive Sichtweise einzunehmen. Der Blick aus der Sicht des Zuschauers oder aus der Helikopterperspektive auf das eigene Tun hilft dabei. Es geht nur darum zu sehen, was soeben passiert, ohne dies direkt zu bewerten. Durch eine sofortige negative Bewertung/Verurteilung werden die ungünstigen Emotionen aufrechterhalten, was eine positive Veränderung der Geschehnisse erschwert.

Der Reiter soll zunächst in sich hineinhören, dabei wird die Emotion ruhig und bewusst wahrgenommen. Erst wenn er dieses komische Gefühl bewusst benennen kann, hat er die Möglichkeit, es wieder zu verlassen und im nächsten Schritt zu verändern. Dadurch, dass das Gefühl betitelt werden kann, wie zum Beispiel „die Sorge davor, sich zu blamieren", ist es möglich, einen Lösungsprozess zu initiieren und mit der Analyse zu beginnen. Nur wenn der Reiter weiß, dass dieses Gefühl „Angst vor Blamage" ist, kann er seine Reaktion analysieren, verstehen und verändern.

Basiskompetenz 4: Akzeptanz und Toleranzbereitschaft

Damit kein Teufelskreis entsteht, ist es hilfreich zu lernen, seine emotionalen Reaktionen zuzulassen, zu akzeptieren und wenigstens für eine gewisse Zeit auszuhalten beziehungsweise zu tolerieren. Es ist in Ordnung, sich so zu fühlen, wie es gerade ist.

Basiskompetenz 5: Wirksame Selbstunterstützung

Durch die verurteilende Bewertung seiner Ängste wird ein negatives Selbstbild ausgelöst. Das Selbstgespräch wird ablehnend („Ich kann doch gar nicht reiten. Ich schaffe das nie."). Dazu kommen meist noch Gefühle wie Schuld und Scham. Ein Reiter der mit zitternden Knien auf dem Pferd sitzt, fühlt sich gegenüber anderen Reitern meist klein und unbegabt. Dafür verurteilt er sich und versteht nicht, warum er nicht auch in der Lage ist, selbstbewusst und mit Freude sein Pferd zu reiten. Hierbei ist zunächst einmal eine mitfühlende, positiv unterstützende Haltung sich selbst gegenüber erforderlich, um aus der negativen Gefühlslage herauszukommen. „Mit meiner Disziplin und Ausdauer werde ich auch noch ein guter Reiter. Ich habe auch schon viele andere Dinge gelernt." Auf diese neu gewonnene, positive Grundhaltung können dann Handlungen der Selbstunterstützung folgen. Zum Beispiel: „Im Gegensatz zu der letzten Woche sitze ich doch schon viel aufrechter auf dem Pferd. Nach den kritischen Erfahrungen, die ich bereits gemacht habe, sind das tolle Fortschritte." Erinnerungen an schöne Erlebnisse können in dieser Phase dabei unterstützen. Dadurch gelangt der Reiter wieder in ein gutes psychisches wie körperliches Befinden und das Nervensystem sucht weitere positive Erinnerungen. Das Wirkprinzip für den Sport heißt, mit positiver Erinnerung an ehemalige Erfolgserlebnisse neu starten. (Vgl. Bohne, 2003)

Basiskompetenz 6: Analysieren
Um Emotionen zu verändern, braucht es zunächst einen Ansatzpunkt und Verständnis für sich selbst. Mangelnde Einsicht führt teils zu Erklärungsmodellen wie „So bin ich eben" oder „Ich kann mich nicht verändern". Damit wird dann der Zustand der Orientierungslosigkeit beendet, aber es wird auch ein negatives Selbstbild hervorgerufen. Um diesen Prozess zu durchbrechen, hilft es, konkrete Veränderungsmöglichkeiten aufzuzeigen und Lösungsmöglichkeiten zu entwickeln („Was kann ich konkret tun?"). Ein sorgfältiges Debriefing (siehe Seite 20, Modul „Der Prozess danach – Debriefing") im Sinne einer prozessualen Nachbereitung kann dabei genutzt werden. (Vgl. Hogg & Kellmann, 2002)

Basiskompetenz 7: Regulieren
Regulieren bedeutet das „aktive Verändern einer emotionalen Reaktion in eine gewünschte Richtung" (Berking, 2017, S. 31). Dabei ist es wichtig zu wissen, welches Gefühl erreicht werden soll. Durch Brainstorming können zahlreiche Ideen gesammelt werden, wie das derzeitige Gefühl in Richtung des angestrebten Zielgefühls veränderbar ist. Entscheidend ist dann die Vorgehensweise, wie die Lösungsschritte umgesetzt werden sollen. Am Ende kann dann eine Erfolgskontrolle den Prozess abschließen.

Ein Beispiel: Ein Reiter hat Sorge vor dem nächsten Geländetraining – seine Reaktion: Herzklopfen bei dem Gedanken daran; Überlegungen, das Training abzusagen; schlussendlich Angst vor dem Sturz mit dem Pferd.
Wie sollte der Reiter sich stattdessen fühlen: gelassener; Vorfreude, mit dem Pferd weiter zusammenzuwachsen und die Aufgabe zu meistern; Spaß am Geländereiten.

TIPP: Reiten auf der Rennbahn, wo der Reiter sich sicher fühlt – Reiten im Gelände zunächst ohne Sprünge – dann Einbauen von kleinen Hindernissen – Trainer stellt sich neben den Sprung und unterstützt verbal mit positiven Anweisungen – Training erst einmal nur bei gutem Wetter, um schlechte Bodenverhältnisse und Rutschgefahr zu vermeiden.

Bleibt eine Verbesserung aus, kann der aktuelle Versuch gesteigert werden. Falls das nicht hilft, sollten andere Ideen und Kombinationen ausprobiert und/oder das Ziel heruntergeschraubt werden. Ein Erfolg kann auch schon erreicht sein, wenn das ungute Gefühl in seiner Intensität etwas schwächer wird. Möglicherweise kommt man auch zu dem Schluss, dieses Gefühl erst einmal zu akzeptieren und auszuhalten.

Wenn Gefühle verletzen, ...

✓ lass' kurz mal alle Muskeln los;
✓ atme ein paar Mal ruhig und bewusst ein und langsam wieder aus;
✓ betrachte dann, was in dir geschieht, ohne es zu bewerten; benenne dabei deine Gefühle so genau wie möglich;
✓ akzeptiere, dass du gerade so reagierst, wie du reagierst, und mache dir bewusst, dass du auch unangenehme Gefühle eine ganze Weile aushalten kannst;
✓ stehe dir dabei innerlich liebevoll und unterstützend zur Seite;
✓ dann analysiere konstruktiv, warum du dich so fühlst, wie du dich fühlst, und
✓ gehe dann in einen konstruktiven Problemlösemodus, indem du dich bei Bedarf darum bemühst, die Gefühle, so gut es geht, positiv zu beeinflussen.

(Modifiziert nach Berking, 2017, S. 32)

Wie entstehen Stressreaktionen und konkrete Gefühle?

Es gibt Untersuchungsmethoden (Kernspintomografie), die bestimmte Prozesse im Gehirn abbilden können. Die Amygdala, ein Kerngebiet im Gehirn, wird immer dann aktiv, wenn Menschen Stress haben. Sie ist unter anderem dafür verantwortlich, wenn Reiter unter Anspannung Herzklopfen bekommen, denn sie kontrolliert, ob eine Bedrohung der Ziele vorliegt. Ist dem so, fängt die Amygdala an zu arbeiten und überträgt elektrische Signale in andere Bereiche des Gehirns, wie den Hypothalamus, der dafür verantwortlich ist, dass die Nebenniere Stresshormone (Cortisol, Adrenalin) ausschüttet. Diese bewirken mehr Energie im Muskel und der gesamte Körper wird in Alarmbereitschaft gesetzt.

Körperliche und geistige Veränderungen sind hilfreich, um eventuelle Bedrohungen abzuwehren (erhöhte Muskelspannung = schneller weglaufen, erhöhte Atem- und Herzfrequenz = mehr Blut und Sauerstoff in den Muskeln = leistungsfähiger). Der Körper wird somit auf Handlungen vorbereitet wie zum Beispiel Kämpfen, Flüchten oder Erstarren. Allerdings stammen diese Reaktionen aus der Steinzeit und sind heute nicht immer hilfreich. Deswegen ist es wichtig, Stressreaktionen kritisch zu hinterfragen und einen geeigneten Umgang mit Stress und Emotionen zu finden. In der heutigen Zeit sind ruhiges und gelassenes Verhalten entscheidender, als zu flüchten oder gar zu kämpfen.

Heute noch liefern uns Emotionen wichtige Informationen über Bedürfnisse, die zu kurz gekommen sind und darüber, ob Ziele nicht erreicht werden konnten beziehungsweise bedroht sind. Sie helfen bei der Durchführung von Handlungen, damit wir diese Bedürfnisse befriedigen können und zur Zielerreichung.
(Vgl. Berking, 2017)

Zusammenfassung: Sport und Emotionen (nach Berking, 2017)

- Die Leistungsfähigkeit ist am höchsten, wenn wir mittelmäßig angespannt und aktiviert sind. Die mittlere Anspannung variiert individuell und ist abhängig von der Sportart, das heißt, es gibt ein personen- und sportartspezifisches Optimum. Für die passgenaue Leistung benötigt man die „optimale Betriebstemperatur". (Vgl. Beckmann & Elbe, 2008; Engbert, Lockingen & Heiss, 2012)

  Das sogenannte **Yerkes-Dodson-Gesetz** legt für jede Anforderung ein geeignetes Aktivationsniveau in Form einer umgekehrt U-förmigen Kurve fest.

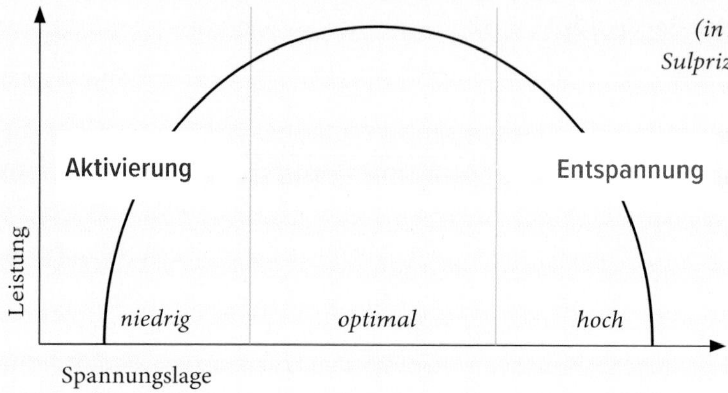

(in Anlehnung an Sulprizio & Kleinert, 2014, S. 48)

- Kurzfristiger Stress ist gesundheitlich unbedenklich, sonst hätten sich diese Emotionen in der Evolution nicht durchgesetzt. Akuter Stress ist durchaus ein Leistungsbooster. (Vgl. Mayer, 2018, S. 57)
- Unser Körper ist auf Belastungen eingestellt, dies kennen wir aus dem Sport sehr gut und können es nutzen.
- „Gefühle halten nicht ewig an!" (Berking, 2017, S. 55). Sie liefern Informationen. „Ein Signal, das immer an ist, hat keinen Informationsgehalt mehr" (Berking, 2017, S. 55).
- Warum halten Stressreaktionen und negative Gefühle dennoch manchmal an?
  Antwort: aufgrund des Teufelskreises (verschiedene Gehirnareale erregen sich wechselseitig): Erregung der Amygdala – Muskelanspannung – Erregung der Amygdala – unruhiger Atmen – Erregung der Amygdala usw.
- Da Muskelanspannungen und unruhiger Atem in potenziell bedrohlichen Situationen entstehen (z.B. bei sehr unruhigem Verhalten des Pferdes), sind sie Anzeichen für Gefahren (wenn das Pferd gleich losrennt, könnte der Reiter die Kontrolle verlieren) und tragen zur Aktivierung der Amygdala bei. Deswegen soll der Teufelskreis durch Muskel- und Atementspannung unterbrochen werden. Der Reiter kann das Pferd nur kontrollieren und beruhigen, indem er selbst gelassen und mit Übersicht reagiert. Dabei ist die Atementspannung die natürlichste Form, um sich zu entspannen. Sie ist zudem schnell zu lernen

und überall einsetzbar. Bei der Atementspannung wird das Aktivierungsniveau nicht gesenkt und damit auch nicht die für die Prüfung notwendige „optimale Betriebstemperatur“ (s.v.). (Vgl. Beckmann & Elbe, 2008; Engbert, Lockingen & Heiss, 2012)

- Weitere Ursachen, die zur Aktivierung der Amygdala führen, sind Beschäftigungen mit bedrohlichen und gefährlichen Situationen, die zu negativem Denken führen. Auch hier helfen die Techniken aus dem Sport, indem wir bewusst unsere positiven Selbstgespräche beziehungsweise Leitsätze einsetzen. Die Sätze verbessern die Aufmerksamkeit, das Selbstvertrauen und die Stimmung. Kurze und einfache Leitsätze mit einer klaren Aussage sind sehr effektiv. Gedanken und Gefühle beeinflussen sich. Über die Gedanken kann ich somit auch Emotionen steuern. Nach der herausfordernden Aufgabe sollte ich mich dann durchaus mit den negativen Gedanken auseinandersetzen. (Vgl. Beckmann & Elbe, 2008; Porter & Foster, 1988; Lurz & Fargel, 2012)
- Wenn positives Denken dennoch nicht funktioniert, hilft es, zunächst erst einmal das Gefühl bewertungsfrei zu spüren und dann neutral zu benennen.
- Wenn einem bewusst wird, dass dieses Gefühl zum Beispiel Ärger ist, dann kann überlegt werden, ob es angemessen ist beziehungsweise wie es verändert werden kann.
- Ein weiterer Teufelskreis ist das Vermeidungsverhalten gegen die eigenen Gefühle, denn diese sind oft nicht direkt durch den persönlichen Willen zu steuern. Gefühle entziehen sich direkter willentlicher Kontrolle – es wird eine Weile dauern, die Gefühle zu verändern beziehungsweise sich von ihnen zu trennen. Es braucht einen Moment, bis die ausgeschütteten Hormone sich wieder abbauen. Wenn also versucht wird, Gefühle mit allen Mitteln auszuschalten, wird sich kein sofortiger Erfolg einstellen können.
- Es ist hilfreich zu lernen, die unangenehmen Gefühle zu akzeptieren und zu tolerieren und nicht dagegen anzukämpfen. Durch einen gelassenen Umgang mit den Emotionen kann wieder Ruhe in das System gebracht werden.
- Es liegen zahlreiche Befunde vor, die zeigen, dass ein zwanghaftes Kämpfen gegen diese negativen Gefühle diese eher verstärken, wohingegen die akzeptierende Wahrnehmung sie abschwächt.
- „Wir müssen bei einem Gefühl erst einmal ankommen, bevor wir es verändern können“ (Berking, 2017, S. 97).
- Ein anderer Teufelskreis entsteht, wenn Gefühle verurteilt werden. Mit Selbstvorwürfen wird noch mehr Stress produziert und zusätzliche Gefühle wie Scham und/oder Schuld werden gefördert.
- Die objektive Analyse ist ein weiteres Werkzeug, um den Teufelskreis zu durchbrechen. Hinterfragen der Situation, warum eine Stressreaktion oder ein negatives Gefühl aufgekommen ist, hilft, dieses in eine positive Richtung zu lenken beziehungsweise zu beeinflussen.

Zusammengefasst lässt sich nach Berking (2017, S. 67) die Formel aufstellen:
Analysieren + Regulieren = aktive Problemlösung

FALLBEISPIEL FÜR TRAINER

Emotionsregulation auf dem Pferd/Umgang mit negativen Gefühlen

Ein Reiter mit geringer Frustrationstoleranz hat die Aufgabe, mit seinem noch in der Ausbildung stehenden Pferd auf dem Zirkel zu reiten. Das Pferd bricht aus dem Zirkel aus, weil die äußeren Hilfen fehlen beziehungsweise nicht eindeutig genug sind. Der Reiter wird wütend und fängt an, das Pferd für seine eigenen Fehler zu bestrafen. Eigentlich liebt er sein Pferd und ist anschließend auch traurig und sauer über sein falsches Verhalten.

Wenn so eine Situation auftritt, sollte die Unterrichtsstunde kurz unterbrochen und der Reitschüler zunächst beruhigt werden. Atemübungen mit einer bewussten Ausatmung können dabei sehr hilfreich sein, denn durch innere und äußere Unruhe wird die Aufgabe nur noch schwerer zu lösen sein. In der Trainerfunktion erklärt man dann seinem Schüler, worauf er sich fokussieren und konzentrieren sollte, um die Aufgabe zu lösen. Des Weiteren sollte vermittelt werden, wie wichtig es gerade jetzt ist, ruhig und entspannt zu bleiben, um das Pferd nicht zu verwirren und richtig anleiten zu können. Auch können Hilfsmittel wie Stangen als Begrenzung genutzt werden, sie dienen zugleich auch als mentale und optische Hilfestellung. Solche schwierigen, aber bekannten Situationen können zukünftig auch mental vorbereitet werden. Der Reitschüler soll den Lösungsweg selbst erklären. Entscheidend dabei ist auch zu hinterfragen wie man reagieren sollte, wenn etwas nicht so läuft wie gewünscht. Wenn die Situation schon häufiger vorgekommen ist, kann sich der Reiter unter anderem auch gemeinsam mit seinem Trainer außerhalb der Unterrichtsstunde darauf vorbereiten. Die gedankliche Vorwegnahme von unterschiedlichen Abläufen und Szenarien sorgt dafür, dass man beim Eintreten der Situation vorbereitet und handlungsfähig ist. Die sogenannte Szenariotechnik (siehe Seite 103, Modul „Strategien zum Umgang mit Angst und kritischen Situationen“) erhöht die Sensibilität/das Feingefühl für zukünftige Ereignisse und schafft einen größeren Handlungsspielraum, wie man in unterschiedlichen Situationen beim Reiten reagieren kann.

Es ist wichtig, dass später eine Reflexion des Verhaltens stattfindet, um dieses in Zukunft zu verändern. Der Reiter selbst sollte sich die Zeit nehmen und registrieren, was diese Situation in ihm auslöst, ohne direkt darauf zu reagieren und zu bewerten. Das bewertungsfreie Wahrnehmen (wie zuvor beschrieben) soll den Reiter näher zu sich und seiner Reaktion bringen. Fragen wie „Warum macht es mich so wütend, wenn etwas nicht direkt funktioniert?“ oder „In welchen anderen Bereichen werde ich auch schnell so aufbrausend?“ können helfen, dem Auslöser der Emotionen näher zu kommen. Was steckt hinter dieser Wut? Hat der Reiter Angst davor, sich oder seinen Trainer zu enttäuschen? Sorge vor Blamage oder Respekt davor, sein Pferd nicht richtig ausbilden zu können? Wenn der Reiter bei seiner Emotion ankommt, kann er diese auch analysieren und einen Lösungsweg erarbeiten, wie er beim Reiten besser reagiert und sich kontrollieren kann.

15

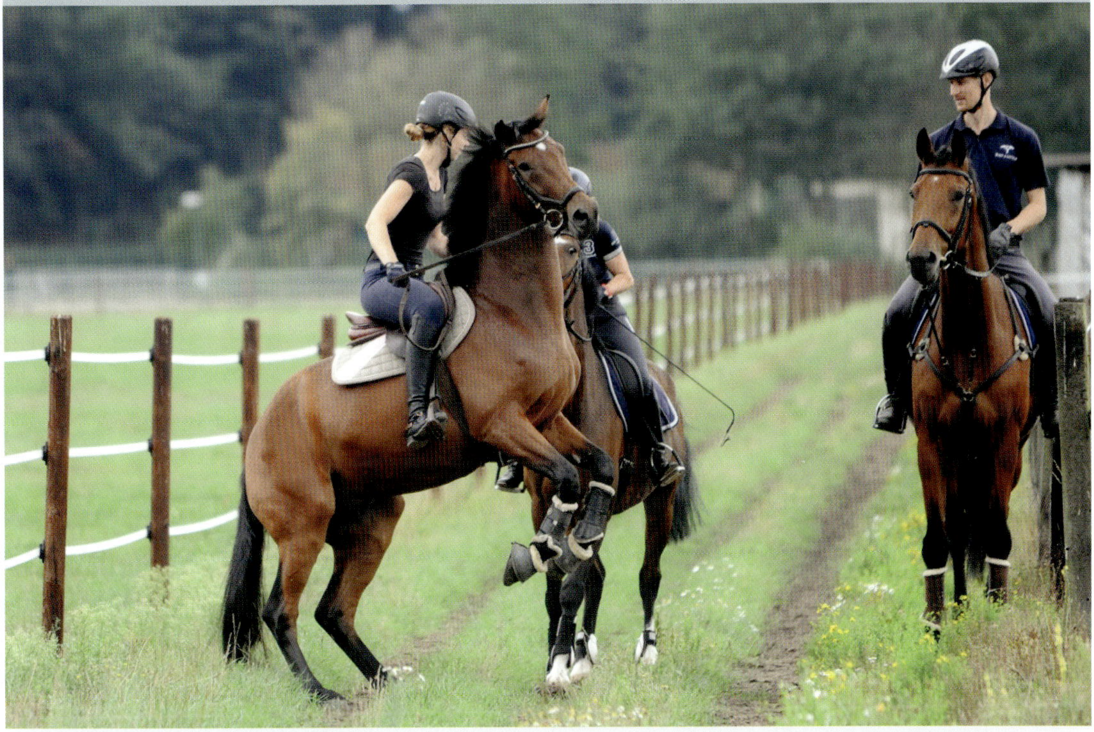

Im Pferdesport treten manchmal Situationen auf, die angsteinflößend sein können. Deswegen ist es wichtig, sich ihnen zu stellen und sie zu analysieren, damit Lösungswege erarbeitet werden können.

Strategien zum Umgang mit Angst und kritischen Situationen

„Mut ist die notwendige Eigenschaft eines jeden Spitzensportlers. Ein Sportler kann aber nicht mutig sein, ohne vorher Angst gehabt zu haben."

(Bob Rotella, entnommen Linz, 2004, S. 148)

Angst ist etwas sehr Menschliches, denn sie gehört zur „Basisausstattung" an Gefühlen. Angst ist daher für jeden Menschen und somit für jeden Reiter durchaus hilfreich, sie macht darauf aufmerksam, risikoreiche Aktionen zu vermeiden, und sorgt dafür, dass Personen handlungsfähig bleiben, indem sie zum Beispiel die Durchblutung der Musku-

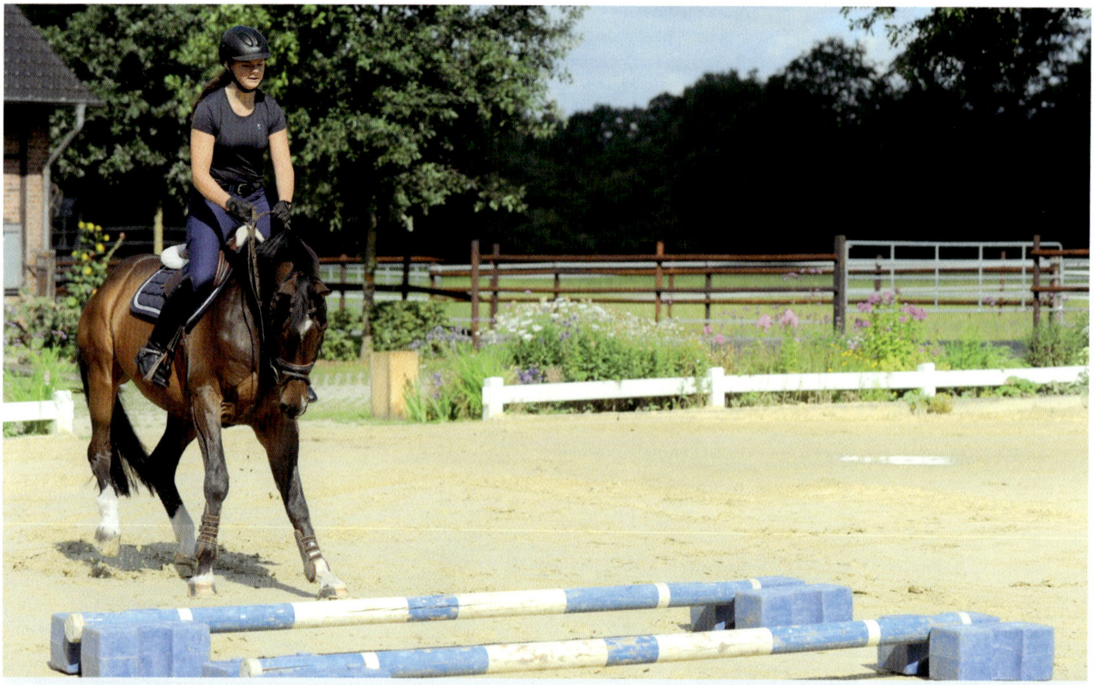

Schwierige Situationen müssen angenommen werden, um daraus zu lernen.

latur verbessert. Körperliche Reaktionen, die parallel mit der Angst auftreten, stammen noch aus der Steinzeit. Damals hieß es: „Auf zum Kampf" beziehungsweise „Schnell weglaufen". Deswegen werden auch noch heute Muster ausgelöst, wie Herzklopfen oder die bereits genannte verbesserte Durchblutung, um schnell reagieren zu können. (Vgl. Linz, 2004)

Für den Reiter ist die Kunst dabei, ein passendes Maß an Angst und Erregung zu finden, damit er handlungsfähig bleibt und die erwünschte Leistung erbracht werden kann. Zu viel Angst blockiert und lähmt. Leider wird sie jedoch nicht dadurch gemindert, dass sie einfach verdrängt wird. Das Gegenteil ist der Fall. Mit der Angst ist es wie mit allen Gefühlen: Sie will gesehen und wahrgenommen werden. Eine erste Hilfe kann schon sein, sich selbst einzugestehen, dass die Angst da ist. Das heißt, vielleicht auch zunächst nur sich selbst gegenüber zu sagen: „Ja, ich habe Angst!" Eine noch größere Wirkung kann eintreten, wenn über die Angst mit einer Vertrauensperson gesprochen wird. Es ist erstaunlich, wie befreiend dies ist. Entscheidend ist dann, die Angst zu analysieren. Dabei sind erste Fragen hilfreich:

- Worüber mache ich mir Sorgen?
- Was kann ich dagegen tun? Was könnten erste Lösungen sein?
- Wie entscheide ich mich?
- Wann und wo setze ich meine Entscheidung um?

(Vgl. Carnegie, 2018; Linz, 2004)

Ebenso sollten Reiter einkalkulieren und akzeptieren, dass Fehler-Machen zum Lernprozess dazugehört. Das Zitat von Manfred Osten bringt dieses auf den Punkt: „Wenn Irren menschlich ist, dann ist nicht zu irren unmenschlich." Ohne falsche Entscheidungen und schlechte Erfahrungen können Menschen beziehungsweise Reiter sich nicht weiterentwickeln. Somit gehören diese Erfahrungen beziehungsweise Grenzerfahrungen, die Angstmuster auslösen, genauso zum Reiten, wie die vielen wunderbaren Erlebnisse. Deswegen sind Annehmen, Analysieren, Lösungen erarbeiten und diese ins Training integrieren unverzichtbare Bausteine. Hier gilt:

gescheitert – t = gescheiter.

Das erfordert von jedem Reiter die Einsicht und Annahme sowie Geduld und Disziplin, sich seinen ganz persönlichen „Angstthemen" zu widmen und sich damit auseinanderzusetzen.

Angstmuster können durch bestimmte Übungen unterbrochen werden, der Gedankenstopp und Entspannungsübungen gekoppelt mit Leitsätzen sind dafür geeignete Techniken (siehe Seite 27, Modul „Meine persönlichen Leitsätze"; Seite 31, Modul „Erste-Hilfe-Maßnahmen zum Ausschalten von Störgedanken" und Seite 50, Modul „Strategien zum Stressabbau und zur Wiedererlangung von Ausgeglichenheit"). Wenn die Angst kommt, ist es wichtig, wieder an die richtige „Software" zu gelangen. Das Selbstgespräch bekommt eine große Bedeutung, denn es steuert das weiterführende Handeln. Ergibt man sich der Angst und lässt sich darauf ein, entsteht der bekannte Teufelskreis. Damit

Herunterfallen gehort auch dazu. Reiter müssen lernen, unangenehme Situationen zu meistern und aus Fehlern zu lernen, dann entwickeln sie sich weiter.

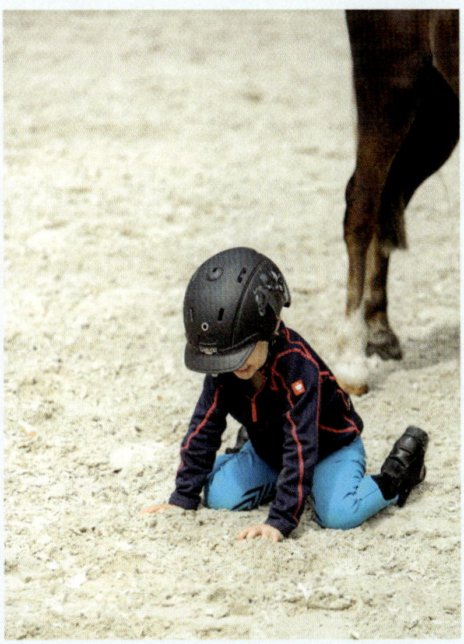

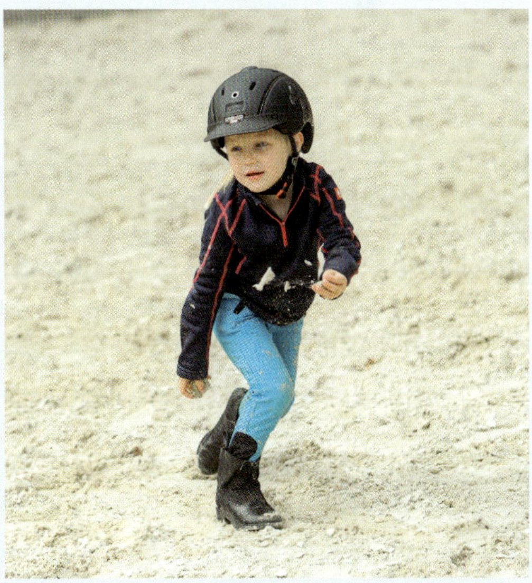

dies nicht geschieht, heißt es, offen und ehrlich die Situation und die eigenen Gedanken zu betrachten und ihnen Widerstand zu leisten (z.B. durch klare innere Ansagen: „Ich gehe mutig und entschlossen auf die neue Aufgabe zu“, „Mein Herzklopfen ist normal, da es eine neue Herausforderung für mich ist“ oder „Nur wenn ich es wage, einen neuen Schritt zu machen, werde ich vorankommen und mich weiterentwickeln.“) Dieses Selbstgespräch könnte für viele Situationen, wie zum Beispiel den ersten Sprung, den ersten Ausritt, auf einem Turnier, nach einem Sturz wieder in den Sattel zu steigen etc., passend sein. Die Vermeidung negativer Selbstgespräche unmittelbar vor wichtigen Trainingseinheiten, Ausritten und Prüfungen beugt der mentalen Ermüdung vor. Unzweckmäßige innere Monologe sind „Energiefresser“, deshalb sollte der Reiter bewusst und aktiv den guten inneren Dialog einsetzen. Der Reiter kann auch im Selbstgespräch mit der Angst einen Deal eingehen, damit sie für eine bestimmte Zeit weg ist. Dieser könnte lauten: „Lass mich so lange in Ruhe, bis ich das Training oder den Ausritt beendet habe. Danach beschäftige ich mich erneut mit dir.“ Auch ein selbst gesetztes Zeitlimit für die Angst kann eingesetzt werden. In dieser Zeit darf man sich mit den Ängsten und Sorgen beschäftigen, danach werden sie zur Seite geschoben. Savoie (2006, S. 222) nennt diese Zeit „Kummerzeit“. (Vgl. Linz, 2004; Mayer, 2018; Savoie, 2006)

„Entkatastrophisieren“: Eine Erweiterung der Perspektive

Durch das wiederholte gedankliche und emotionale Durchlaufen schlechter Erlebnisse entwickelt sich Angst, es kommt zu Verkrampfungen und Denkblockaden, daraus resultiert eine schlechtere Leistung. Wurde eine schlechte Erfahrung nicht analysiert und bearbeitet, indem neue Handlungsalternativen entwickelt wurden, und ein Fahrplan für die nächste ähnliche Situation erstellt, passiert es leider sehr häufig, dass man in der Situation steckenbleibt und diese einen weiter beschäftigt. Bei der Szenario-Technik wird eine Vielfalt an möglichen Ergebnissen beschrieben:

Der Reiter stellt sich dazu drei sportliche Ereignisse möglichst detailliert vor:

- das beste (Best-Case-Szenario),
- das schlechteste (Worst-Case-Szenario) und
- das realistischste Szenario (Trend-Szenario).

Das gedankliche Durchlaufen von drei Szenarien statt einem Szenario hilft, eine erweiterte und angemessene Perspektive zu entwickeln. Es wird genau überlegt, wie man in allen drei Situation am sinnvollsten reagieren kann. Dabei werden auch Erfahrungen aus der Vergangenheit genutzt: Welche früheren Reaktionen gibt es für vergleichbare Situationen und was hat sich damals bewährt? Durch die Auswertung der unterschiedlichen Möglichkeiten wird ein größerer Handlungsspielraum geschaffen, was wiederum hilfreich für die

Leistungsverbesserung ist. Durch die Szenario-Technik werden auch das strategische Denken und die Sensibilität für zukünftige Ereignisse unterstützt. Die vier Phasen dabei sind:

Phase 1: Aufgaben- und Problemanalyse (Festlegung der Bereiche, die betrachtet werden sollen; Sammlung von Fakten, Daten und Hypothesen)
Beispiel: Der Reiter hat Angst, die Kontrolle beim Galoppieren über das Pferd zu verlieren. Er ist schon zweimal beim Galoppieren vom Pferd gefallen und kann nicht bei der ersten Hilfengebung wieder durchparieren. Besonders auf dem Außenplatz ist das Pferd etwas gehfreudiger als in der Halle. Dort sind auch mehr Einflussfaktoren, die ablenken können. Ebenso hat der Zaun an der kurzen Seite keine Begrenzung. Der Reiter hat gedanklich immer die Sorge, beim Kontrollverlust vom Pferd zu stürzen, schlimmstenfalls würde das Pferd einfach den Platz verlassen und mit ihm auf dem Pflaster ausrutschen. Der Reiter hat hier schon die erste Annahme, dass sich die eigene Unsicherheit unmittelbar auf das Pferd überträgt und sich damit ein Teufelskreis in Gang setzt. Die Unsicherheit des Reiters überträgt sich auf das Pferd, das spürt der Reiter und wird weiter verunsichert. Es entwickelt sich eine Abwärtsspirale und der Zustand verschlechtert sich weiter.

Phase 2: Einflussanalyse (Welche Kriterien haben welchen Einfluss? Wie beeinflussen sie sich eventuell untereinander?)
Beispiel: Die Angst wird besonders groß, wenn es draußen stürmisch ist, da dann auch noch die umliegenden Bäume durch den Wind laut rascheln und unkontrollierte Geräusche machen. Das Pferd ist unruhiger, der Reiter wird dadurch verunsichert. Je größer die Angst/Verunsicherung des Reiters wird, desto unsicherer wird auch das Pferd.

Phase 3: Entwicklung und Ausgestaltung von Szenarien (Die jeweilige Vorstellung erleben)
Beispiel: Der Reiter stellt sich zunächst das Worst-Case-Szenario vor. Er droht die Kontrolle über das Pferd zu verlieren. Danach stellt er sich das Trend-Szenario vor. Der Reiter spürt rechtzeitig, dass das Pferd unruhig und unsicher wird, und reagiert darauf mit aufrechtem Oberkörper, stetiger Verbindung und festem Schenkelschluss. Der Reiter stellt sich nun das Best-Case-Szenario vor. Mit der entsprechenden Hilfengebung und der eigenen Zuversicht („Das habe ich trainiert", „Mit der passenden Hilfengebung kann ich die Situation kontrollieren." etc.) gelingt das Galoppieren besser. Die Anweisungen des Trainers werden gut umgesetzt.

Phase 4: Bewertung und Entwicklung von Maßnahmen zur Problemlösung (Durch welche Maßnahmen wird das Worst-Case-Szenario verhindert und das Best-Case-Szenario gefördert?)
Beispiel: Das Bewusstmachen und Erleben der Szenarien in Phase 3 ermöglichen es dem Reiter, erste Maßnahmen zur Bewältigung der Situation zu entwickeln. Was kann er tun,

um das Worst-Case-Szenario zu verhindern und das Best-Case-Szenario zu fördern? Welche Anweisungen hat der Trainer dazu gegeben? Welche Hilfengebung ist jetzt wichtig? Indem der Reiter sich vorstellt, was er tun kann, geht er in den Ablauf und die Angst reduziert sich. Möglicherweise ergeben sich aus der Analyse noch Trainingsmaßnahmen für den Reiter, um das Galoppieren weiter zu stabilisieren. Es könnte sein, dass eine Art Immunisierungstraining (siehe Seite 143, Modul „Training von besonderen Situationen") für typische Störfaktoren auf der Anlage und dem Außenplatz (Geräusche, Zaun ohne Begrenzung etc.) für Reiter und Pferd eingeplant werden sollten. Hier werden die Störfaktoren aber wohldosiert, sodass der Reiter immer sicherer mit zunächst leichteren Störfaktoren umgehen kann. Wenn die entsprechende Handlungssicherheit vorliegt, folgen weitere schwerere Störfaktoren. Die Konfrontation mit typischen Störfaktoren, die schrittweise gesteigert wird, ist eine mögliche Methode bei der Bewältigung von Ängsten. (Vgl. Bender & Draksal, 2011; Schinke, 2006)

Ampeltechnik

Neue Herausforderungen und neue Aufgaben im Training und beim Turnier bedeuten eine Weiterentwicklung und einen Leistungszuwachs. Für dieses Wachstum muss allerdings auch etwas Angst/Ängstlichkeit einkalkuliert werden, da die bisherige Komfortzone (rotes Licht) verlassen wird. Auch in anderen Lebensbereichen wie zum Beispiel beim

Angst als Signal für grünes Licht

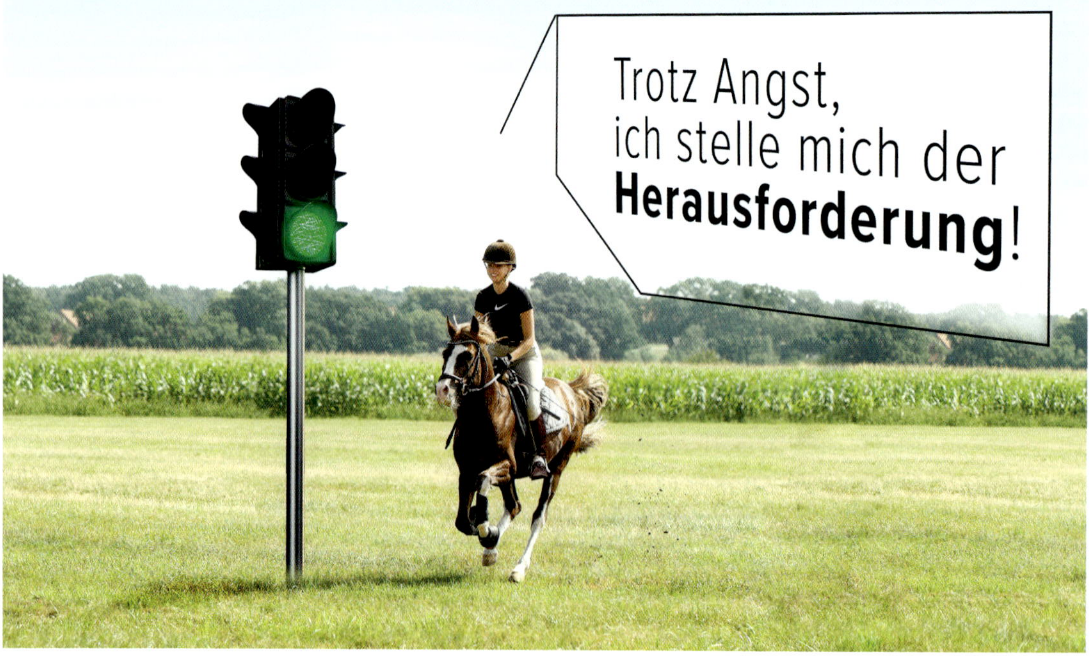

Schulwechsel von der Grundschule zur weiterführenden Schule und dann später zur Berufsausbildung beziehungsweise zum Studium können diese Empfindungen auftreten. Angst ist ein Zeichen, dass der Reiter aktiv wird. Angst wird nur dann zu einem echten Störfaktor, wenn sie so stark ist, dass die betroffene Person handlungsunfähig wird. Wenn Angst einhergeht mit Fortschritt und Wachstum, dann kann sie auch als Zeichen der Weiterentwicklung und als Begleiter neuer sportlicher Herausforderungen betrachtet werden. Die Angst kann auch als Signal für „grünes Licht" stehen, als Signal für Aktivität und „Vorankommen". (Vgl. Savoie, 2006)

TIPP: **Humor nutzen**

Über Humor kann Ängstlichkeit zumindest kurzfristig minimiert werden, da Lachen und Angst widersprüchliche Gefühlszustände sind. Lachen und Witziges sind dabei mehrfach hilfreich:

- Lachen ruft Glückshormone hervor, gemäß der japanischen Weisheit „Das Glück kommt zu denen, die lachen." Lachen steigert damit das Wohlbefinden und reduziert Stress.
- Beim Lachen lockern sich viele Gesichtsmuskeln und die Kiefergelenke. Damit wirkt Lachen auch gegen mentale und körperliche Verbissenheit.
- Die Erheiterung (positive Emotion) schiebt die Angst (negative Emotion) quasi weg. Es sind gegensätzliche Gefühle.
- Bei dieser Ablenkung wird für das Begreifen eines Scherzes oder Witzes geistige Kapazität gebraucht, diese Kapazität steht dann nicht mehr für ängstliches Zweifeln bereit. Das funktioniert aber nur, wenn der Witz zu der Person passt.

Über Komik und Witz erfolgen ein Perspektivenwechsel und eine Lockerung, dies kann entsprechend zur Angstreduktion genutzt werden. Daher sollte auch jeder Trainer eine gelöste und entspannte Atmosphäre im Unterricht schaffen. So könnte beispielsweise jeder Schüler zu Beginn der Stunde ein lustiges Erlebnis aus der vergangenen Woche berichten etc. (Vgl. Croos-Müller, 2013; Falkenberg, McGhee & Wild, 2013)

6 Strategien gegen die Angst

Michel Robert (2010, S. 25) nennt
„6 Heilmittel gegen die Angst:

- Mut
- Selbstvertrauen
- Wiederholung positiver Erfahrungen
- Keine schlechten Urteile mehr über sich selbst
- Urteile anderer ignorieren
- Nicht mehr schwarz sehen!"

Zum Umgang mit Angstgegnern

Sachlich betrachtet ist ein Angstgegner ein anderer Reiter oder ein Team, gegen das mehrfach verloren wurde oder gegenüber dem man sich sehr unwohl fühlt. Es ist eine Person oder ein Team gegen die/das bislang noch keine erfolgreiche Vorgehensweise entdeckt wurde. Mit dieser Sichtweise (die Betonung liegt hier auf dem Wörtchen „noch", verbunden mit der Option, Strategien/Techniken erarbeitet zu haben, die zu besseren Leistungen führen) kann sich von der lähmenden Wirkung und der scheinbaren Machtlosigkeit gegenüber dem Angstgegner gelöst werden. Fakt ist, der Reiter hat in der Vergangenheit noch nicht die passende Strategie gefunden. Indem die neuen Strategien eingesetzt werden, wird die Handlungsfähigkeit wiedererlangt. Hilfreich ist auch ein Perspektivenwechsel (siehe Seite 127, Modul „Die Technik des Reframings"): „Ein Angstgegner stellt eine besondere Herausforderung für mich/uns dar!" Das Bewusstmachen des Trainings und der damit verbundenen Verbesserungen verdeutlicht dem Reiter: „Ich trete hier und jetzt mit besseren reiterlichen Kompetenzen an und bin der Herausforderung gewachsen." Bohne (2003) betont bei diesen Ängsten, dass die Person sich das tatsächliche Alter bewusst machen sollte, statt sich jünger und schwächer zu fühlen. Für den Reiter bedeutet das, sich zu verdeutlichen, dass er jetzt einen besseren Trainingszustand hat, und für die Aufgabe bereit ist. Indem der Reiter sich in den „trainingsangemessen" Zustand bringt, hat er einen besseren Zugang zu seinen vorhandenen Fähigkeiten. (Vgl. Bohne, 2003; Linz, 2004)

FALLBEISPIELE FÜR TRAINER
Verbesserung der Kommunikationsfähigkeit zwischen Reitschüler und Trainer

Ein Kind fängt an zu weinen, weil es sich in einer Gruppenstunde nicht getraut hat, dem Trainer zu sagen, dass es Angst hat beziehungsweise sich die ihm gestellte Aufgabe nicht zutraut. Der Trainer ist überrascht, da er die Situation ganz anders eingeschätzt hat (kommt in abgewandelter Form sicherlich auch bei erwachsenen Reitern vor). Wie kann der Reitschüler es schaffen, über seine Angst zu sprechen, und wie kann sich der Trainer am besten verhalten, damit es nicht erst zu einer solchen Situation kommt?

TIPP: Angst ist ein Gefühl und Gefühle wollen wahrgenommen werden. Mit dem Akzeptieren der Gefühle kommt Ruhe in das System (siehe Seite 92, Modul „Emotionale Balance im Pferdesport" und Seite 103, Modul „Strategien zum Umgang mit Angst und kritischen Situationen"). Trainer und Reitschüler sollten vorab besprechen, welche Ziele verfolgt werden und welche kleinen, konkreten Übungsschritte geplant sind. Es ist entscheidend, dass der Reitschüler ermutigt wird, eine Rückmeldung zu geben, wann er sich sicher fühlt, und wann weitere Übungsschritte eingeleitet werden können. Er sollte

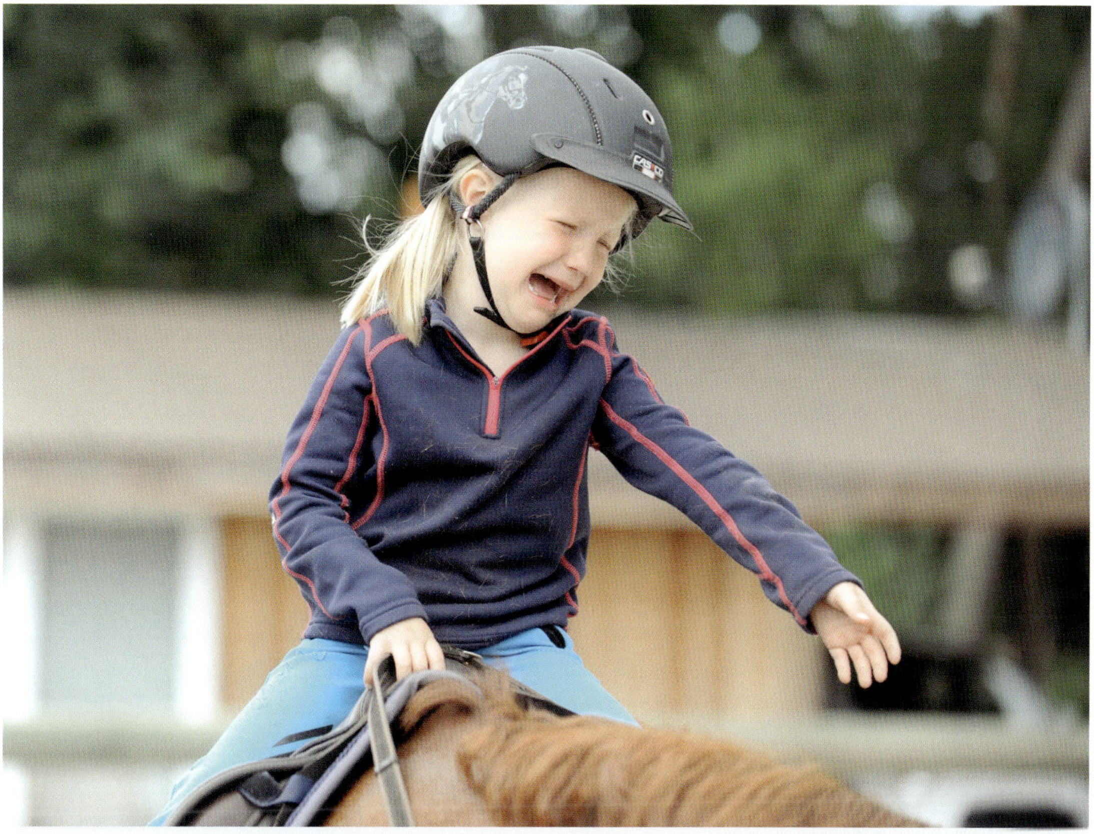

Wichtig ist der offene Umgang zwischen Trainer und Reiter, besonders in emotionalen Momenten.

auch thematisieren können, welche kritischen Gedanken und Gefühle er hat und was er an Unterstützung benötigt, damit er sich sicherer fühlt. Dadurch, dass der Trainer den Schüler ermutigt, seine Empfindungen zu beschreiben, entwickelt sich ein Vertrauensverhältnis, welches die Grundlage für eine gute Zusammenarbeit ist.

Bei einem ängstlichen, unsicheren Schüler kann es sehr hilfreich sein, wenn der Trainer zum Ende der Stunde noch einmal aus seiner Sicht reflektiert, was sie heute geschafft haben und wo er Fortschritte sieht. Auch können Erinnerungen genutzt werden: „Denk bitte noch mal an die Stunde in der letzte Woche, wo du ... gut geschafft hast.“ Der Reitschüler kommt in eine gute physische wie psychische Verfassung und das Nervensystem sucht weitere erfolgsverbundene Erinnerungen, statt an kritische Situationen beim Reiten zu denken. Durch eine aufrechte Körperhaltung, ruhige Atmung, klare Stimme und ein angemessenes Sprechtempo vermittelt der Trainer Ruhe und Souveränität. Wenn der Trainer Zuversicht und Motivation ausstrahlt, wird sich dies auch auf den Reitschüler übertragen. Da beim Beobachten einer anderen Person die gleichen Nervenzellen im eigenen Gehirn angesprochen werden, kann eine Übertragung stattfinden. Dies wird „Spiegelneuronen-Effekt“ genannt.

Wiedereinstieg in den Reitsport nach Verletzung, Operation oder auch Reitunfall/Sturz

Wie kann am besten mit der Angst vor erneuter Verletzung im Umgang mit dem Pferd oder vor einem erneuten Sturz umgegangen werden?

TIPP: Bevor man den Reitschüler dieser Situation wieder aussetzt, ist eine ausgiebige und grundlegende Vorbereitung notwendig; zum einen mit mentalem Training, indem die Situation, vor der der Schüler sich fürchtet, schon einmal in Gedanken „durchritten" wird. Sinnvolle Fragen dazu können sein: Worauf muss ich achten? Wie vermittle ich meine Hilfen, dass mein Pferd diese auch richtig versteht?
Zudem gibt es auch Sicherheit, wenn ein ausführliches Gespräch mit den behandelnden Ärzten geführt wird, die einem bestätigen, dass alles gut verheilt ist und die anstehenden Aufgaben bewältigt werden können.
Für den Trainer ist es wichtig, dass dies vorab durch den Reitschüler abgeklärt wurde. Somit muss der Schüler keine Angst haben, falls er noch einmal fallen sollte, dass er schlimmere Verletzungen davontragen könnte. Auch Routinen und Rituale können das Selbstbewusstsein und Selbstvertrauen stärken. Routinen vermindern Stress und lenken die Aufmerksamkeit auf die auszuführenden Handlungen beim Reiten. Rituale geben Sicherheit, Halt, Orientierung und Struktur. Entspannung wiederum reduziert Unsicherheit und Panik.

Wieder Vertrauen in das eigenen Können nach einem Sturz im Gelände aufbauen

TIPP: Es ist hilfreich, wenn der Reiter sich bewusst macht, warum er seinen Sport liebt und wie er dazu gekommen ist. Was begeistert den Reiter beim Geländereiten? Zum Beispiel das beflügelnde Gefühl während und vor allem nach dem Geländeritt. Was treibt ihn an, sich jedes Mal dieser Situation zu stellen? Es ist lohnenswert, sich die Zeit zu nehmen, alle positiven, aber auch negativen Seiten aufzuschreiben und zu schauen, welche Positionen überwiegen. Entscheidet der Reiter sich dafür, weiter seinen Sport auszuüben sollte er sich die positiven Merkmale intensiv einprägen und regelmäßig vor Augen führen.

Eine objektive Analyse ist unumgänglich. Nur so kann der Reiter ergründen, warum das Gefühl aufkommt und ob dies als realistisch einzuschätzen ist oder ob es vergangenen Situationen anhängt, die mit dem jetzigen Leistungsstand nicht direkt in Kontakt stehen. Das Entscheidende dieser Analyse ist, dass daraufhin Lösungswege erarbeitet werden können, die in den Unterricht/ins Training integriert werden. Bei Unsicherheiten

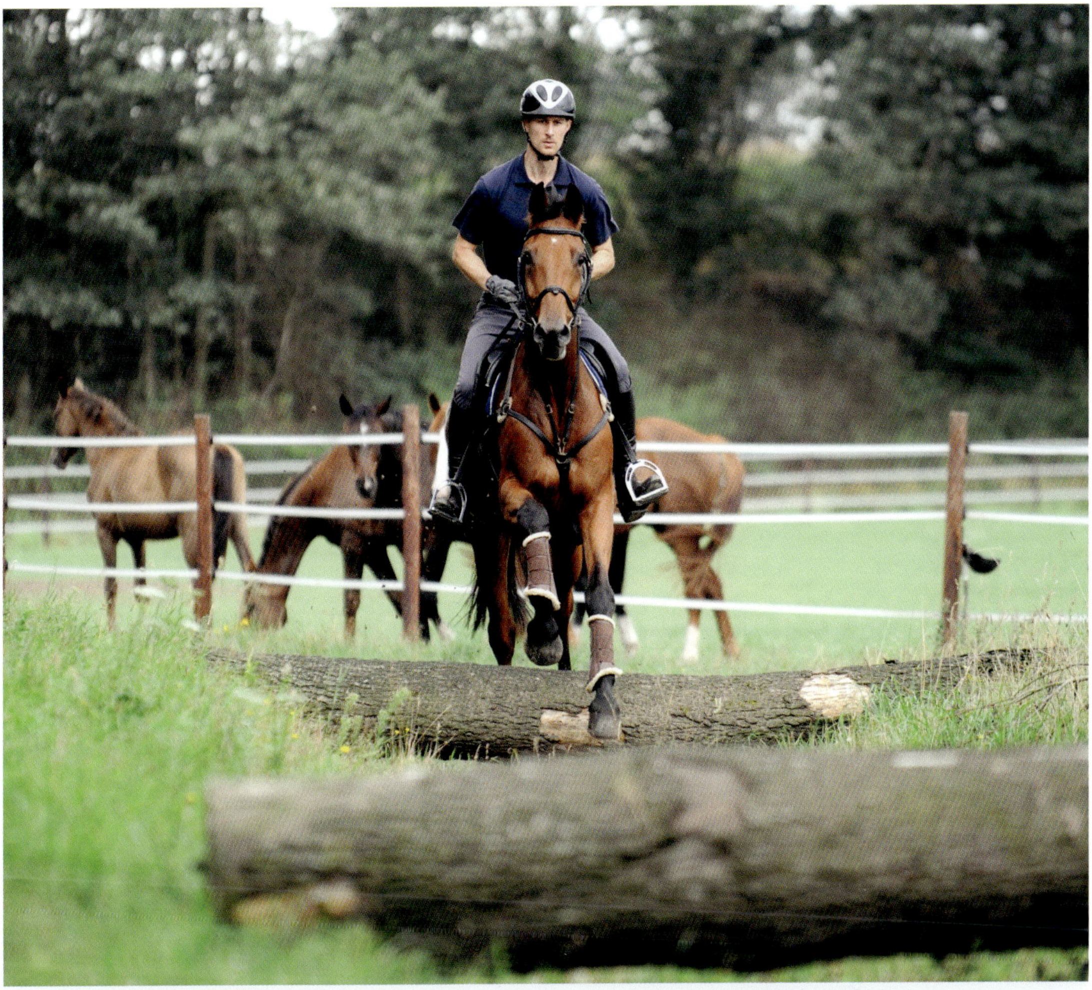

Es ist wichtig, dass der Reiter sich bewusst macht, warum er seinen Sport liebt und was ihn dabei begeistert.

muss sich der Reiter bewusst machen, dass sich diese auf das Pferd übertragen können. Daher ist es empfehlenswert, bei sehr großen Zweifeln einen Schritt zurückzugehen, also die zu bewältigenden Aufgaben zu vereinfachen oder auf dem Turnier in einer kleineren Klasse zu starten, um Selbstvertrauen und auch Vertrauen zum Pferd wieder aufbauen zu können. Auch mentales Training vor dem Reiten ist sehr hilfreich. Hierzu gehören beispielsweise die Erarbeitung von einem „Drehbuch", Routinen, das Einbauen von Entspannungsübungen, um Verkrampfen zu verhindern, oder auch sich völlig auf das zu konzentrieren, was einem bevorsteht und was umgesetzt werden soll.

16

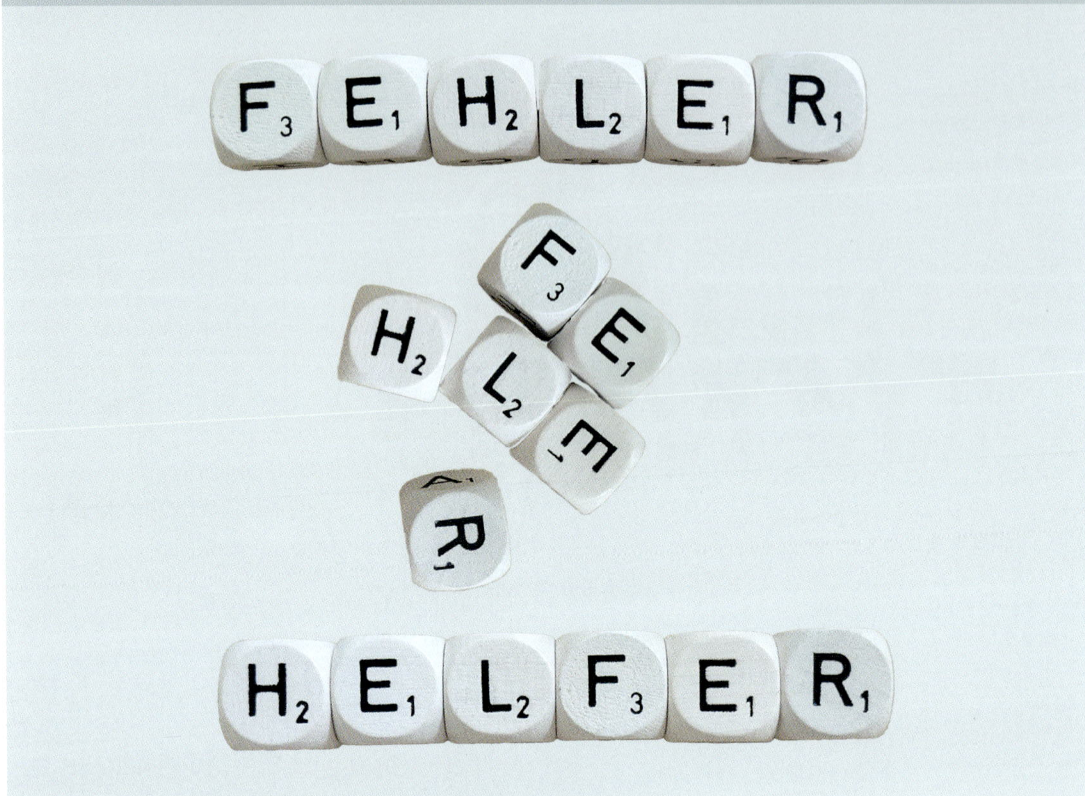

Fehler als ersten Schritt zur Weiterentwicklung nutzen und die Erkenntnisse daraus umsetzen.

Strategien zum Umgang mit Misserfolgen und sportlichen Krisen

„Auch eine Enttäuschung, wenn sie nur gründlich und endgültig ist, bedeutet einen Schritt vorwärts."

(Max Planck)

Die Formel für den Lerneffekt bei Rückschritten und Misserfolgen

Gescheitert – t = Gescheiter

Die nachfolgenden Ausführungen erläutern, wie der Reiter unter Nutzung des Resilienzkonzeptes einen Misserfolg/eine Niederlage für sich und seine weitere Entwicklung nutzen kann.

Resilienz – psychische Widerstandsfähigkeit – Immunsystem für die Seele

Die Resilienzforschung beschäftigt sich schon seit einigen Jahren damit, warum einige Menschen Misserfolge und kritische Situationen besser bewältigen als andere Menschen. Resilienz meint die Fähigkeit, mit Enttäuschungen, Niederlagen und Belastungen effektiv umgehen zu können und daraus das Beste zu machen. Resiliente haben ein hohes Selbstwertgefühl, lang anhaltende Freundschaften, sie verfügen über ein ausgeprägtes soziales Konfliktlösungspotenzial und können Unterstützung für sich mobilisieren. Sie sind klug, fleißig, belastbar, selbstbewusst, aufmerksam, interessiert, anpassungsfähig und optimistisch. Resilienz kann aufgebaut, gelernt und trainiert werden. H. N. Wright, ein amerikanischer Familientherapeut, vergleicht eine resiliente Person mit einem Boxer, der ausgezählt wird, dann einen neuen Stil einsetzt und damit dann auch wieder erfolgreich ist. Personen, die nicht widerstandsfähig sind, verändern dagegen ihre Taktik nicht, sondern erleiden erneut eine Niederlage. Sie konzentrieren sich auf die Entstehung und das Problem selbst. Sie verfluchen ihre Niederlage und entwickeln keine Lösungsstrategien. (Vgl. Croos-Müller, 2014a; Croos-Müller, 2015; Wolter, 2005)

Die sieben Säulen zur Bewältigung von Rückschritten, Misserfolgen, sportlichen Niederlagen und Krisen

1. Akzeptanz

Das Ereignis annehmen und ein gutes Maß an Erregung und Ärger wählen. Negative und kritische Gefühle werden angesprochen.

2. Lösungsorientierung

Die Problemsituation(en) wird/werden aktiv angegangen. Die entsprechenden Konsequenzen werden eingeleitet. Der Lernprozess aus der Niederlage/dem Misserfolg beginnt. Sinnvolle Fragen, die der Reiter sich dazu stellen kann:

- Was genau ist die positive Lehre aus diesem Ereignis?
- In welchen Situationen können die neuen Erkenntnisse helfen?
- Welche Veränderungen sind notwendig?

3. Netzwerk-Orientierung: Unterstützung suchen

Bei komplexeren Fragestellungen und länger andauernden Krisen wird die Hilfe von vertrauten Personen und Experten eingeholt. Der Reiter traut sich, um Hilfe zu fragen.

4. Raus aus der Opferrolle

Weg von „Ich schaffe das nicht“ hin zu „Ich werde es versuchen, ich probiere mal eine andere Vorgehensweise ...“.

5. Selbstvertrauen, Optimismus und Hoffnung

Der Reiter vergegenwärtigt sich seine Stärken, seine Fähigkeiten und seine früheren Fortschritte/Erfolge (siehe Seite 11, Modul „Zielbestimmung, Vision und Stärken“). Daraus entwickeln sich Optimismus, eine positive Erwartungshaltung und Zuversicht. Hoffnung wird als Resilienzelixier genutzt.

6. Realistische Einschätzung und Übernahme von Verantwortung

Resiliente Personen schätzen ihren persönlichen Anteil am Misserfolg ein und registrieren auch den Anteil der Bedingungen beziehungsweise anderer Beteiligter.

7. Zukunftsorientierte Planung, Krisenvorsorge und mentale Vorbereitung

Enttäuschungen, Niederlagen und Krisen gehören im Pferdesport dazu. Deshalb ist es sinnvoll, dass der Reiter auf derartige Augenblicke vorbereitet ist. Viele Techniken aus der Sportpsychologie (wie Entspannungsübungen und das Training von Wettkampf- beziehungsweise Turnierhärte) helfen in und bei der Bewältigung von schwierigen Phasen (siehe Seite 50, Modul „Strategien zum Stressabbau und zur Wiedererlangung von Ausgeglichenheit“ und Seite 143, Modul „Training von besonderen Situationen“). (Vgl. Croos-Müller, 2015; Kleinert, 2003; Linz, 2004; Wolter, 2005)

Übung: Lotus-Abperleffekt

Dieser „Abperleffekt“ entspricht fast nahezu dem lateinischen Wort „resiliare“ oder auch „resilire“ im Sinne von „abprallen“ und „zurückspringen“. Ganz besonders bei Lotusblumen kann man beobachten, wie das Wasser von den einzelnen Blättern abperlt und Schmutzpartikel mitnimmt. Dieser Effekt, der eigentlich „Lotoseffekt“ heißen müsste, dient somit dem Schutz vor Krankheitserregern und ist eine Selbstreinigungsfähigkeit.
Ich nutze für meine Resilienz diesen Abperleffekt:

- Schlechte Gedanken und Gefühle perlen von mir ab.
- Belastende Ereignisse, die unvermeidbar sind, kommen mir nicht mehr zu nah.
- Ich bin offen für gute und angenehme Einflüsse.

Durch das Schütteln meiner Hände (mal rechts und mal links), so als wollte ich Wasser abschütteln, verstärke ich den Effekt. Genauso mache ich es auch mit den Beinen und Füßen, abwechselnd mit rechts und links. Ergänzend dazu kreise und schüttle ich meine Schultern und werfe alle Last ab. Damit kann Negatives nicht mehr bei mir andocken und meine mentale Zuversicht steigt.
(Vgl. Croos-Müller, 2015)

17

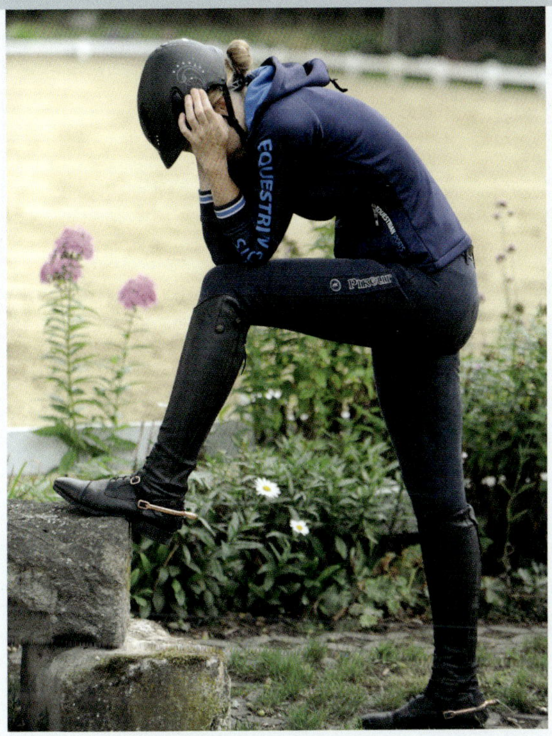

Körper und Geist beeinflussen sich gegenseitig. Wenn die Stimmung verändert werden soll, ist es nützlich, auch eine entsprechende Körperhaltung einzunehmen.

Embodiment*

„Was Worte verschweigen, verrät der Körper."

(Andreas Tenzer)

Wechselwirkung zwischen Körper und Psyche

Ich stelle mir folgende Situation vor: Ich sitze mit Freunden im Kino und der spannende Film, den wir schauen, nähert sich seinem Höhepunkt. Ich bemerke, wie mein Herz schneller zu schlagen beginnt und meine Handflächen leicht feucht werden, obwohl ich

* Das Modul wurde mit Dr. Kathrin Staufenbiel erarbeitet.

eigentlich ruhig in meinem Kinosessel sitze. Eine andere mögliche Situation: Mein Partner und ich leben in zwei verschiedenen Städten. Nachdem wir uns einige Wochen nicht gesehen haben, planen wir einen gemeinsamen Kurzurlaub. Am Tag der Abreise bin ich voller Vorfreude, packe mit Enthusiasmus meinen Koffer, eventuell summe ich dabei sogar ein Lied vor mich hin und die fremden Leute, die mir auf dem Weg zum Flughafen begegnen, lächeln mich fröhlich an.

Diese zwei Situationen sind Beispiele dafür, wie sich unsere psychischen Zustände in unseren Körperempfindungen widerspiegeln. Die Wirkung unserer Gedanken und Gefühle auf unseren Körper zeigt sich in vielen verschiedenen Situationen und den meisten von uns fällt schnell eine Situation ein, in welcher sich ein Gemütszustand auch in einer Körperempfindung zeigt. Die körperliche Reaktion, der körperliche Gefühlsausdruck, das körperliche Verhalten sind also Resultate von psychischen Prozessen. Doch es ist nicht nur so, dass sich unsere psychischen Zustände in unserem Körper ausdrücken, die Wirkung geht auch in die entgegengesetzte Richtung: Unsere Körperzustände beeinflussen unsere psychischen Zustände. Oft geschieht diese Beeinflussung unbewusst und wird von uns gar nicht bemerkt. So kann sich die Körperhaltung, die aus irgendeinem Grund eingenommen wurde, auf Gedanken, Bewertungen und Emotionen auswirken. Es kann sein, dass wir allein dadurch, dass wir mit verschränkten Armen dasitzen, skeptischer und weniger offen für neue Ideen sind, als wenn wir eine offene Körperhaltung einnehmen. Besonders auch in der Zusammenarbeit mit dem Pferd ist dies ein wichtiger Aspekt, da Tiere ebenso spüren, ob wir offen und selbstbewusst auf sie zugehen oder ängstlich sind. Dieser Gefühlszustand überträgt sich nicht selten auf das Pferd. Ein ängstlicher, sorgenvoller Reiter sitzt meist verspannt und versteinert auf dem Pferd und kann nicht losgelassen reagieren, was sich schnell in dem Verhalten des Tieres widerspiegelt.

Embodiment

Embodiment ist ein englischer Begriff, der übersetzt in etwa „Verkörperung“ oder „Körperlichkeit“ meint. Embodiment berücksichtigt die Tatsache, dass unsere Psyche in unseren Körper eingebettet ist und deshalb auch nicht losgelöst von diesem betrachtet werden kann. Schon in der griechischen Philosophie wurde über den Zusammenhang von Leib, also dem erlebtem eigenen Körper und der Seele, also der Psyche diskutiert. (Vgl. Bußmann & Staufenbiel, 2019)

In der heutigen Psychologie wird mittlerweile verstärkt der Zusammenhang von körperlichen Empfindungen und psychischen Zuständen betont. Damit ist gemeint, zwei unterschiedliche Bereiche – Körper und Psyche – existieren und sie stehen in einer engen Wechselwirkung miteinander. Mit verblüffenden Studien konnte gezeigt werden, wie selbst unbewusste Bewegungen unsere Gefühle und Gedanken steuern können. In diesen psychologischen Studien nehmen die Teilnehmer eine Körperhaltung ein, die üblicherweise an bestimmte Emotionen beziehungsweise Gefühle (z.B. Freude oder Ärger) gekoppelt ist. Zumeist ist den Teilnehmern die Körperhaltung gar nicht bewusst, da sie häufig durch einen Vorwand von den Versuchsleitern in diese Position gebracht wurden. Anschließend wird untersucht, ob sich dennoch die psychischen und emotionalen Veränderungen einstellen, die zu der unbewusst eingenommenen Körperhaltung passen. In einer berühmten Studie mussten die Teilnehmer unter einem Vorwand einen Stift mit dem Mund führen und Worte auf Papier schreiben. Anschließend lasen die Teilnehmer einen Comic und sollten angeben, wie lustig sie diesen fanden. Wurde der Stift mit den Zähnen gehalten (dies aktiviert die für ein Lächeln zuständigen Muskeln im Gesicht) fanden sie den Comic lustiger, als wenn der Stift mit den Lippen gehalten wurde (Hemmung der Muskeln für ein Lächeln). Somit scheint die Gesichtsmuskulatur einen direkten Einfluss auf unsere Emotionen zu haben, in diesem Fall darauf, wie lustig die Probanden den Comic finden. Kurz gesagt: Mit einem lachenden Gesicht fällt es uns schwerer, etwas Lustiges, zum Beispiel einen Comic, nicht lustig zu finden. Andere Forscher haben festgestellt, dass die Körperhaltung einen Einfluss auf die Leistungsfähigkeit einer Person hat. Wer eine aufrechte Körperhaltung einnimmt, ist in einer anstehenden Aufgabe motivierter und leistungsfähiger. Wer dagegen in einer gekrümmten Haltung dasitzt, gibt bei frustrierenden Aufgaben schneller auf. Spätestens an dieser Stelle wird es für Sportler interessant. Wir wissen, dass unsere psychische Verfassung einen Einfluss auf unsere Leistungsfähigkeit hat, zum Beispiel ist es wahrscheinlicher, dass der Reiter eine gute Leistung zeigt, wenn er anstatt mit Angst mit Selbstvertrauen oder zumindest mit einer selbstbewussten Körperhaltung in den Reitunterricht/ein Training/einen Ausritt/ein Turnier etc. startet. Da sich die Körperhaltung auf die psychische Verfassung auswirkt, hat sie somit auch einen Einfluss auf die Leistung. (Vgl. Bußmann & Staufenbiel, 2019; Riskind & Gotay, 1982; Storch, Cantieni, Hüther & Tschacher, 2010; Strack, Martin & Stepper, 1988)

Embodiment fürs Reiten nutzen

Gerade bei zurückliegendem reiterlichem Misserfolg oder bei Zweifeln über die eigene Leistung kann es zu einem Teufelskreis aus negativen Gedanken („Ich bin nicht gut genug, ich werde versagen.") und einer negativen Körperhaltung (Schultern hängen lassen, Kopf nach unten gerichtet) kommen. Dabei führen die Gedanken zu einer negativen Körperhaltung, diese Körperhaltung aktiviert automatisch wieder die negativen Gedanken. Wenn man dagegen gut drauf ist, zum Beispiel nach Erfolgen in den zurückliegenden Unterrichtsstunden/Trainings/Turnieren, nimmt man automatisch auch eine positive Körperhaltung ein, der Kopf ist nach oben gerichtet, man „strotzt vor Selbstvertrauen".

Ziel beim Embodiment ist es, diese Verbindung von Körperhaltung und Gedanken zu nutzen, indem man die Reihenfolge umkehrt. Man lässt nicht den Gemütszustand auf den Körper wirken, sondern beeinflusst gezielt über seinen Körper eigene Gedanken und Gefühle. Die Information vom Körper geht auf direktem Weg ins Gehirn und nimmt über den Körper Einfluss auf die Gefühle und Gedanken. Damit der Reiter also positiv und zielgerichtet in den Reitunterricht, ins Training, in einen Ausritt oder ein Turnier gehen kann, ist das bewusste Einsetzen einer entsprechenden Körperhaltung eine wirksame Strategie. Verstärkt wird der Effekt noch, wenn das mit einem für den Reiter passenden Motto einhergeht, zum Beispiel „Ich werde heute mein Bestes geben!" Ein Reiter, der sich bewusst macht, dass er bei ängstlichem Verhalten vielleicht automatisch mit den Knien klemmt, den Oberkörper nach vorn neigt und die Luft anhält, kann somit dagegen wirken, indem er sich eine gegenteilige Strategie aufstellt. Diese könnte wie folgt aussehen: „Wenn ich im Sattel sitze konzentriere ich mich zunächst auf eine aufrechte Körperhaltung. Ich atme ruhig und gleichmäßig. Meine Schultern lasse ich bewusst fallen und auch die Wade liegt entspannt am Pferdebauch. Ich lasse mich einfach von der Bewegung des Pferdes mitnehmen. Da ich gern reite, forme ich meinen Mund zu einem Lächeln und entspanne meinen Kiefer." Für Menschen, die Sport betreiben, ist diese Strategie besonders gut einsetzbar, da sie sowieso schon über eine gute Körperspannung verfügen und ein gutes Körpergefühl haben. (Vgl. Beckmann & Elbe, 2008; Bußmann & Staufenbiel, 2019; Croos-Müller, 2013)

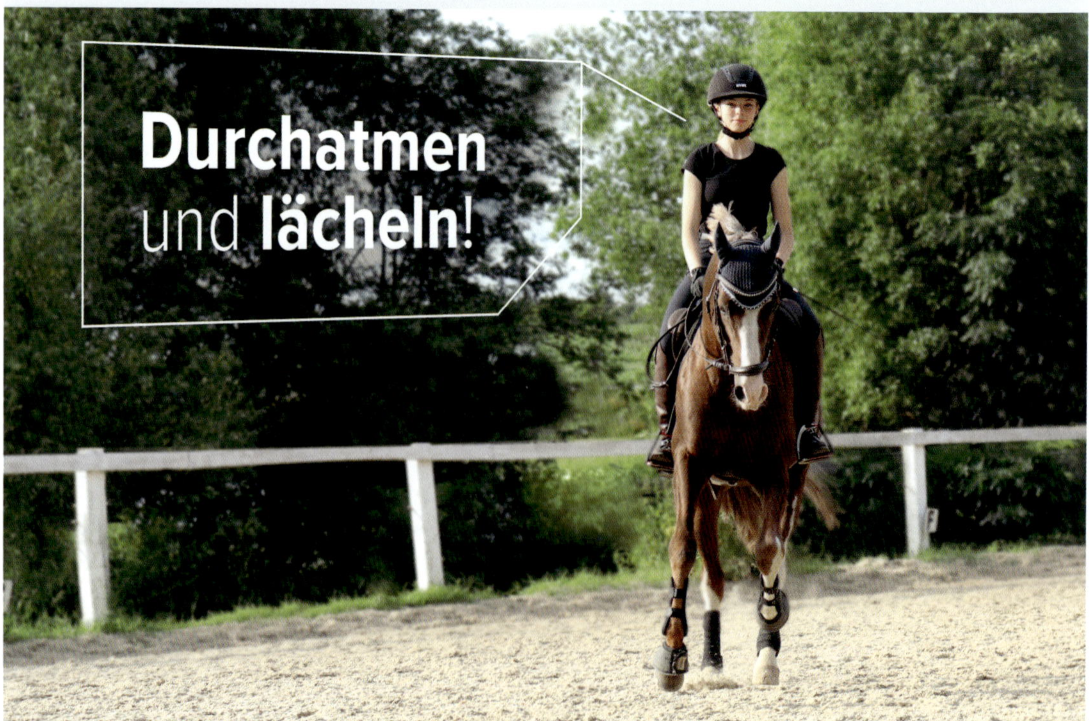

Embodiment kann noch mehr

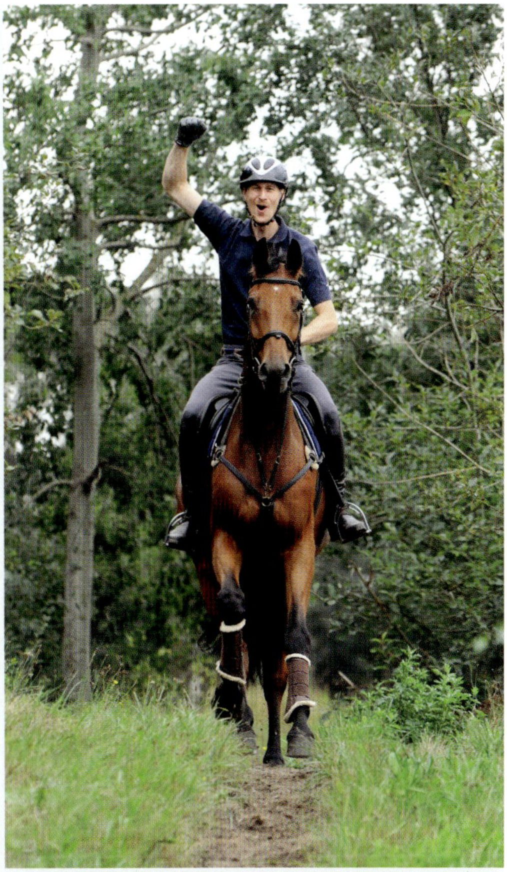

Die Körperhaltung wirkt sich nicht nur auf den Reiter, sondern auch auf das Umfeld aus.

Die Körperhaltung oder Körpersprache wirkt sich nicht nur auf die eigene Person aus, sondern hat auch Einfluss und Effekte auf das Umfeld. Zuschauer, Richter oder Konkurrenten denken anders über eine Person, wenn sie mit einer selbstbewussten Körperhaltung in die anstehende Aufgabe geht, als wenn sie ihren Kopf hängen lässt. Gerade der erste Eindruck, den man bei anderen erzielt, ist von großer Bedeutung, denn er hat einen intensiveren Effekt auf deren Einstellung als eine später eingehende Information. Es gilt also das Sprichwort: „Der erste Eindruck zählt." Erzielt der Reiter bei seinem Konkurrenten den Eindruck, dass er hochmotiviert ist und ein hohes Selbstbewusstsein hat, dann wird dieser größeren Respekt vor dem Reiter haben und vorsichtiger agieren, als wenn sein erster Eindruck ist, dass der Reiter nervös und angespannt ist. „Der erste Eindruck ist außerdem so wichtig, da Menschen die Neigung haben, weitere Informationen so auszuwählen und zu interpretieren, dass diese ihre vorherigen Erwartungen erfüllen, ganz nach dem Motto: ‚Für den ersten Eindruck gibt es keine zweite Chance'" (Bußmann & Staufenbiel, 2012, S. 246). Wenn man zum Beispiel bei einem Richter den ersten Eindruck eines besonders professionellen Reiters erzielt hat, ist es wahrscheinlicher, dass dieser unbewusst das weitere Verhalten in diesem Sinne interpretiert. Gleichsam kann der Reiter seine Mannschaftskollegen oder sein Pferd positiv beeinflussen und stärken. Auch hier gilt wieder der Spiegeleffekt beim Pferd. Ein Reiter mit einer selbstbewussten Körperhaltung kann sich selbst und dazu noch das Pferd positiv stärken.

Im weiteren Verlauf eines Turniers kann der Reiter über seine Körperhaltung Einfluss auf andere oder im Reitsport auf das Pferd nehmen. Im Mannschaftssport kann man beispielsweise in einer schwierigen Situation „vorneweg" gehen und bei seinen Teammitgliedern neue Motivation und Zuversicht erzeugen. Spiegelneuronen unterstützen dies, sie sorgen dafür, dass es auch klappt. Spiegelneuronen sind Nervenzellen im Gehirn, die während der Beobachtung einer anderen Person die gleichen Aktivitätsmuster auslösen. Das Besondere an diesen Nervenzellen ist, dass sie schon Signale aussenden, wenn die Handlung lediglich beobachtet wird. Eine Person lächelt uns an und wir lächeln zurück. Eine Person geht zuversichtlich „vorweg" und wir werden folgen. Dieser Effekt ist auch für Trainer sehr wichtig, damit signalisieren sie dem Reiter neben dem gesprochenen Wort auch über die Körpersprache „Ich weiß, du kannst das!" (Vgl. Aronson, Wilson & Akert, 2008; Bußmann & Staufenbiel, 2019; Croos-Müller, 2013; Lenz, 2013)

Praktische Übungen, die die körperliche Haltung und damit auch den Gemütszustand verbessern

Wie kann der Reiter Embodiment für sich nutzen, um sich optimal auf den nächsten Unterricht/das nächste Training/den nächsten Ausritt/das nächste Turnier etc. vorzubereiten?

Zuerst einmal sollte ein konkretes Handlungsziel bestimmt werden, das heißt, es wird festgelegt, was langfristig – unterstützt durch die Körperhaltung – verbessert werden soll. Das kann der Wunsch sein, sich beim Ausritt/auf Turnieren etc. selbstbewusster zu fühlen, vor oder nach dem Reiten besser entspannen zu können, sich von Enttäuschungen weniger entmutigen zu lassen oder vor wichtigen Aufgaben weniger nervös zu sein (siehe Seite 50, Modul „Strategien zum Stressabbau und zur Wiedererlangung von Ausgeglichenheit" und Seite 114, Modul „Strategien zum Umgang mit Misserfolgen und sportlichen Krisen"). Es folgen nun drei Übungen, die je nach Ziel eingesetzt werden können.

1. Brust raus und Kopf hoch: Das Selbstbewusstsein stärken

Um erfolgreich zu sein, ist es wichtig, dass der Reiter auch selbst an seinen Erfolg glaubt. Die Stärkung des Selbstbewusstseins und die Verbesserung der Stimmung können auch über die Haltung erfolgen, indem der Reiter sich bewusst mit erhobenem Kopf bewegt und eine aufrechte Körperhaltung einnimmt. Dadurch löst man bei sich selbst Zuversicht aus. Der Reiter signalisiert sich selbst, dass er seine Leistung abrufen kann und bereit ist für die Herausforderungen. Dies ist jedoch nicht nur vor Turnieren/dem Training/dem Unterricht wichtig, sondern auch während des Turniers/Trainings/Unterrichts. Beispielsweise kann der Reiter nach einem Fehler bewusst eine positive Körperhaltung einnehmen, damit ihn dieser Fehler nicht aus der Fassung bringt, sondern er weiter konzentriert und handlungsfähig bleibt.

Die bewusst aufrechte Körperhaltung hat noch weitere Vorteile. Wenn der Kopf gesenkt ist, bekommt der Reiter auch viel weniger von seiner Umwelt mit und ist eingeschränkt in der Sinneswahrnehmung, denn im Gesichtsbereich befinden sich mit Augen, Nase,

Mund und Ohren die zentralen Sinnesorgane. Außerdem entfalten sich bei einer aufrechten Körperhaltung die Rippen und die Lunge und der Reiter kann mehr Sauerstoff aufnehmen. Mit gesenktem Kopf kann nicht so tief geatmet werden. Gerade der fließende Atem ist bedeutsam für das eigene Wohlbefinden. (Vgl. Croos-Müller, 2013)

2. Tief und ruhig atmen: Nervosität abbauen

Vor einer herausfordernden Situation ist es wichtig, dass der Reiter passend aktiviert ist (siehe Seite 86, Modul „Aktivierungstechniken: Wach und aktiv sein, wenn es losgeht“). Ein gewisses Maß an Anspannung ist förderlich, damit konzentriert die im Training erprobte Leistung abgerufen werden kann. Nervosität führt häufig dazu, dass die Leistung schlechter ausfällt als im Training vorher. Hier kann gezielt Embodiment eingesetzt werden, um die Nervosität zu verringern: Durch eine tiefe und ruhige Atmung lässt der Reiter die Nervosität aus seinem Körper verschwinden und macht Platz für eine positive, konzentrierte Anspannung (siehe Seite 50, Modul „Strategien zum Stressabbau und zur Wiedererlangung von Ausgeglichenheit“).

3. Gähnen und sich strecken: Stress und negative Spannung verringern

Nach einem anstrengenden Trainingstag oder an den Tagen vor einem Turnier/einer wichtigen Unterrichtseinheit kann es sein, dass es dem Reiter schwerer fällt, sich abends zu entspannen. Obwohl er körperlich ausgepowert ist, hat der Reiter Probleme abzuschalten oder „runterzukommen“. Auch hier kann bewusst am Körper angesetzt werden, um auch mental abschalten zu können. Denn durch Gähnen oder Dehnen und Strecken wird signalisiert, dass es gerade keinen Grund gibt, angespannt zu sein, sondern dass es vollkommen in Ordnung ist, dass man sich jetzt etwas Ruhe gönnt (siehe Seite 54, Modul „Gut erholt, zufrieden und leistungsbereit“). (Vgl. Croos-Müller, 2013)

Wichtig ist an dieser Stelle der Hinweis, dass es nicht immer leicht ist, zum Beispiel bei Misserfolgen, einfach eine selbstbewusste Körperhaltung einzunehmen, um auf diese Weise wieder selbstbewusster zu sein. Es ist nicht einfach, weil uns unsere Körperhaltung häufig unbewusst ist und es daher schnell passiert, dass wir in eine negative Haltung fallen. Doch es lohnt sich, die eigene Körperhaltung zu trainieren und gerade bei schwierigen Aufgaben bewusst eine positive Haltung einzunehmen, um zur eigenen Stärke (zurück) zu finden.

18

Strategien, wenn es zu viel wird und die Probleme blockieren

„Die Menschen stolpern nicht über Berge, sondern über Maulwurfshügel."

(Konfuzius)

Problembox

Wenn Alltagssorgen und -probleme die Konzentration des Reiters mindern, kann die Problembox eingesetzt werden. Dazu nimmt man eine Box, die entsprechend gestaltet und beschriftet werden kann. Alles, was den Reiter belastet und blockiert, wird auf einen Zettel geschrieben und in die Box gepackt, die danach sorgfältig geschlossen wird. Dazu kommt das Versprechen, dass für eine gewisse Zeit (diese wird vom Reiter festgelegt) die Sorgen in der Box gelassen, somit gedanklich abgelegt und für eine bestimmte Zeit ausgeschaltet werden. Jetzt kann der Reiter sich der Aufgabe (wie dem Training, dem Ausritt oder dem Turnier) widmen. Dies gelingt aber nur, wenn der oder die Zettel nach der definierten Zeit wieder herausgeholt werden und an den Lösungen gearbeitet wird. Manchmal kann es sein, dass einige Probleme jetzt nicht mehr so wichtig erscheinen, was durchaus positiv ist. Diese Übung kann auch mit einer imaginären Problembox erfolgen. Der Reiter stellt sich vor, wie alles, was Sorgen macht, ablenkt und belastet auf ein virtuelles Blatt Papier geschrieben und in eine Box gelegt wird. Auch hier muss nachher die imaginäre Box geöffnet und der Zettel bearbeitet werden. Die Erfahrungen haben allerdings gezeigt, dass die reale Problembox bei regelmäßigem Einsatz wirkungsvoller sein kann. Auch vor dem Einschlafen kann die Problembox angelegt werden, wenn die Gedanken einen nicht zur Ruhe kommen lassen und am Einschlafen hindern. (Vgl. Bender & Draksal, 2011; Syer & Connolly, 1987)

To-do-Listen für die innere Klarheit

Durch die Vielzahl der täglichen Anforderungen und Aufgaben wird häufig die individuelle Belastungsgrenze überschritten und der Reiter kann sich nicht mehr auf das Wesentliche konzentrieren. Durch das schriftliche Festhalten werden die zu erledigenden Aufgaben und Aktivitäten übersichtlicher und reduzieren Stress und Anspannung. Es wird sozusagen ein „externer Arbeitsspeicher“ geschaffen. Durch das Aufschreiben können die Gedanken dorthin abgelegt werden, sie schwirren nicht mehr im Kopf des Reiters herum. Das spätere bewusste Durchstreichen beziehungsweise Abhaken gibt ein gutes Gefühl und zeigt, was geschafft wurde.

Dabei können unterschiedliche Formen von To-do-Listen verwendet werden. Die einfachste Form ist eine Auflistung der Arbeiten/Aktivitäten und der Zeitpunkt der Erledigung. Die erweiterte Form beinhaltet zusätzlich eine Spalte für die eingeschätzte voraussichtliche Dauer beziehungsweise den vermuteten Zeitbedarf. Die differenzierte Form enthält ergänzend dazu noch eine Spalte zur Priorität der Aufgabe/Aktivität. Hier kann zunächst nach der Qualität mittels der beiden Kriterien Dringlichkeit und Wichtigkeit (nach dem Eisenhower-Prinzip) differenziert werden und dann die Priorität (1 = oberste Priorität und 5 = niedrigste Priorität) für die zeitliche Reihenfolge festgelegt werden. Bei Bedarf kann auch ein Wochenplan eingesetzt werden, also eine To-do-Liste für die ganze Woche. Bei allen Formen wird die Aufgabe/Aktivität, die erledigt ist, bewusst durchgestrichen oder abgehakt. Bei der Erstellung der To-do-Listen hat sich die ALPEN-Methode bewährt (A für Aufgaben, L für Länge, P für Pufferzeiten, E für Entscheiden und N für Nachkontrolle). Komplexe Aufgaben sollten dabei in einzelne Etappen beziehungsweise Teilaufgaben gegliedert werden, ansonsten besteht die Gefahr der „Schieberitis“, das heißt, Aufgaben werden immer wieder aufgeschoben.

FALLBEISPIEL
Reduktion von Alltagsstress

Wie kann der gestresste Reitschüler mit hohen Erwartungen an den Reitunterricht Misserfolg und Unzufriedenheit vorbeugen?

TIPP: Hier ist eine klare Zieldefinition mit den kurz-, mittel- und langfristigen Etappen unter Berücksichtigung der SMART-Kriterien (**S**pezifisch **M**essbar **A**ttraktiv **R**ealistisch für Reiter und Pferd **T**erminiert) notwendig.

Nachfolgend werden einige Übungen beschrieben, damit der Wechsel zum Beispiel vom Büroalltag zum Reiten gelingt. Jeder sollte für sich erproben, was passend für ihn ist. Für den Wechsel der Rolle hin zum Reiter kann es gut sein, diesen bereits während der Fahrt zur Reitanlage einzuleiten, indem die Gedanken bewusst auf die Unterrichtsstunde/den Umgang mit dem Pferd gelenkt werden. Beispiel: „Ich lasse nun die Arbeit bewusst im Büro liegen (und kann sicher sein, dass sie morgen noch da ist) und konzentriere mich schon während der Fahrt auf den Weg zum Stall. Ich nehme wahr, wie sich die Landschaft verändert und immer mehr Bäume und Felder zu sehen sind. Ich freue mich darauf, mein Pferd zu sehen und es in Ruhe auf das Reiten vorzubereiten, zu putzen und zu satteln. Danach gehe ich schon einmal gedanklich durch, was ich heute trainieren möchte, zum Beispiel losgelassener und ausbalancierter auf dem Pferd zu sitzen. Daraufhin überlege ich mir, dass ich heute die Bügel überschlagen werde."

Der Wechsel der Kleidung kann ebenfalls dafür genutzt werden. Mit dem Ausziehen der Alltagskleidung und dem Weglegen sollten die damit verbundenen Stressfaktoren – zumindest für die Dauer im Pferdestall – zur Seite gelegt werden. Mit dem Anziehen der Reitsachen findet der Rollenwechsel zum Reiter statt. Dies kann man auch mit dem „Resetknopf" umsetzen, ich mache einen Neustart und fahre das Programm „Reitunterricht" hoch. J. Savoi (2006) schlägt dazu den „Magnetfilter" vor. Man geht durch einen Magnetfilter und beim Durchqueren bleiben alle negativen, mit Stress verbundenen Gedanken am Filter hängen wie die Flusen im Sieb eines Wäschetrockners (siehe Seite 31, Modul „Erste-Hilfe-Maßnahmen zum Ausschalten von Störgedanken").

Ein bewusstes Ankommen am Stall ist ebenfalls nützlich, tief Luft holen, sich das Gesicht reiben, den Bodenkontakt spüren und etwas Erfrischendes trinken. Weitere bewährte Techniken sind Entspannungsübungen wie die Atemübung (siehe Seite 50, Modul „Strategien zum Stressabbau und zur Wiedererlangung von Ausgeglichenheit") und Koordinationsübungen zu Beginn der Unterrichtsstunde.

19

Die Technik des Reframings

„Es gibt nichts, das an sich gut oder schlecht wäre,
nur das Denken macht es so."
(William Shakespeare)

Zwei mögliche Perspektiven
Die optimistische Perspektive: Das Glas Wasser ist halb voll.
Die pessimistische Perspektive: Das Glas Wasser ist halb leer.

Reframing bedeutet, dass das Ereignis umgedeutet und ein neuer Rahmen konstruiert wird. Damit kann die Situation ganz anders aussehen und sie wird anders erlebt. Das Ereignis bekommt eine neue Bedeutung, der Reiter bekommt eine neue Perspektive und eine neue Art der Wahrnehmung. Somit werden andere Reaktionen und andere Verhaltensweisen möglich. Reframing meint einen Perspektivenwechsel und ermöglicht effektivere Sichtweisen.

FALLBEISPIELE

Eine junge Dressurreiterin berichtete vor einigen Jahren in der letzten Besprechung vor der Europameisterschaft, dass sie die vielen holländischen Zuschauer als Bedrohung erlebe, wenn sie ins Viereck reite. Daraufhin wurde ihr zu folgendem Perspektivenwechsel geraten: Sie solle sich freuen, dass so viele holländische Zuschauer gekommen sind, um sie zu sehen.

Sinnvolle Fragen dazu:
- Welche Chance birgt dieses Ereignis für mich?
- Was ist die Lehre daraus für mich?
- Was ist jetzt sinnvoll?
- Was gibt es noch für eine Sichtweise?
- Wie ginge es mir, wenn ich das Ereignis anders wahrnehmen würde?

(Vgl. Ferlin, 2010)

Reframing praktisch und zum Erproben:

- Das eher unscheinbare Wort „noch“ kann zu einer Bedeutungsveränderung führen.
- Eine wichtige Frage: „Wer weiß, wozu es gut ist?“
- Lächeln als Strategie
- veränderte Körperhaltung

(Vgl. Ferlin, 2010, S. 8)

Ein anderes Beispiel:

Eine Reiterin geht regelmäßig mit ihrem Pferd ins Gelände. Das Pferd ist unerschrocken und es macht der Reiterin tagtäglich Spaß mit ihm in der Natur zu reiten, weil sie sich auf ihr Pferd verlassen kann. Auf der Geländestrecke gibt es schöne Wege und kleine Hindernisse sowie Teiche und Wassergräben, die extra für Reiter angelegt wurden. Gern würde die Reiterin, speziell im Sommer, zur Abkühlung mit ihrem Pferd durch diese Wasserstellen galoppieren. Leider scheut ihr Pferd grundsätzlich das Wasser und ließ sich auch mit viel Geduld bisher nicht überzeugen, ins Wasser zu gehen. Anstatt sich nur noch auf das Wasser zu fokussieren und wütend über diese Situation zu sein, freut sich die Reiterin, dass ihr Pferd viele andere Dinge ermöglicht. Vor allem, weil sie so gern ausreitet, freut es sie, dass sie jede sonstige Art von Hindernissen mit ihrem Pferd problemlos überwinden kann. Auch in Gefahrensituationen, in denen viele andere Pferde vermutlich scheuen würden, kann sie sich auf ihr Pferd verlassen. Die Reiterin ärgert sich nicht über das Problem, dass das Pferd nicht ins Wasser möchte, sondern überlegt sich in Ruhe einen Plan, wie sie ihr Pferd überzeugen kann, und geht positiv an diese neue Herausforderung ran.

Damit entfernt sie sich von der pessimistischen Perspektive, dass sie mit ihrem Pferd nicht durch Wasserstellen galoppieren kann. Sie hat eine optimistische Sichtweise, sie kann mit ihrem Pferd schon so viele tolle Sachen beim Ausritt machen. Hinzu kommt die Option, „noch“ kann ich mit meinen Pferd nicht ins Wasser gehen.

TIPPS **damit das „noch“ immer kleiner wird und es auch mit dem Wasser klappt:**
Einfache Übungen, wie zum Beispiel sich beim Führen des Pferdes langsam dem Wasser zu nähern, erzielen kleine, aber bedeutende Erfolge. Die Reiterin sollte ihr Pferd nicht überfordern, sondern in kleinen Schritten zum Ziel kommen. Das Loben ist dabei sehr wichtig, was ihr nicht schwerfällt, da die Grundeinstellung gegenüber ihrem Pferd weiter optimistisch und positiv ist. Lässt sich das Pferd irgendwann an oder sogar in das Wasser führen, kann man es mithilfe von unten auch gemeinsam, also im Sattel, probieren. Hilfreich wäre auch ein weiterer Reiter mit sicherem Pferd als Unterstützung, der vielleicht zunächst das Pferd an das Wasser heranführt beziehungsweise im nächsten Schritt vorweg reitet. Auch kann versucht werden, in einer Gruppe ins Wasser zu reiten, da Pferde Herdentiere sind und die anderen Partner Sicherheit geben.

20

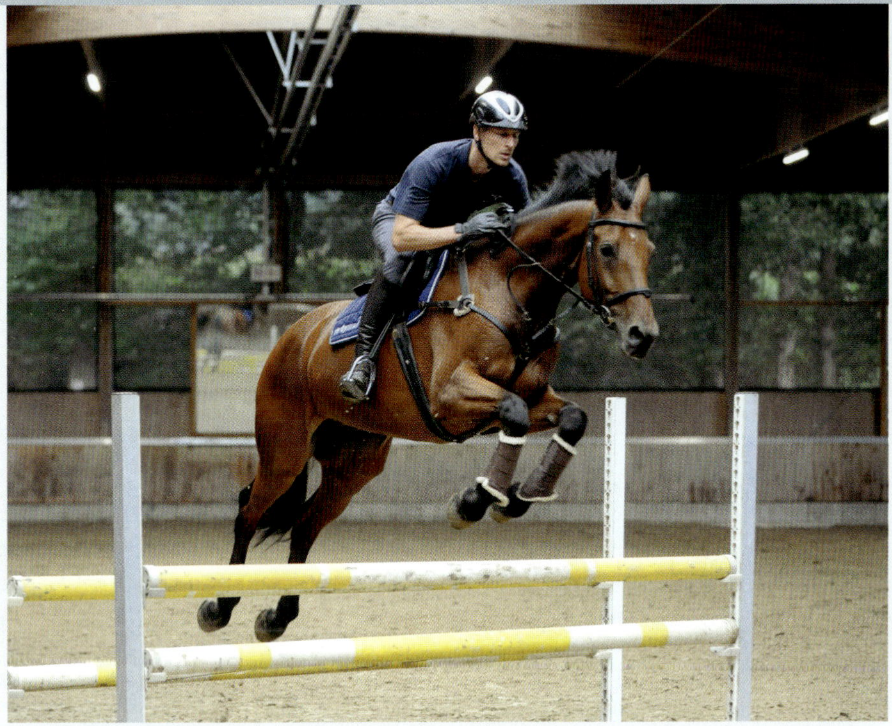

Rituale helfen auch beim Anreiten eines Sprunges. Hier sollte der Fokus besonders auf das passende Selbstgespräch gelenkt werden, damit keine Zweifel aufkommen können.

Rituale und Routinen*

„Ritualisierte Gewohnheiten schaffen inmitten ständiger Veränderung kleine Inseln der Beständigkeit."

(Heribert Fischedick)

Heimvorteil beschreibt die erhöhte Wahrscheinlichkeit, auf der gewohnten Reitanlage eine bessere Leistung zu zeigen oder ein Turnier zu Hause zu gewinnen. Dieser Vorteil kann in verschiedenen Sportarten nachgewiesen werden. Als eine Ursache für dieses Phänomen werden häufig die gewohnte Umgebung und die gewohnten Abläufe in der „Heimtrainingsanlage" angesehen.

* Das Modul wurde mit Dr. Kathrin Staufenbiel erarbeitet.

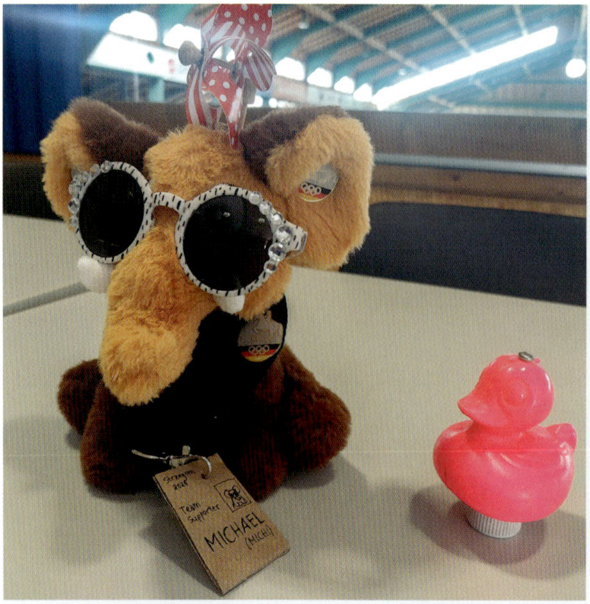

Michael, das Maskottchen des EM-Teams Vielseitigkeit Junioren und Junge Reiter 2024

Es lohnt sich, in die Trainings-/Turniervorbereitung und in den Unterricht/das Training/die Turniere ritualisierte Gewohnheiten einzubauen, um sich auf diese Weise „inmitten ständiger Veränderung kleine Inseln der Beständigkeit zu schaffen“ (Herbert Fischedick). Rituale sind fest eingeplante Tätigkeiten, die einen hohen persönlichen Symbolgehalt haben. Routinen und Rituale helfen, ein Gefühl von Ruhe und Ordnung zu erhalten. Sie geben Sicherheit, Halt, Orientierung und Struktur, sodass weniger Stress entsteht. Stress entsteht vornehmlich durch Ungewisses, Unsicheres, Unbekanntes. Das rechtzeitige Packen der Reit- oder Turniersachen oder das Hören von einem festgelegten Musikstück vor dem Training/Turnier können Stress verringern und die Aufmerksamkeit auf das „Hier und Jetzt“ schärfen.

Rituale haben einen hohen Symbolgehalt sowie eine große persönliche Bedeutung. Demnach sollten sie auf den eigenen Erfahrungen basieren und nicht von einem anderen Reiter übernommen werden, da sie dann nicht die gleiche Wirkung haben. Jeder sollte für sich erproben, welche Rituale gut sind und welche Rituale Spaß machen. (Vgl. Eberspächer, 2004)

Routinen beinhalten Fertigkeiten, die für die anstehende Aufgabe funktional sind (wie etwa die Atementspannung, der Gedankenstopp etc.). Sie haben praktische Auswirkung auf das Verhalten. Routinen sind Tätigkeiten, die sehr sicher, schnell und lückenlos zum Beispiel vor einer wichtigen Situation ausgeführt werden. Routinen entstehen durch häufiges Trainieren der Tätigkeit, bis diese immer gleichförmig und ohne Nachdenken durchgeführt werden kann. Es geht um routiniertes Handeln, allerdings unter Erhalt von Flexibilität. Im Sport haben Routinen eine wichtige Bedeutung und Funktion. Neben der stressreduzierenden Wirkung führen Routinen dazu, die Aufmerksamkeit von irrelevanten Gedanken auf relevante Gedanken zu lenken. Sie unterstützen, die Konzentration auf die wichtigen Aspekte zu richten (siehe Seite 44, Modul „Aufmerksamkeit und Konzentration“). Dadurch kann eine stabile Leistung auch unter ungewohnten und ablenkenden Bedingungen sichergestellt werden. Viele Reiter setzen sie im Training/im Turnier zur

„Qualitätssicherung" ihrer Vorbereitung ein. Auch können Maskottchen durch ihren Symbolcharakter eine Unterstützung bieten. Entscheidend ist, was einem das Maskottchen mit auf dem Weg geben soll beziehungsweise welches Symbol es für den Reiter hat. (Vgl. Beckmann & Elbe, 2008; Taylor & Schneider, 2007)

Routinen helfen, Zeitsequenzen vor (pre) und nach (post) dem Turnierstart/dem Training/dem Unterricht und zwischen den Starts (between) zu strukturieren und werden demnach in Pre-, Post- und Between-Routinen unterteilt. Turnierroutinen erhöhen die Turnierstabilität, geben Sicherheit für das Abrufen der eigenen Leistung und steigern das Selbstvertrauen. Trainings- oder Unterrichtsroutinen dienen dazu, dass eine gute Trainingsleistung gewährleistet wird. Sie unterstützen auch die Erprobung und das Vertrautmachen von Turnierroutinen. (Vgl. Beckmann & Elbe, 2008; Beckmann & Mattheis, 2012; Engbert, Droste, Werts & Zier, 2011; Taylor & Schneider, 2007)

Routinen sollten zu Hause in Kooperation mit dem Trainer geübt und gefestigt werden. Sie müssen auch in anspruchsvolle Trainingseinheiten, die volle Konzentration und ein hohes Erregungsniveau erfordern, integriert werden. Dadurch können sie immer müheloser angewendet werden, sodass sie sich angenehm anfühlen und keinen Störfaktor bilden. Zum Beispiel könnte eine Routine sein, dass der Verlauf einer Stunde immer ähnlich aufgebaut ist, sodass alle wissen, was auf sie zukommt. In einer Springstunde könnte das folgendermaßen aussehen: Nach dem Schrittreiten wird gemeinsam gelöst, danach erfolgt die erste Springgymnastik mit steigenden Anforderungen und ersten Ausschnitten aus dem Parcours. Die Stunde wird dann mit dem Parcoursspringen beendet. (Vgl. Taylor & Schneider, 2007)

Für den Reiter könnte eine Routine zum Beispiel beim Parcoursreiten sein: Er atmet aus, geht die Reihenfolge des Parcours durch, richtet sein Pferd einmal rückwärts (um das Pferd auf die Hilfen aufmerksam zu machen), lobt es dann zur Motivation. Daraufhin folgt ein positiver Leitsatz, zum Beispiel: „Wir sind gut vorbereitet und haben ein gutes Gefühl für die Distanzen." Ein bekanntes Vorgehen kann wichtig sein, damit Pferd und Reiter sich auf die Herausforderungen einstellen können und die Abfolgen auch in Turniersituationen klar sind. Durch gleichbleibende Abläufe bekommt auch der unerfahrene Reiter mehr Sicherheit für seine Hilfengebung. Daraus kann er nachher auch besser auf unvorhersehbare Reaktionen des Pferdes reagieren.

Eine Erprobung erfolgt zum Beginn der Turnierperiode, damit sich danach eine erfolgreiche Anwendung beim Saisonhöhepunkt anschließen kann. Routinen müssen auf der einen Seite gut organisiert sein, aber auf der anderen Seite dennoch Flexibilität und die Intuition des Reiters zulassen. (Vgl. Taylor & Schneider, 2007)

Die Abfolge der Aktionen in den Routinen besteht aus Fertigkeiten, die zum Ziel verhelfen. Die Abfolge muss geschlossen sein, sodass keine Zeit übrig bleibt, die zu störenden Gedanken führen könnte. Weiter sollte jeder Reiter seine individuellen Routinen entwickeln. Je besser die Bedeutungen der Routine verstanden werden und je mehr sie den eigenen Bedürfnissen entspricht, desto wirksamer wird sie. Der Reiter sollte sich demnach Gedanken über seinen persönlichen Ablauf machen, diesen definieren, im Training erproben und gegebenenfalls modifizieren (abändern). Zuletzt ist es ratsam, sowohl kognitive (positive Gedanken, Leitsätze etc.) als auch körperliche Strategien (Atmung, Probebewegungen etc.) einzubauen (siehe Seite 86, Modul „Aktivierungstechniken: Wach und aktiv sein, wenn es losgeht"). (Vgl. Beckmann & Elbe, 2008)

Meine Rituale und Routinen erkennen

1. Wie sieht meine Reit-/Trainings-/Turniervorbereitung aus?
Was mache ich zwei Stunden vor dem Reiten/Unterricht/Training/Start?
Was 30 Minuten zuvor?
Welche Rituale führe ich schon durch? Was könnte ich noch hinzufügen?
(Vgl. Eberspächer, 2004)

2. Pre-Routine
Die Pre-Routine lässt sich unterteilen in:

a) Analyse/Planung des Rittes/des Trainings: Verarbeitung aller Informationen für den Ritt wie Boden- und Wetterverhältnisse und Geräusche aus dem Umfeld. Entscheiden, was zu tun ist beim Ritt, und konsequent einen Entschluss treffen: Wie will ich das Training/den Ritt angehen? Dieser Abschnitt verlangt Zeit und dient dem Aufbau von Entschlossenheit. Hier kann auch zum Abschluss eine Visualisierung vom optimalen Bewegungsablauf eingebaut werden (siehe Seite 141, Modul „Meinen Erfolg planen").
b) Vorbereitung der Handlung mit entschlossener und aufrechter Körperhaltung.
c) Ausführungsphase mit individuellem Go-Signal: Dies kann ein Signalwort („Los geht's!") oder eine Handlung sein (z.B. bewusstes, tiefes Ausatmen, kurzes Anspannen der Muskeln und wieder loslassen, visuelle Fokussierung eines bestimmten Punktes).

(Vgl. Beckmann & Elbe, 2008; Beckmann & Mattheis, 2012; Engbert, Droste, Werts & Zier, 2011)

3. Post-Routine
Die Post-Routine kann nach einem nicht so geglückten Ritt als „Ausschalter" für mögliche schlechte Gefühle genutzt werden und nach einem guten Ritt dient sie der Abspeicherung der guten Bewegung. Auch diese Routine lässt sich weiter unterteilen und ist durch die Abkürzung KABA (Beckmann & Mattheis, 2012, S. 137) leicht zu merken:

K – Körperhaltung (sollte Selbstvertrauen ausstrahlen)
A – Analyse (objektiv und zuversichtlich)
B – Bewegung (ausprobieren, sofern dies möglich ist, beziehungsweise die Bewegung gedanklich durchlaufen)
A – Abschlusssignal (z.B. „Weiter geht es!" und die eigenen Stärken vergegenwärtigen)
(Vgl. Beckmann & Mattheis, 2012)

4. Between-Routine
Sie dient vorrangig der Erholung und zum Aufladen der Akkus, um für den nächsten Ritt einen Neuaufbau der Konzentration zu ermöglichen. Hierbei eignet sich besonders eine Atementspannung (siehe Seite 50, Modul „Strategien zum Stressabbau und zur Wiedererlangung von Ausgeglichenheit"). Die Augen werden geschlossen. Die Konzentration und Aufmerksamkeit wandern zum Körpermittelpunkt (auf Höhe des Bauchnabels) und auf die Atmung. Die Atmung wird dann mit den Gedanken verbunden. Bei der Ausatmung: „Alles Belastende wegatmen, alles rauslassen, bis der Kopf ganz leer ist." Bei der Einatmung: „Frische Energie aufnehmen und im Körper verteilen." (Vgl. Beckmann & Elbe, 2008; Beckmann & Mattheis, 2012)

Welche Routinen passen zu mir?

Welche Routine zu mir passt, ist von mir persönlich abhängig: Welche Routinen führe ich schon durch, vielleicht bisher eher unbewusst? Mache ich zum Beispiel immer die gleichen Bewegungen zur Vorbereitung auf eine wichtige Situation? Was für Routinen könnte ich trainieren? Für welche Situation beim Ausritt/Training/Unterricht/Turnier wäre eine Routine wichtig?

21

Gelassenheit statt Perfektionismus

„Ich messe den Erfolg nicht an meinen Siegen, sondern daran, ob ich jedes Jahr besser werde.“

(Tiger Woods)

Kaizen (Kai = Veränderung, Zen = Zum Besseren)

改善

Kaizen bezieht sich auf die japanische Lebens- und Arbeitsphilosophie. Wie im Sport geht es zum einen um das Bestreben nach ständigen Verbesserungen und zum anderen um die Annahme, dass in den unterschiedlichsten Bereichen Verbesserungen möglich sind. Kaizen arbeitet nach dem Prinzip der kleinen konkreten Schritte (siehe Seite 138, Modul „Skalierungsfragen: Den Teilerfolg erkennen“).

Die 7-W-Checkliste

Die 7-W-Checkliste ist ein Verfahren der Problemanalyse, wie es in der Wirtschaft oft verwendet wird. Durch den Einsatz der 7-W-Fragen („Was?“, „Wer?“, „Warum?“, „Wie?“, „Wann?“, „Wo?“ und „Wieso?“) werden Schwachstellen herauskristallisiert und Optimierungsmöglichkeiten aufgezeigt.

Meine 7-W-Fragen:
1. Was kann verbessert werden?
2. Wer kann mir dabei helfen?
3. Warum sollte ich das tun?
4. Wie wird es umgesetzt?
5. Wann mache ich es?
6. Wo soll es gemacht werden?
7. Wieso wird es so und nicht anders gemacht?

Perfektionismus

In Sportarten, wo Genauigkeit und exakte Organisation erforderlich sind und wo das Material beziehungsweise im Reitsport das Pferd wichtig ist, sind perfektionistische Tendenzen zu finden. Für Perfektionisten steht ihr Selbstbewusstsein in unmittelbarem Zusammenhang zu ihren Leistungen, diese genügen doch nie den selbst gesetzten, sehr hohen und unrealistischen Ansprüchen und führen dann zu negativen Emotionen wie Wut, Ärger und Selbstzweifeln. Perfektionismus ist wirklichkeitsfremd. Wer perfekt sein will, orientiert sich an einer nicht erreichbaren Norm, und dann wird Perfektionismus zu einem Eingang zum Unglücklichsein. (Vgl. Feistner, 2018; Lazarus & Lazarus, 2014; Taylor & Schneider, 2007)

Feistner (2018, S. 122 f.) nennt typische Merkmale für Perfektionisten:
- übermäßige Planung und Organisation
- ständige Aktionen und Anstrengungen
- Überkompensation (wie übertriebene Sorgfalt)
- übertriebene Detailgenauigkeit und -orientierung
- extrem hohe Ansprüche
- Überbetonung des Verstandes bei gleichzeitiger Verdrängung von Emotionen
- zweigeteiltes (= dichotomes) Denken wie „alles oder nichts" und „schwarz oder weiß"
- Verbesserungen und Wiederholungen bis zum perfekten Ergebnis
- übersteigerte (exzessive) Kontrolle
- äußeren Anforderungen und Ansprüchen gerecht werden, egal wie hoch sie sind
- keine eigenen Grenzen setzen, und nicht „nein" sagen können
- Entscheidungsschwierigkeiten, weil zu viele Alternativen angedacht werden und zu viele Sorgen bestehen
- Der Perfektionist erkennt nicht, dass auch er mal Hilfe braucht.

Perfektionisten treiben sich innerlich selbst an und haben hohe Erwartungen an sich. Dieser Antrieb (innerer Dialog) kann durch eine Namensgebung personifiziert werden.

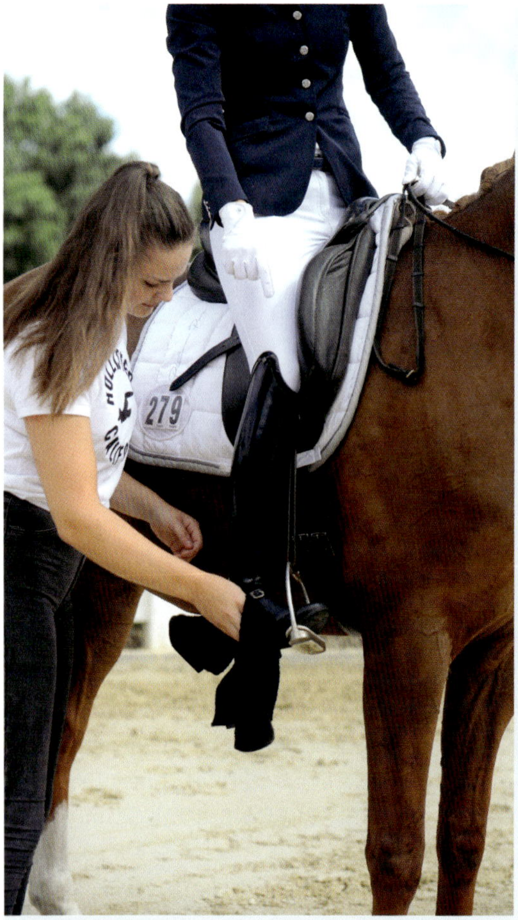

Die Erwartungen an sich und andere sind manchmal vielleicht zu hoch. Die Situation kann sich dadurch entspannen, wenn auch mal fünf gerade gelassen werden.

Die drei Ausrichtungen beim Perfektionisten mit dem „inneren Antreiber“ sind:

1. Das innere Bestreben, es perfekt zu machen und perfekt zu sein.
   Der „innere Antreiber“ sagt: „Entweder es ist alles richtig oder es ist nichts wert.“ Oder: „Entweder es gelingt mir in Perfektion oder ich kann es dann auch gleich lassen.“
2. Die Erwartung, dass andere es auch perfekt machen.
   Der „innere Antreiber“ sagt: „Alle sollten solche Ansprüche haben und es so gut machen.“
3. Die Annahme nur geliebt zu werden, wenn die Aufgabe perfekt ausgeführt wird, bewirkt, dass der „innere Antreiber“ sagt: „Du bist nur etwas wert und wichtig für andere, wenn du es fehlerfrei machst.“

(Vgl. Feistner, 2018)

FALLBEISPIEL

Ein Reiter hat Angst, in der Zusammenarbeit mit dem Pferd immer wieder Fehler zu machen, und wird das Gefühl nicht los, nie gut genug zu sein. Er hat für sich präsent, dass vieles bereits schiefgegangen ist, und steht sich selbst im Weg. Dadurch wird die Angst vor Misserfolg größer und es stellt sich eine häufige Unzufriedenheit des Reiters ein, der nur noch wenig Freude beim Reiten empfindet.

Folgende Fragen sollen helfen, den eigenen, zu hohen Ansprüchen auf die Schliche zu kommen:

- Bei welchen Tätigkeiten schlägt sich mein Streben nach Perfektion besonders nieder?
- Bei welchen Tätigkeiten kommt es bei mir nicht so darauf an, diese perfekt zu machen?
- Welchen Vorteil habe ich durch meinen großen Anspruch?
- Was würde passieren, wenn ich eine Aufgabe nicht perfekt erledigen würde?
- Wovor habe ich Angst, wenn ich etwas nicht hundertprozentig ausführe?
- Wie müsste ich denken, um lockerer mit den Anforderungen umgehen zu können?

TIPPS, MIT DENEN DER EIGENE PERFEKTIONISMUS POSITIV VERÄNDERT WERDEN KANN

- Den eigenen Perfektionismus kritisch analysieren; sich die Erlaubnis geben, nicht immer auf Hochtouren unterwegs sein zu müssen. Das Ziel ist, qualifizierte und – wenn möglich – vortreffliche Arbeit zu leisten.
- Sich Klarheit verschaffen, wann und wo der übertriebene Perfektionismus das eigene Handeln hemmt und einschränkt.
- Eigene Fehler als Chance für Veränderungen bewerten.
- Mit dem Abbau der Angst vor Fehlern und Kritik können Fehler auch als wichtige Informationsquelle genutzt werden. Sie bringen den Reiter in seinem leistungssportlichen Engagement weiter, wenn aus der Analyse entsprechende Veränderungen eingeleitet werden. Oder nach Dr. Alan Goldberg: „Failure is simply feedback and feedback is the breakfast of champions."
- Vertrauen in die eigenen Fähigkeiten haben und Geduld zeigen, dies gilt ganz besonders für den Umgang mit dem Pferd.
- Weg vom Schwarz-Weiß-Prinzip, es gibt auch Grautöne.
- Das Ziel ist Fortschritt statt Perfektion. Akzeptieren, dass es ausreicht, wenn manche Dinge „gut genug" gelingen (Lazarus & Lazarus, 2014, S. 61).
- Im Sinne von Kaizen: Verbesserungen sind immer möglich.
- Mit dem eigenen Perfektionismus sprechen, um lockerer mit der Situation umgehen zu können und eine andere Einstellung zu bekommen.

Abschließend dazu noch ein Zitat von Salvador Dalí:

„Habe keine Angst vor der Perfektion: Du wirst sie nie erreichen."

22

Skalierungsfragen: Die Teilerfolge erkennen

„Der Weg zum Ziel beginnt an dem Tag, an dem du die hundertprozentige Verantwortung für dein Tun übernimmst."

(Dante Alighieri)

Skalierungsfragen

Skalierungsfragen helfen, Ziele kleinschrittig anzugehen. Skalierungsfragen regen die Selbstbeobachtung an und zeigen bei regelmäßigem Einsatz Veränderungen und Unterschiede auf. Sie machen kleine Fortschritte sichtbar und verdeutlichen, wo der Reiter im Moment steht und welche kleinen, konkreten Schritte in Richtung Ziel notwendig sind. Sie sind sehr vielseitig einsetzbar, erfassen und konkretisieren Dinge, die eher für abstrakt gehalten werden. Es geht dabei häufig um Dinge, die als sogenannte „weiche Realitäten" bezeichnet werden (z.B. Motivation und Selbstvertrauen).

Die Grundlage bildet eine Skala von 1 bis 10. 10 ist dabei das Ziel, das mit dem Pferd angestrebt wird; der Zeitpunkt, wenn der Reiter sagt, jetzt sind wir bereit für diese besondere Herausforderung. In regelmäßigen Abständen wird der aktuelle Standpunkt festgelegt. Dazu erinnert der Reiter sich noch einmal daran, was schon alles für die Zielerreichung getan wurde. Dann wird eine Zahl zwischen 1 bis 10 als aktuelle Standortbestimmung festgelegt. Auch Fortschritte um 0,5 Punkte werden wahrgenommen. Die jeweilige Zahl wird im dargestellten Kompetenznetz für die jeweiligen Skills (Schlüsselqualifikationen) eingetragen. Jetzt kann überlegt werden, was noch zu tun ist, damit man näher an die 10 herankommt beziehungsweise wie diese erreicht wird. Dafür wird in den unterschiedlichsten Bereichen geschaut, was der Reiter bei sich und dem Pferd noch verbessern kann, damit er näher an das Maximum kommt. Es wird regelmäßig der aktuelle Stand geprüft und festgelegt, was Reiter und Pferd noch weiter verbessern können.
(Vgl. Berg, 2010; Bußmann, 2012)

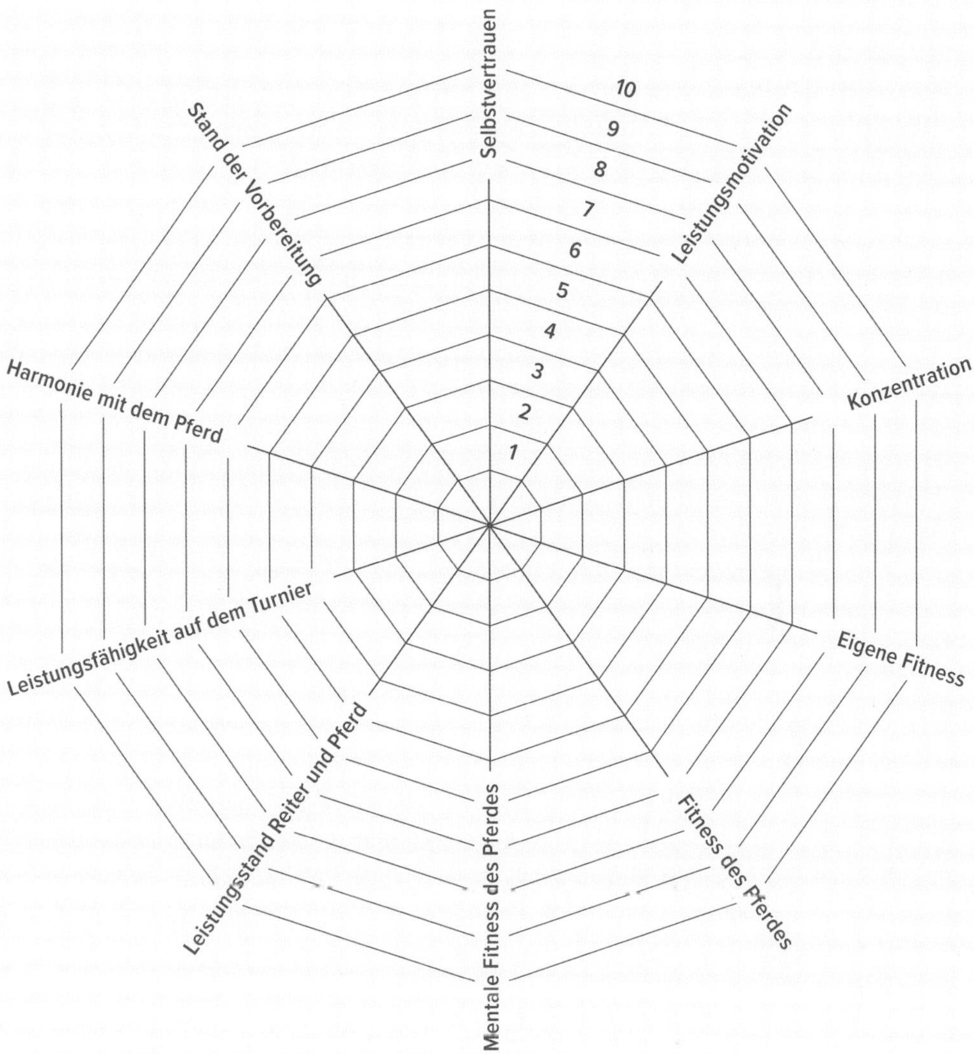

Mögliche Fragen am Beispiel „Selbstvertrauen“:

- Auf einer Skala von 1 bis 10 bedeutet 10, dass ganz viel Selbstvertrauen vorhanden ist. Wo ist der aktuelle Stand beim Reiter?
- Was wäre nötig, damit man näher an die 10 kommt beziehungsweise diese erreicht?
- Wie würde der Trainer das Selbstvertrauen des Reiters einschätzen? In diesem Kontext kann gut verglichen werden zwischen Selbst- und Experteneinschätzung.
- Was könnte helfen, damit die 10 erreicht wird?
- Wer könnte dabei helfen?

Besitzt ein Reiter mehr als ein Pferd, sollte die Skalierung für jedes Pferd individuell durchgeführt werden.

FALLBEISPIEL

Wie kann ich als Reiter lernen, mit Situationen wie Ungeduld, übersteigerten und unrealistischen Erwartungen, „falschem Ehrgeiz“ oder unangemessenen Reaktionen umzugehen?

TIPP: Zunächst sollte eine Standortbestimmung erfolgen. Was kann der Reiter bereits und welche Ziele hat er kurz-, mittel- und langfristig? Vorab sollte auch hinterfragt werden, welche Fortschritte für das Pferd möglich sind? Dazu kann es hilfreich sein, einen Experten zu fragen. Wie schätzt er die Entwicklung ein? Des Weiteren sollte der Reiter auch für sich abklären, mit wie viel Einsatz er das Thema angehen möchte?

Mit den Skalierungsfragen kann der Reiter in regelmäßigen Abständen für sich festlegen: „Wo stehe ich jetzt und was muss ich noch tun?“ Dadurch werden die kleinen Fortschritte besser wahrgenommen. Skalierungsfragen regen – wie gesagt – die Selbstbeobachtung an und zeigen bei regelmäßigem Einsatz Veränderungen und Unterschiede auf. Da im Pferdesport die Zusammenarbeit mit dem Lebewesen im Vordergrund steht, müssen unerwartete Situationen mit einkalkuliert werden.

Bei ungeduldigen Personen sollten die Fortschritte immer wieder erwähnt werden. Zum Beispiel durch Aussagen wie: „Schau mal, vor drei Monaten hast du noch berichtet ... und jetzt hast du das ... schon erreicht.“ Das Vorankommen ist oft gepaart mit Ungeduld und deswegen ist es sehr hilfreich, dies auch so zu reflektieren. Perfektionistische Tendenzen sollten hier ebenfalls berücksichtigt werden. Fehler und Rückschritte sollten immer als Lernquelle genutzt werden. In den Ausarbeitungen zum Umgang mit Misserfolgen wird auf das Resilienzkonzept verwiesen (siehe Seite 114). Resiliente/widerstandsfähige Personen können mit Enttäuschungen und Niederlagen umgehen, sie akzeptieren sie und erlauben sich, Unterstützung zu suchen.

23

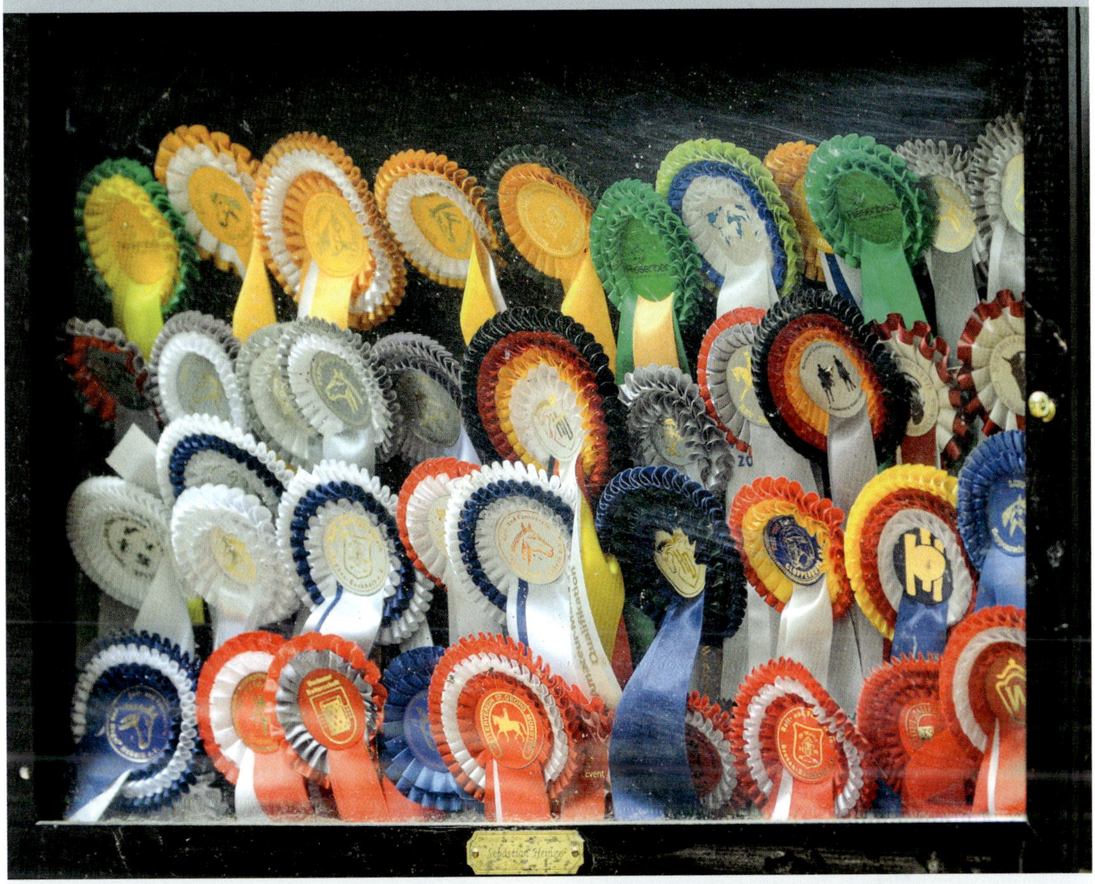

Erfolgsvisionen können ganz unterschiedlicher Art sein, aber eines ist oft gleich: Die Gedanken, die vor einer Herausforderung getroffen werden, beeinflussen unbewusst das Ergebnis.

Meinen Erfolg planen

WYSIWYG [ˈwɪziwɪg]: „What You See Is What You Get“

Dieses Akronym (ein aus den Anfangsbuchstaben verschiedener Wörter gebildeter Begriff) gilt für den Grundsatz: „Was ich sehe, ist das, was ich bekomme.“ Das ursprüngliche WYSIWYG bezieht sich darauf, dass das, was auf dem PC-Bildschirm gesehen wird, dem späteren Ausdruck entspricht. Diese Technik wird beim mentalen Training genutzt:

Das, was der Reiter vorab sieht, hört und fühlt, ist das, was er nachher als Resultat bekommt. Mit der Übung der Erfolgsvision kann ein Reiter genau das trainieren. Dafür ist es wichtig, dass er sich vorab im Klaren darüber ist, was genau er beim Training beziehungsweise Turnier erreichen möchte, und sich dies auch mental mit allen Details vorab vorstellt. Die Gedanken, die vor einer besonderen Herausforderung getroffen werden, beeinflussen häufig unterbewusst (unbewusst) das Ergebnis. Deswegen sollte der Fokus unbedingt auf eine positive Auswahl der Handlungsschritte, der Wortwahl und der Empfindungen gelegt werden. Positive Assoziationen (Gedankengänge) erhöhen die Motivation und sorgen dafür, dass genau das passiert, was der Reiter trainiert und angestrebt hat. Das heißt umgekehrt auch, wenn die Erfolgsvision, Vermeidungsstrategien (negative Assoziationen) wie „bloß keine Zeitfehler einbauen" oder „nicht rechts in der Hüfte einknicken" beinhaltet, wird automatisch ein Bild von Zeitfehlern beziehungsweise dem Einknicken in der Hüfte generiert und die Ausführung ist entsprechend.

Meine Erfolgsvision

Für diese Übung nehme ich eine angenehme Position im Sitzen oder Liegen ein. Ich schließe die Augen und ich atme gleichmäßig und ruhig. Jetzt stelle ich mir vor meinem inneren Auge meinen möglichen persönlichen Erfolg vor. Ich genieße ihn in allen Details. Ich schaffe mir in meinem Kopf Bilder vom Zielzustand. Dazu nutze ich alle Sinne, ich sehe, höre und fühle die Begeisterung, den Applaus für meine tolle Leistung. Ich verlasse mich auf meine Fantasie.

In der Einführungszeit trainiere ich diese Übung einmal am Tag (wenn möglich immer zur gleichen Uhrzeit). Vor der Unterrichtsstunde oder am Turniertag mache ich sie unmittelbar vor meinem Aufwärmprogramm. Diese Übung kann ich intensivieren, wenn ich sie mit einem Foto von mir und meinen Pferd verbinde. Ein Foto, von dem ich spontan sage, ja, das war ein toller Tag/ein tolles Turnier für uns. Ich spüre, dass sich schon beim Anschauen des Fotos meine Körperhaltung (siehe Seite 117, Modul „Embodiment") und meine Stimmung positiv verändern. Diesen Effekt nutze ich für die bevorstehende Aufgabe.
(Vgl. Baldasarre, Birrer & Seiler, 2003)

TIPP: Wichtig ist, dass während des Reitens, ob auf dem Turnier oder Zuhause, aber auch bei der Visualisierung die Spannung über die Präsentation/das Ziel hinaus gehalten wird. Bereits bei der Visualisierung sollten vermeidbare Punkte und Sekunden nicht einfach so verschenkt und dem Pferd nicht schon vorab das Signal gegeben werden, fertig zu sein. Ansonsten könnte es beim realen Ritt beim letzten Hindernis zum Abwurf kommen oder aber beim Halten in der Dressur zu Ungenauigkeiten und Punktabzügen. Dies sollte mental trainiert werden.

24

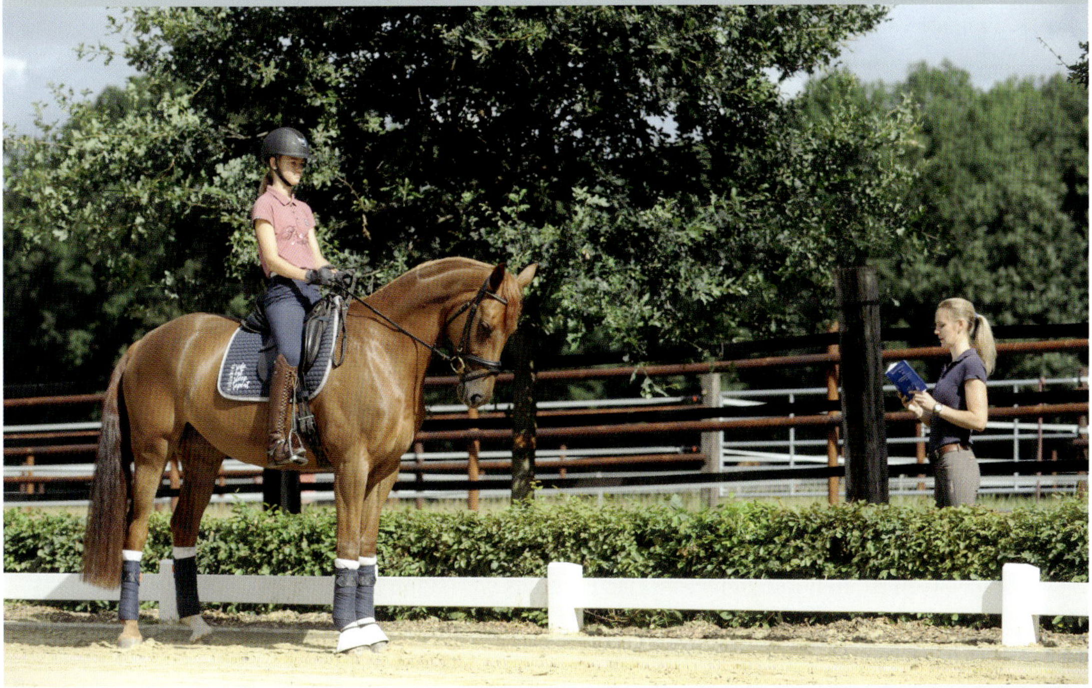

Prüfungen und Herausforderungen zu trainieren macht Sinn, da später in der entscheidenden Situation sicherer und routinierter gehandelt werden kann.

Training von besonderen Situationen

Prognosetraining, Training der Nichtwiederholbarkeit und Immunisierungstraining

„Die Tränen lassen nichts gewinnen,
wer schaffen will, muss fröhlich sein."

(Theodor Fontane)

Wichtige Aufgaben und Situationen, wie das Reiten auf dem Turnier, Ablegen des Reitabzeichens etc. oder auch Prüfungssituationen neben dem Sport (z.B. das Halten eines wichtigen Vortrags), sind Herausforderungen, die trainiert werden können. Diese verschiedenen Situationen sind durch besondere Merkmale gekennzeichnet.

Turniere oder „Prüfungssituationen" sind
1. einmalig (keine Wiederholung möglich);
2. immer verbunden mit einer Prognose, das heißt, es gibt eine Vorhersage über das Ergebnis, was erwartet wird. Dies kann bewusst oder unbewusst erfolgen;
3. mit Konsequenzen verbunden.

Auf der Basis dieser Erkenntnisse im Sport wurden die nachfolgenden Trainingsformen vorrangig von Eberspächer (2001) entwickelt.

Der Ablauf beim Prognosetraining

Prognosetraining bedeutet, dass der Reiter vorher bestimmt, also eine Prognose abgibt, wie er die bevorstehende Aufgabe/Übung meistern will. Das heißt, er legt fest, was die Anforderungen sind, zum Beispiel das Reiten einer L-Dressur, und gibt an, wie er diese durchführen wird und was sein Ziel beim Reiten dieser Aufgabe/Übung ist. Daraufhin gibt er eine Prognose ab, wie ihm die Durchführung gelingen wird. Er reitet mit seinem Pferd unter Aufsicht einer weiteren fachkundigen Person die Aufgabe/Übung. Eine weitere Möglichkeit ist, den Ritt zu filmen. Das Ergebnis wird dann beurteilt und analysiert.

Auch können so zum Beispiel Vorträge vorbereitet werden. Eine Person legt fest, wie sie den Vortrag gleich halten möchte und worauf sie den Fokus legt. Daraufhin gibt sie eine Prognose über das Gelingen des Vortrages ab. Dieser kann aufgenommen oder durch ein gewähltes Publikum begleitet werden. Danach kann dann entweder durch die Zuhörer oder durch das Hören und/oder Sehen der Aufnahme eine Analyse stattfinden.

Durch das Prognosetraining werden die Aufgaben/Übungen vertrauter, positive und negative Handlungen werden sichtbar. Auch wird den Personen bewusst, wie ein Durchlauf stattfinden kann, wie sie sich in solchen Situationen fühlen und was noch verändert beziehungsweise verbessert werden sollte.

Kurz zusammengefasst:
- Anforderungs- und Zielbestimmung
- Prognose (schriftlich festhalten)
- Ausführung der (sportlichen) Handlung
- Feststellung des Ergebnisses
- Analyse: Wurde die Prognose erreicht, nicht erreicht oder übertroffen?
  War die Prognose realistisch oder eher unrealistisch?
  Warum wurde die Prognose erreicht, nicht erreicht und vielleicht sogar übertroffen?

(Vgl. Eberspächer, 2001)

Der Ablauf beim Training der Nichtwiederholbarkeit

Zur Überprüfung, ob die Leistung auf den Punkt genau abgerufen werden kann, darf die Person nur einmal agieren. Es gibt keine Option auf Wiederholung. Dieses Training wird auch „Einmaligkeitstraining" genannt (Vgl. Eberspächer, 2001, S. 39) und bringt großes Entwicklungspotenzial für den Durchführenden mit sich und ist eine ideale Generalprobe für den Ernstfall.

Training der Nichtwiederholbarkeit und Prognosetraining mit Zeitverzögerung

Als weitere Beanspruchung können diese Trainingsformen den Zeitpunkt der Leistungserbringung hinauszögern, das heißt, bis zum Zeitpunkt der Ausführung liegt eine bestimmte Zeit der Vorbereitung. Je länger der Reiter auf den Start/Anfang warten muss, umso schwieriger wird erfahrungsgemäß die Leistungserbringung. (Vgl. Eberspächer, 2001, S. 40)

Immunisierungstraining

Wenn im Training Bedingungen erzeugt werden, die beim Reiter Druck hervorrufen, gewöhnt dieser sich nach und nach daran, entwickelt adäquate Handlungsstrategien zum Umgang mit diesen Situationen. (Vgl. Beckmann & Elbe, 2008, S. 120)

Beachte
Die Effektivität dieser Trainingsformen geht mehr und mehr verloren, wenn sie zu oft und zu schnell hintereinander ausgeführt werden. (Vgl. Eberspächer, 2001)

25

Flow*

„Wenn wir unsere Aufmerksamkeit mit etwas beschäftigen oder gleichsetzen, werden wir Glück empfinden, solange wir darin vertieft sind. Dieses Glücksgefühl kommt von unserem eigenen Selbst, wenn es auf etwas konzentriert ist, in dem wir aufgehen."

(Kirpal Singh)

Flow zu empfinden, beim Reiten als auch im Alltag, ist Glück, wie Kirpal Singh schon sagte. Die meisten Reiter kennen diesen Zustand oder haben ihn schon einmal erlebt. Aber was ist das genau und wie gelangt man zu einem Flow-Erlebnis?

Definition

Der amerikanische Psychologe Mihaly Csikszentmihalyi beobachtete bei Künstlern, Musikern, Tänzern, Chirurgen und anderen Berufsgruppen, dass diese Menschen durch die Auseinandersetzung mit herausfordernden Aufgaben völlig in ihrer Aufgabe aufgehen. Diesen psychologischen Zustand nannte er „Flow" (vgl. Csikszentmihalyi, 1975).

Wenn Personen sich im Flow befinden, sind die Gefühle, Gedanken und Motive in diesen Augenblicken in Übereinstimmung. Während der Tätigkeit nachgegangen wird, spielen weder die Zeit noch die Person selbst eine Rolle und das Handeln geht automatisch vonstatten. Es ist das Gefühl der Mühelosigkeit, alles geht wie von selbst. Dieser Zustand wird gern umschrieben mit kognitiver Leichtigkeit, hier agiert das schnelle Denken. Das schnelle Denken passiert automatisch und ist stimmig, weil bestehendes Wissen verknüpft wird. Flow bedeutet auch ein höchstes Maß an Konzentration und Fokussierung auf den eigenen Körper, das Pferd und die auszuführende Aufgabe/Lektion. Nur wenn der Reiter sich voll und ganz auf die reiterliche Tätigkeit konzentriert und alles andere um ihn herum nicht beachtet, kann er in den Flow-Zustand kommen. Ist der Reiter im Flow, so bleibt die Konzentration an der Aufgabe kleben, er muss sich nicht mehr willentlich

* Das Modul wurde mit Sophie Petzold erarbeitet.

dazu bringen. Das Ereignis eines Flows kann prinzipiell bei jeder Tätigkeit entstehen, die im Bereich zwischen Überforderung (Angst/Stress) und Unterforderung (Langeweile) liegt. Es wird also ein optimales Anforderungsniveau benötigt, um in einen Flow zu gelangen. Es ist wichtig, dass die Aufgabe eine Herausforderung ist, die mit den eigenen Fähigkeiten bewältigt werden kann. In diesem Moment befindet sich der Reiter in der richtigen Anforderungs-Fähigkeits-Balance. Ein optimales Anspruchsniveau ist die Basis für dieses Glücksgefühl und eine gute Leistung. Wer im Flow ist, kann im Übrigen auch mehr leisten. (Vgl. Csikszentmihalyi, 1999; Csikszentmihalyi & Jackson, 2000; Mayer, 2018)

Des Weiteren ist es wichtig, dass die Tätigkeit Freude bereitet. Es wurde berichtet, dass Menschen schneller und öfter in Flow-Zustände geraten bei Tätigkeiten, die sie gern ausführen. Dies kann zum Beispiel Gartenarbeit sein, ein gutes Buch, Schach, ein anregendes Gespräch mit Freunden oder ein Ausritt. Pferd und Reiter sind dann eine Einheit, es herrscht vollständige Harmonie. Die Erfahrung des Flows wird als sehr angenehm und zufriedenstellend empfunden und ist deshalb besonders erstrebenswert. Jeder Mensch kann Flow-Erlebnisse haben. Wie der Einzelne diesen Zustand genau erlebt und wie dieser dort hinkommt, ist jedoch individuell. Der Begriff des Flows wurde vor allem durch Csikszentmihalyi in den 70er-Jahren geprägt, der einige charakteristische Merkmale hierzu zusammengestellt hat. (Vgl. Csikszentmihalyi & Jackson, 2000)

Im Folgenden werden die charakteristischen Merkmale beschrieben und mit Beispielen aus dem Reitsport illustriert. Sinngemäß wurde hierzu schwerpunktmäßig die Lehre von Csikszentmihalyi (1975) herangezogen:

Die Tätigkeit hat klare Ziele

Ganz wichtig ist es, Ziele zu formulieren und diese möglicherweise in Unterziele aufzuteilen, wenn mehrere oder größere Ziele angestrebt werden (siehe Seite 11, Modul „Zielbestimmung, Vision und Stärken"). Diese Ziele sollte der Reiter sich selbst setzen, aus eigener Motivation. Denn auch das begünstigt – wie oben schon erwähnt – einen Flow-Zustand. Darüber hinaus sollte der Reiter genaue Vorstellungen haben, was zu tun ist, um das Ziel zu erreichen. Dies bildet quasi die Basis eines Flow-Zustandes.

Der Aufgabe gewachsen sein

Die Aufgabe sollte so gestaltet sein, dass sie in der Mitte zwischen Überforderung und Unterforderung liegt. Die Tätigkeit stellt zwar eine Herausforderung dar, aber der Reiter ist dieser gewachsen. Dann fühlt er sich optimal beansprucht und hat das sichere Gefühl,

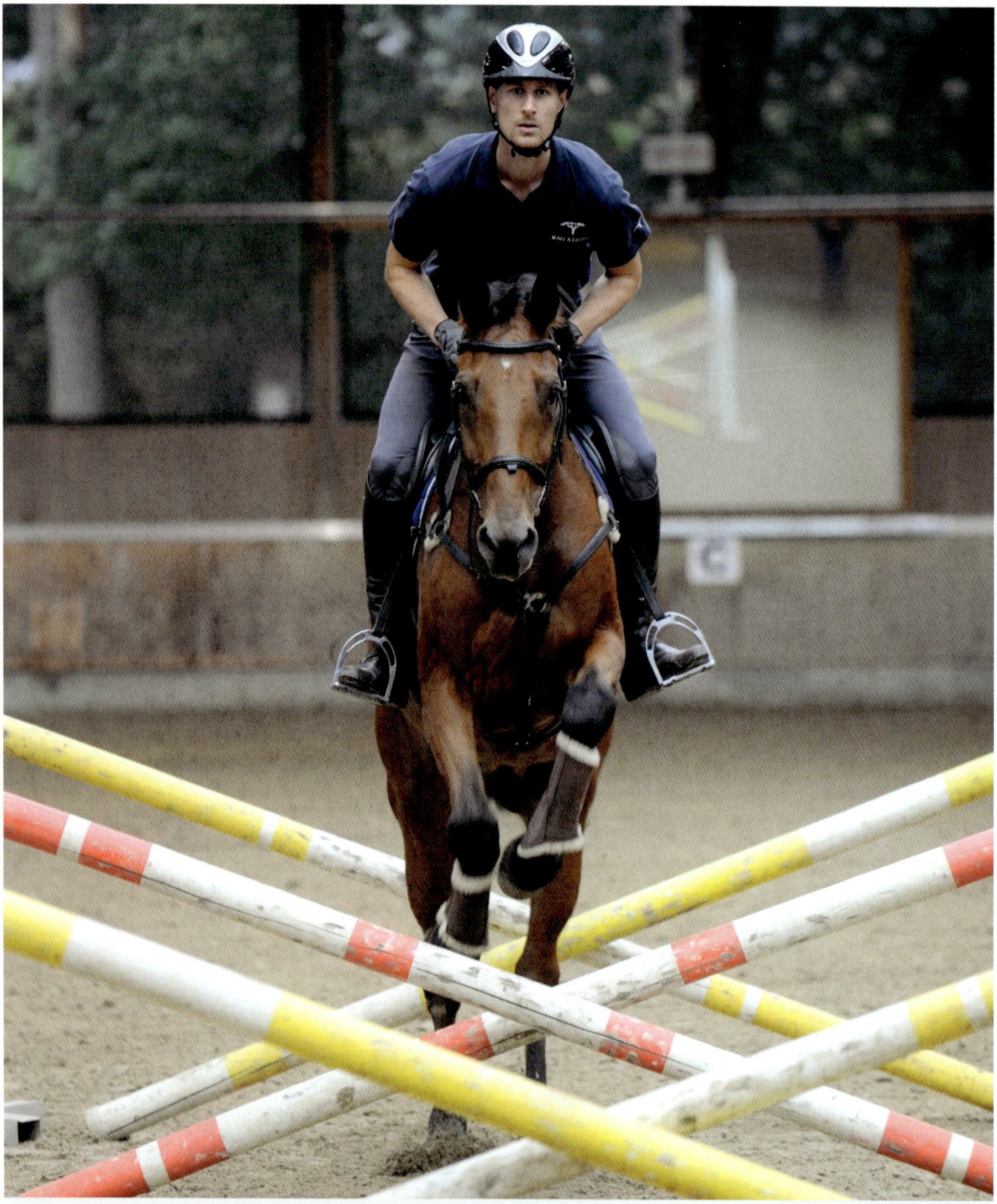

Flow bedeutet ein höchstes Maß an Konzentration und Fokussierung für Reiter und Pferd.

die Aufgabe lösen zu können. Der Reiter weiß, dass der Parcours, die Gelände- oder Dressuraufgabe eine Herausforderung für ihn und sein Pferd ist. Trotzdem ist es möglich, dies zu bewältigen, da er im Training bereits die Höhe des Sprunges beziehungsweise die Lektionen aus der Dressur geübt hat.

Es herrscht das Gefühl von Kontrolle

Das Gefühl der Kontrolle ist wichtig. Auf dem Turnier, aber auch in Trainingssituationen ist vieles nicht immer kontrollierbar, wie zum Beispiel die Startreihenfolge, die Geräusche oder die neue Umgebung. Hat der Reiter trotz dessen das Gefühl, dass er und auch sein Pferd eine gute Leistung erbringen können, so ist es leichter, in einen Flow-Zustand zu kommen.

Die Tätigkeit hat eine direkte Rückmeldung

Es sollte bei der Aufgabe deutlich werden, wann etwas richtig oder falsch gemacht wurde. Nach jedem Tätigkeitsschritt gibt es immer eine eindeutige Rückmeldung. Die meisten Sportarten haben genaue Regeln, somit weiß jeder Sportler, wie angemessen seine Handlungen sind. Dies begünstigt die intrinsische Motivation (siehe Seite 66, Modul „Leistungsmotivation") und somit Flow-Zustände. Auch beim Reiten ist das der Fall. Nicht nur der Trainer oder die Richter geben dem Reiter Rückmeldung über sein Reiten, sondern vor allem das Pferd selbst. Das Pferd ist der Spiegel des Reiters, es reagiert unmittelbar auf die Hilfen des Reiters.

Der Reiter ist fähig, sich auf sein Handeln zu konzentrieren

Während der Tätigkeit sollte es dem Reiter gelingen, sich zu 100 Prozent zu konzentrieren und mögliche Störfaktoren zu ignorieren. In diesem Zustand wird alles andere Drumherum vergessen. Im Flow muss der Reiter sich jedoch nicht willentlich konzentrieren, das geschieht dann wie von allein. Wenn der Reiter sich im Parcours, im Gelände, während der Aufgabe oder des Ausrittes vollständig auf das Reiten und das Pferd fokussiert, wird alles andere um ihn herum nicht mehr wahrgenommen. Wenn dies der Fall ist, werden zum Beispiel die Zuschauer oder die Musik im Hintergrund nicht mehr bemerkt.

Verlust von Selbstbewusstheit und Sorgen um einen selbst verschwinden

Im Flow-Zustand ist der Reiter ganz und gar im Reinen mit sich selbst. Er ist im Hier und Jetzt, die eigene Bewusstheit geht verloren. Handlung und Bewusstsein verschmelzen miteinander. Die Tätigkeit wird automatisch ausgeführt, ohne dass darüber nachgedacht wird. Flow kann auch als Zustand von Selbstvergessenheit erfasst werden, in dem es keine Alltagsprobleme gibt. Es zählt nur das Pferd und die Aufgabe/der Parcours/das Gelände. Unwillentlich wird alles andere vergessen.

Das Empfinden für Zeitabläufe ist anders

Der Reiter hat das Gefühl, dass die Zeit „wie im Flug vergeht", beziehungsweise er vergisst die Zeit völlig. Ein Erklärungsansatz dafür kann die hohe Konzentration im Flow-Zustand sein. (Vgl. Csikszentmihalyi, 1975; Rheinberg, 2000; You, 2001)

Step by Step zum Flow

Die Pyramide fasst die eben beschriebenen Bedingungen beziehungsweise Charakteristiken für ein Flow-Erlebnis noch einmal zusammen:

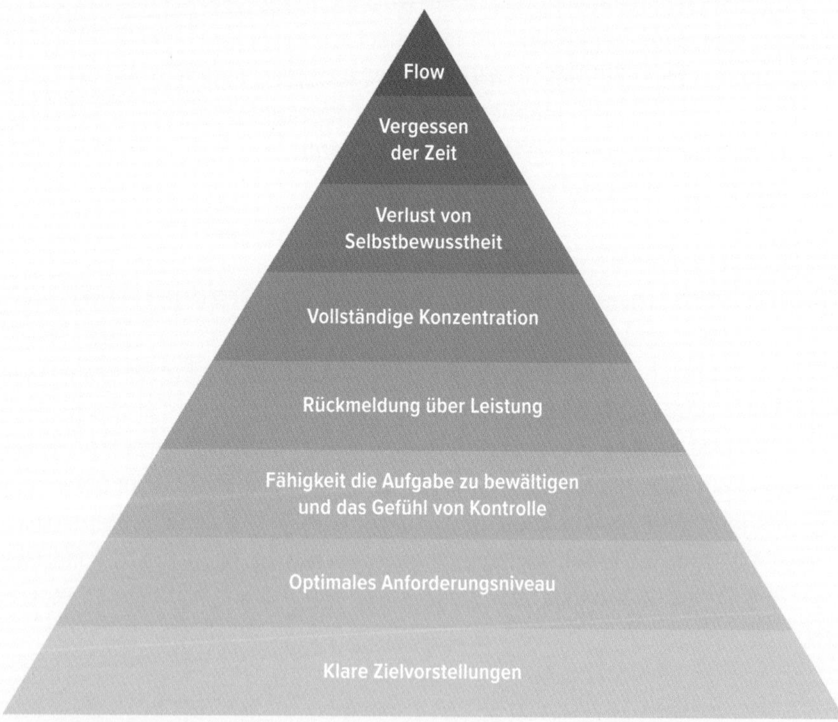

(Eigene Darstellung auf Grundlage von Csikszentmihalyi, 1975; Rheinberg, 2000)

Die Pyramide verdeutlicht, was für einen Flow-Zustand erforderlich ist. Alle aufgeführten Aspekte sind wichtig und tragen zum Flow-Erleben bei. Die unteren drei Bedingungen klare Zielvorstellungen, optimales Anforderungsniveau und die Fähigkeit zur Kontrolle der Aufgabe bilden die Grundlage für ein Flow-Ereignis. Diese drei Voraussetzungen sollten vor der Aufgabe bereits erfüllt sein und der Reiter sich damit vorab gedanklich befasst haben.

Befindet der Reiter sich in der Tätigkeit selbst (dem Reiten), ist es wichtig, Rückmeldung über das eigene Verhalten zu bekommen. Des Weiteren sind zu diesem Zeitpunkt Konzentration und Fokussierung auf die Aufgabe elementar. Alle anderen Dinge (Umgebungsvariablen) sollten ignoriert werden. Wenn der Reiter im Flow ist, geht dies dann wie von selbst.

Zwischen dem oberen Ende der Pyramide, dem Verlust von Selbstbewusstheit, dem Vergessen der Zeit und dem Flow selbst, gibt es einen fließenden Übergang. Diese beiden Aspekte sind eigentlich eher Bestandteile des Flows und weniger Bedingung für diesen Zustand. (Vgl. Csikszentmihalyi, 1975 & 2000; You, 2001)

Der Weg zum Flow-Erlebnis

1. Ein Motiv finden

Flow-Erlebnisse treten häufig bei Tätigkeiten auf, die Freude bereiten und die für einen selbst von Bedeutung sind. Reiten ist eine Leidenschaft, zu der der Reiter sich aus Freude entschieden hat. Es könnte hilfreich sein, dies noch genauer zu hinterfragen (siehe Seite 66, Modul „Leistungsmotivation“).

- Was bedeutet Reiten/der Reitsport für mich persönlich?
- Aus welchem Grund reite ich?
- Was reizt mich am Reitsport? Was reizt mich, an Turnieren teilzunehmen?

2. Ein klares Ziel formulieren

Um in einen Flow zu gelangen braucht es Ziele. Diese sollten ganz genau und klar formuliert sein. Große Ziele teilt man am besten in kleine Unterziele auf (siehe Seite 11, Modul „Zielbestimmung, Vision und Stärken“). Ein großes Ziel könnte zum Beispiel die Teilnahme an einem besonderen Turnier sein oder das Erlernen einer neuen Lektion oder Hilfengebung im Unterricht.

- Was bedeutet dies für meine nächste Unterrichtsstunde/für mein nächstes Training und welche ersten Turniere könnte ich bestreiten (Unterziele)?
- Was sind realistische Ziele beziehungsweise Unterziele für die nächsten Monate?

3. Eine Herausforderung finden, die den Fähigkeiten des Reiters und des Pferdes entspricht

Um in den sogenannten Flow-Kanal zu kommen, sollte die Aufgabe nicht zu langweilig, unterfordernd, aber auch nicht zu schwierig beziehungsweise angstauslösend sein. Wenn der Reiter sich in einem optimalen Anforderungsniveau befindet, so wirkt dies leistungsförderlich.

- Welche Sprunghöhe/Lektion/Geländestrecke wäre eine Herausforderung, die ich durch die eigenen Fähigkeiten und die des Pferdes bewältigen könnte?

4. Ein für den Reiter und die Aufgabe passendes Spannungsniveau aufbauen

Der Reiter kann dazu bei Bedarf Aktivierungs- oder Entspannungstechniken einsetzen.

- Wann hatte ich das letzte Mal genau diese optimale Anspannung?
- Welche Strategien helfen mir, damit ich dahin komme?

(Vgl. Bender & Draksal, 2011)

5. Schnelle Rückmeldungen während der Tätigkeit sind erforderlich

Wichtig ist, dass der Reiter schnell merkt, ob er etwas richtig oder falsch gemacht hat, damit er gegebenenfalls seine Handlungen/Hilfen anpassen kann. Im Reitsport erhält der Reiter vom Pferd unmittelbare Reaktionen auf seine Hilfen. Es ist wichtig, dass er die Reaktionen seines Pferdes kennt, um einschätzen zu können, wann etwas verbessert werden sollte.

- Welche Rückmeldungen bekomme ich von meinem Pferd, wenn ich etwas richtig beziehungsweise. falsch gemacht habe?
- Wie fühlt sich das an?
- Wie kann ich darauf reagieren?

6. Konzentrationsfähigkeit

Ein Flow-Zustand erfordert Konzentration und die Fähigkeit sich zu fokussieren. Der Reiter sollte sicherstellen, dass er während der Aufgabe nicht abgelenkt wird, wie zum Beispiel durch einen Anruf oder anderen Störfaktor. In manchen Situationen ist es schwierig, sich einzig und allein auf das Pferd und das eigene Reiten zu konzentrieren. Häufig wird man von umstehenden Personen oder anderen Reitern abgelenkt. Derartige Störquellen im Umfeld sollten (soweit realisierbar) beseitigt werden. Es kann hilfreich sein, Strategien zu finden, wie dies zu vermeiden ist, zum Beispiel Telefon ausschalten, sich nur auf den Trainer/das eigene Team konzentrieren und die restlichen Personen ausblenden (siehe Seite 46, Übung 1: Der Scheinwerfer).

- Kann ich mich in der Unterrichtsstunde/Trainings-/Turniersituation optimal auf mein Pferd und die Aufgabe konzentrieren?
- Was könnte dazu beitragen, mich besser zu konzentrieren und Ablenkungen zu reduzieren?

7. Erinnerungen an Flow-Erlebnisse nutzen

Der Reiter denkt an frühere Unterrichtsstunden/Ausritte/Trainingseinheiten/Turniere oder Herausforderungen, wo er ein Flow-Erlebnis hatte, und dann tut er so, als ob er jetzt schon im Flow wäre. Bei Bedarf können dazu auch Videoaufzeichnungen von früheren Erfolgserlebnissen genutzt werden. Das Erlebnis bringt dann das entsprechende Ergebnis. Das Flow-Erleben ist sehr individuell, deshalb sollte jeder Reiter seine eigenen Methoden herausarbeiten.

- Wann hatte ich das letzte Mal ein Flow-Erlebnis?
- Wie habe ich mich vorbereitet? Was habe ich getan?

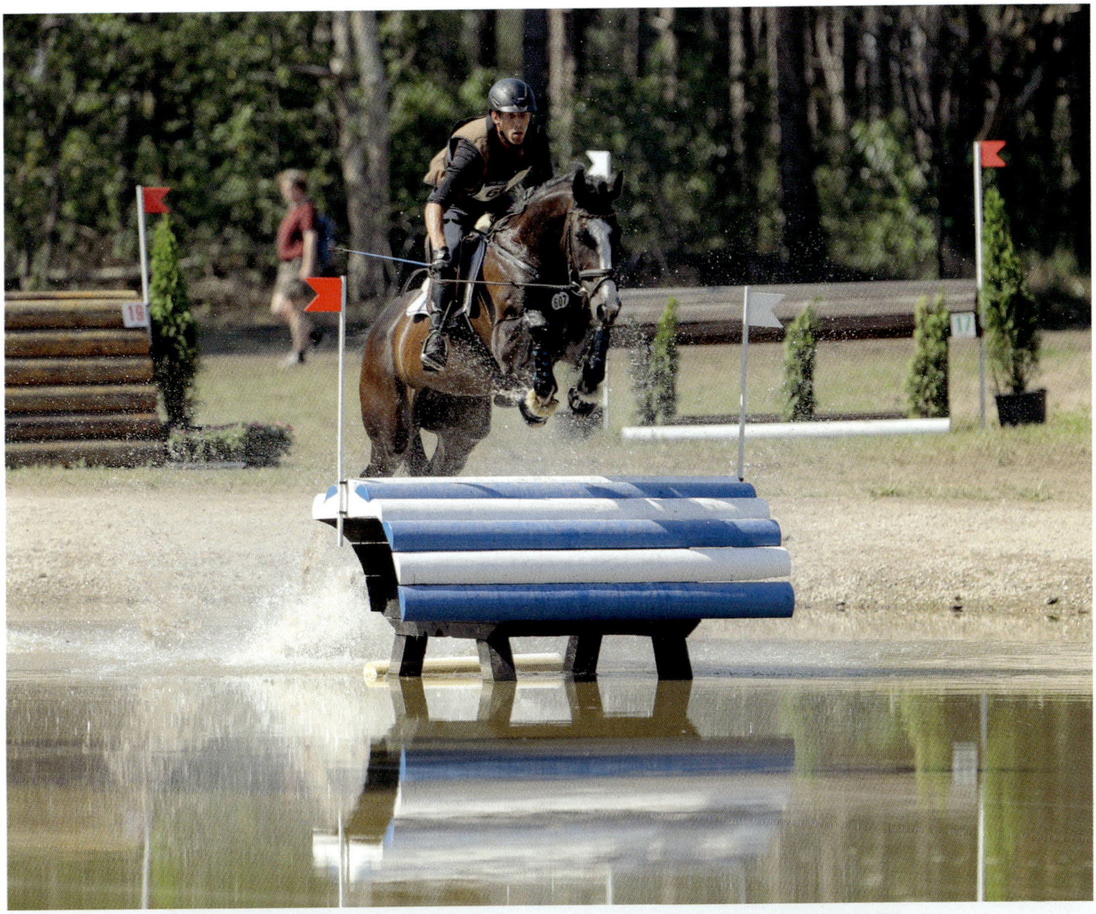

Flow erfordert Konzentration und das vollkommene Einlassen auf die bevorstehende Aufgabe.

- Was habe ich dabei gedacht?
- Wie war das? Was habe ich gefühlt?

(Vgl. Bender & Draksal, 2011)

8. Musik und Bilder nutzen

Musik beeinflusst die Stimmung und den Aktivierungsgrad. Diesen Effekt kann der Reiter gezielt einsetzen. Studienergebnisse haben zudem gezeigt, dass eine Kombination von Musik und Bildern zum passenden Zeitpunkt das Hineinkommen in den Flow-Zustand erleichtert. Dabei sind Lieder, die Erinnerungen und Bilder von positiven Ereignissen hervorrufen, effektiver als Lieder, die nur auf schnellen Rhythmus abzielen. Der passende Einsatzzeitpunkt ist in der Aufwärmphase, da in dieser Zeit der höchste Einfluss auf Stimmung und Gedanken möglich ist.

- Welche Musik bringt mich zum Flow?
- Welche Bilder sind geeignet für mich, um in den Flow-Zustand zu kommen?

(Vgl. Bender & Draksal, 2011; Pain, Harwood & Anderson, 2011)

26

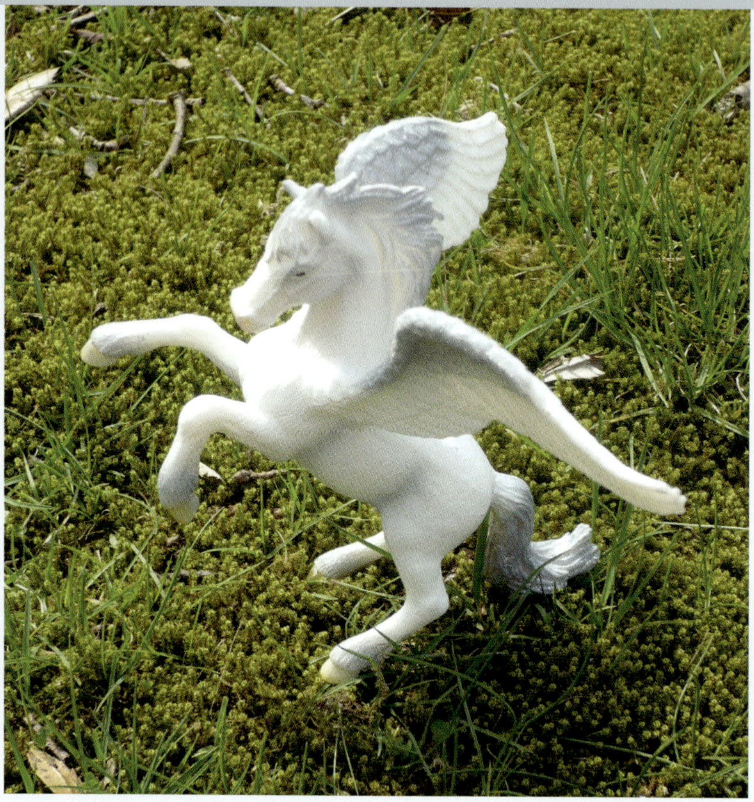

Pegasus: Über Hindernisse fliegen

Ich begebe mich an einen ruhigen Ort und setze mich bequem hin. Meine Hände liegen in meinem Schoß. Ich schließe die Augen und atme fünfmal ruhig ein und aus.
Gedanklich reite ich mit meinem Pferd auf den Springplatz. Den Ort nehme ich intensiv mit allen Farben, Geräuschen und Gerüchen wahr und bereite mich gedanklich auf die Trainingseinheit vor.
Dann überlege ich genau, welche Hindernisse ich für das Training nutzen und welchen Parcours ich am Ende reiten will. Die Hindernisse sind für die heutige Trainingseinheit richtig aufgebaut und die Höhe und Breite sowie die zu reitende Wege sind gut zu schaffen.

Ich fange mit der lösenden Arbeit mit meinem Pferd an und spüre, wie das Pferd meine Hilfen umsetzt und sich leicht und losgelassen anfühlt. Schon bei den ersten Trab- und Galoppübergängen fußt mein Pferd kraftvoll vom Boden ab. Unser Rhythmus ist gleichmäßig und im Vorwärts angelegt.
Wir sind bereit zum Springen. Ich reite passend zum ersten Sprung. Mein Pferd springt locker und mühelos. Wir wiederholen das Springen dieses Hindernisses von der anderen Seite, was wieder gut gelingt. Mein Trainer erhöht den Sprung und ich reitet genauso gleichmäßig und passend hin.
Als nächstes springe ich den Oxer und spüre den gleichmäßigen Grundgalopp des Pferdes. Meine Hände halte ich ruhig und tief, die Schenkel liegen locker am Pferdebauch, mein Sitz ist geschmeidig. Wir kommen passend zum Hindernis. Wieder fühlt sich der Sprungablauf kraftvoll und mühelos an. Auch die folgenden Hindernisse, eine Distanz und eine Kombination, überwinden wir unkompliziert.

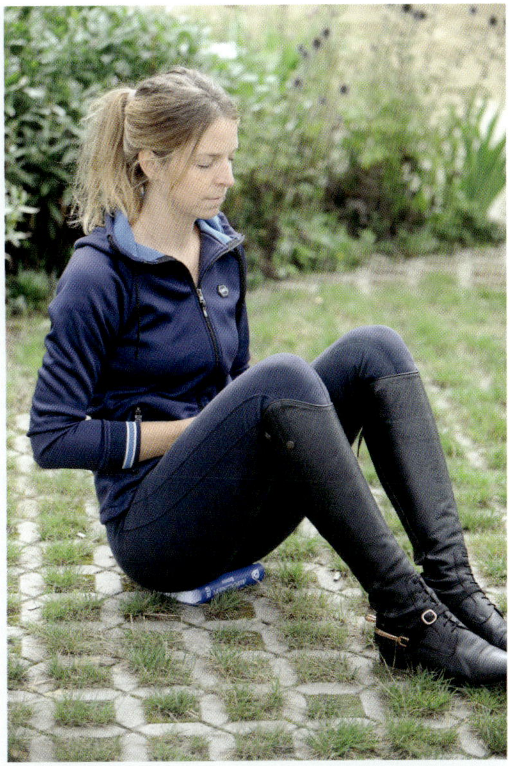

Mentale Übungen können an unterschiedlichsten Orten durchgeführt werden.

Ich mache mir bewusst, welche Hilfengebung und Umstände dazu führen, dass wir den ganzen Springparcours meistern können. Dazu nehme ich mir jetzt nochmal in Ruhe Zeit. Vor meinem inneren Auge gehe ich den Parcours nochmal gedanklich durch, so wie ich ihn mit meinem Pferd reiten möchte. Den Fokus lege ich dabei bewusst auf meine Handlungen, mit denen ich mein Pferd bestmöglich unterstützen möchte.
Ich weiß jetzt, dass wir Herausforderungen annehmen können, wir sind ein starkes Paar. Ich genieße dieses Gefühl und weiß, dass ich dieses Gefühl wieder abrufen kann.
Allmählich nehme ich wieder die Außengeräusche wahr. Ich öffne meine Augen. Ich genieße das gute Gefühl. Nun stehe ich vorsichtig und langsam auf.
(Vgl. Schinke & Schinke, 1999, S. 80 ff.)

Audio

Pegasus:
Über Hindernisse fliegen

27

Evergreens für den Unterricht, das Training und das Turnier

Ich gehe gut vorbereitet, konzentriert und selbstbewusst an die neue Aufgabe heran. Ich bereite mir motivierende und unterstützende Sätze oder ein stärkendes Motto vor.

Diese sind immer positiv (was ich tun will) formuliert:

✓ Ich konzentriere mich auf meine Stärken und stelle mir einen guten Ausgang des Reitunterrichts/Trainings/Turniers vor.

✓ Ich denke an vergangene Erfolge und schöne Erlebnisse, die im Unterricht, Training oder auf dem Turnier passiert sind.

✓ Ich konzentriere mich auf die Dinge, die ich beeinflussen kann.

✓ Ich umgebe mich mit Menschen, die mir gut gesonnen sind und deren Umgang mir guttut.

✓ Ich schalte in den Pausen bewusst ab und überlege mir, wann ich wieder voll da sein will.

✓ Ich zeige, was ich kann, und signalisiere dies auch mit einer selbstbewussten Körpersprache.

✓ Ich konzentriere mich nur auf die Informationen aus meinem persönlichen (Trainer-) Team.

✓ Ich halte mich an mein bewährtes Vorbereitungsprogramm.

Mein Vorbereitungsprogramm – was ich beachten werde:

1. ____
____

2. ____
____

3. ____
____

4. ____
____

5. ____
____

„Nach dem Turnier ist vor dem Turnier“:

- Nach dem Turnier oder Unterricht/Training nehme ich mir Zeit zu rekapitulieren. Was ist gerade geschehen? Ich versuche dies zunächst nur wahrzunehmen, bevor ich es bewerte.
- Ich schließe jede Unterrichtsstunde/jedes Training/Turnier innerlich ab, nur dann kann ich mich richtig auf die nächste Unterrichtsstunde/das kommende Turnier/Training vorbereiten.
- Ich nutze die positive Energie nach Erfolgen und bereite mich genauso gut auf die Herausforderungen in der Zukunft vor.
- Ich versuche bei kommenden Turnieren/Unterrichts- oder Trainingseinheiten nichts wieder „gut zu machen“. Zwei Turnierstarts oder Trainings-/Unterrichtseinheiten haben nichts miteinander zu tun.

(Vgl. Engbert, Droste, Werts, & Zier, 2011)

28

Logistischer Vor-Ort-Plan für Turnierreiter

„Niemand plant zu versagen,
aber die meisten versagen beim Planen."

(Lee Iacocca)

Zur optimalen und kompletten Vorbereitung gehört die Logistik. Die Turniervorbereitung ist unvollständig ohne einen systematischen Plan für die Vorgehensweise in der Vorbereitung und an dem Turniertag beziehungsweise den Turniertagen. Dabei sollte der Reiter flexibel mit dem Plan umgehen, da es auf Turnieren immer wieder zu Veränderungen und Verschiebungen kommen kann. Die Kunst besteht darin, mögliche Unwägbarkeiten im Voraus zu berücksichtigen, zu beseitigen und bei Bedarf einen Alternativplan zu haben. (Vgl. Schinke, 2006)

Eventuelle Hotelbuchung mit genauer Adresse:

____

____

Die Packliste:

______________________ ______________________

______________________ ______________________

______________________ ______________________

______________________ ______________________

Anmerkung: Eine Kopie der Packliste wird für jedes Turnier genutzt. Jeder Gegenstand, der eingepackt wurde, wird abgehakt. Die Packliste wird regelmäßig aktualisiert.

Planung der Reiseroute und Reisezeit:

____

____

Abfahrt zum Turnier: Uhr

Voraussichtliche Ankunft: Uhr

Erste Maßnahmen Vor-Ort (wie Abladen und Meldestelle):

____

____

Erkundung des Wegesystems vor Ort und der Abreite- und Prüfungsplätze beziehungsweise des Geländes

Beachte: Bei der Besichtigung der Abreite- und Prüfungsplätze achte ich auf Größe, Lage und Bodenbeschaffenheit. Dazu stelle ich mir auch vor, wie es beim Turnier aussehen wird, wie es sich anfühlen wird, wenn ich im Parcours/im Viereck/im Gelände reite, wo die Richter platziert sind und wo die Zuschauer sitzen werden.

Zeitplan:

Beginn der Vorbereitung:	Startzeit minus	Min. =	Uhr
Umziehen:	Startzeit minus	Min. =	Uhr
Satteln:	Startzeit minus	Min. =	Uhr
Abreiten:	Startzeit minus	Min. =	Uhr
Startzeit:			Uhr

Beachte: Ich plane genügend Zeit für das Umziehen ein und genieße das Gefühl, dass ich mit der sauberen Turnierkleidung an den Start gehen werde. Mein Pferd wird mit der gleichen Ruhe und Sorgfalt vorbereitet. Ich erinnere mich noch einmal daran, was

ich alles getan habe, damit ich hier gut reiten kann. Ich achte auf meine Körperhaltung und vergegenwärtige mir meine Stärken und die Stärken meines Pferdes sowie meine Leitsätze (siehe Seite 11, Modul „Zielbestimmung, Vision und Stärken"; Seite 27, Modul „Meine persönlichen Leitsätze" und Seite 117, Modul „Embodiment"). Mit diesem Wissen und Selbstbewusstsein beginne ich das Abreiten. Ich konzentriere mich voll und ganz auf meine Aufgabe.
(Vgl. Bußmann & Staufenbiel, 2019; Schinke, 2006)

Erste kurze Nachbereitung

Was klappte gut:

Was kann ich noch verbessern
(siehe auch Trainings-/Turnier-Optimierer im nächsten Kapitel):

29

Der Trainings-/Turnier-Optimierer*

Trainings-/Turnierort:

Datum:

Pferd:

Meine Ziele für das Training/Turnier:

____

____

____

Was will ich reiterlich erreichen:

____

____

____

Welche Ergebnisse strebe ich an:

____

____

____

* Das Modul wurde in Zusammenarbeit mit Caroline Roost erarbeitet.

Aufgabe | Prüfung

Vorbereitung | Abreiten h:Min

Besonderheiten in der Vorbereitung

Beurteilung | Wertnote | Ergebnisse

Belohnung | Platzierung | Rangierung

Meine Nachbereitung

Was hat mir besonders Spaß gemacht?

___

___

Was ist mir besonders gut gelungen?

___

___

War meine Vorbereitung gut geplant? Hatte ich genügend Zeit?

___

___

Welche Abweichungen gibt es von meiner Prognose und meinem Ritt/Turnierergebnis?

___

___

Welche Erklärungen habe ich dafür?

___

___

Was sollte bis zur nächsten Trainingsüberprüfung/zum Turnier verbessert werden?

___

___

Wer hat mir geholfen?

___

___

Meine Ampel-Einschätzung (1–3 verbesserbar, 4–7 gut und 8–10 optimal)

	1	2	3	4	5	6	7	8	9	10
Motivation	●	●	●	●	●	●	●	●	●	●
Sicherheit im Training/ in der Prüfung	●	●	●	●	●	●	●	●	●	●
Selbstbewusstsein	●	●	●	●	●	●	●	●	●	●
Erfolg	●	●	●	●	●	●	●	●	●	●
Gesundheit des Pferdes	●	●	●	●	●	●	●	●	●	●
Eigene Gesundheit	●	●	●	●	●	●	●	●	●	●
Kompetenz des Pferdes	●	●	●	●	●	●	●	●	●	●
Organisation	●	●	●	●	●	●	●	●	●	●
Erholung	●	●	●	●	●	●	●	●	●	●
Helfer/Abläufe	●	●	●	●	●	●	●	●	●	●

30

Strategieplan

„Lege das Ruder erst aus der Hand, wenn das Boot an Land ist."
(Aus Gabun)

Mein Plan für den Turniertag

Mein Ziel für den Ritt:

Meine Stärken:

Ich bin

Ich kann

Ich habe

Die Pferdestärken (Die Stärken meines Pferdes):

Mein Unterstützerteam:

Meine Leitsätze:

Kopf hoch und Schultern zurück, jetzt kommen wir!

Step by step, so kommen wir durch das Viereck!

Meine 12 Strategien für viele gute Ritte am Beispiel Dressur:

1. Ich schaffe mir logistische Sicherheit: Wegesystem, Ablauf, Zeitplan etc.

2. Zur Vorbereitung durchlaufe ich vor meinem inneren Auge mein Drehbuch in der realen Zeit des Rittes („Kopfkino“). Ich stelle mir genau vor, was ich tun will und wie ich die passenden Hilfen gebe.

3. Ich kann auch die guten Erinnerungen an frühere Ritte/Trainingseinheiten nutzen.

4. Nur die Informationen von meinem Trainer/meinem Team sind wichtig.

5. Ich trete im Bewusstsein des tatsächlichen Alters und Jahres an, ich habe mich weiterentwickelt, habe für diesen Moment trainiert und bin fit für die Prüfung.

6. Ich achte bewusst auf meine Körperhaltung: Kopf hoch und Schultern zurück! Durch meine Körperhaltung beeinflusse ich meine Stimmung positiv. Hinzu kommt der Effekt nach außen, denn „Für den ersten Eindruck gibt es keine zweite Chance!“ Mit erhobenem Kopf behalte ich zudem den Überblick. Ein fließender Atem ist mit erhobenem Kopf möglich, der wiederum mein Wohlbefinden weiter verbessert.

7. Ich gehe an den Start mit einem absolut positiven Briefing (Stärken, Leitsätze, Plan und Motto vergegenwärtigen sowie an mein Unterstützerteam denken).

8. Beim Reiten konzentriere ich mich voll auf die Ausführung: „Innerer Scheinwerfer“, der meinen Weg durch das Viereck ausleuchtet.

9. Kleine Fehler nehme ich an (Kopf, Körper und Pferd sind beim aktuellen Geschehen). Der Blick in den Rückspiegel erfolgt später.

10. Ich halte die Spannung über den Ritt hinaus.

11. Nach dem Ritt ist vor dem Ritt! Ich mache ein Debriefing mit den vier Quellen: die Selbsteinschätzung (Was wollte ich erreichen? Was habe ich erreicht? Welche Erklärungsansätze habe ich dafür? Was ist die Lehre daraus?), die Expertenanalyse mit meinem Trainer/meinen Trainern, der Richterbogen und das Video. Diese Erkenntnisse nutze ich für weitere Turniere.

12. Zur Erholung nutze ich den Offline-Modus (bin in der Erholung mit Spaß haben, Lachen und Entspannen).

Notizen

Literatur

Alfermann, D., & Stoll, O. (2010). Motivation. In D. Alfermann & O. Stoll (Hrsg.), *Sportpsychologie – Ein Lehrbuch in 12 Lektionen* (3., überarb. Auflage, S. 107-149). Aachen: Meyer & Meyer.

Allmer, H. (1996). *Erholung und Gesundheit: Grundlagen, Ergebnisse und Maßnahmen.* Göttingen: Hogrefe.

Allmer, H., Kleinert, J., Fritsch, M., Hofmann, J., & Böing, M. (2000). Gut drauf nach Misserfolg? Psychophysische Erholung einer Frauen Bundesligamannschaft. *F.I.T.-Wissenschaftsmagazin, 5*(1), 8-130.

Aronson, E., Wilson, T. D., & Akert, R. M. (2008). *Sozialpsychologie* (6., aktualisierte Auflage). München: Pearson Studium.

Baldasarre, C., Birrer, D., & Seiler, R. (2003). Krafttraining für die Psyche. *mobile Praxis 6/03. Beilage von „mobile", der Fachzeitschrift für Sport.*

Bauer, C., & Hegemann, T. (2010). *Ich schaffs! – Cool ans Ziel. Das lösungsorientierte Programm für die Arbeit mit Jugendlichen* (2. Auflage). Heidelberg: Carl-Auer.

Beckmann, J., & Elbe, A.-M. (2008). *Praxis der Sportpsychologie im Wettkampf- und Leistungssport.* Balingen: Spitta.

Beckmann, J., & Mattheis, M. (2012). Golf – der mentale Sport. In D. Beckmann-Waldenmayer & J. Beckmann (Hrsg.), *Handbuch sportpsychologischer Praxis. Mentales Training in den olympischen Sportarten* (S. 126-140). Balingen: Spitta.

Bender, C., & Draksal, M. (2011). *Das Lexikon der Mentaltechniken. Die besten Methoden von A bis Z* (2., überarb. & erw. Neuauflage). Leipzig: Draksal.

Berg, I. K. (2010). *Familien-Zusammenhalt(en). Ein kurz-therapeutisches und lösungs-orientiertes Arbeitsbuch* (9. Auflage). Dortmund: Modernes Lernen.

Berking, M. (2017). *Training emotionaler Kompetenzen* (4., korrigierte Auflage). Berlin: Springer.

Bohne, M. (2003). Keine Angst vor dem nächsten Auftritt. Zehn Erfolgsrezepte für eine bessere Performance in der Öffentlichkeit [Elekrtonische Version]. *new management Nr. 6*, 52-57.

Bohne, M. (2004). Wenn Angst die Leistung auffrisst. Coaching von Auftrittsängsten [Elekrtonische Version]. *managerSeminare Heft 81*, 80-85.

Bohne, M. (2010). *Einführung in die Praxis der Energetischen Psychotherapie* (2., überarb. Auflage). Heidelberg: Carl-Auer.

Bußmann, G. (2012). Sportpsychologische Beratung im Reit- und Pferdesport. In D. Beckmann-Waldenmayer & J. Beckmann (Hrsg.), *Handbuch sportpsychologischer Praxis. Mentales Training in den olympischen Sportarten* (S. 161-172). Balingen: Spitta.

Bußmann, G., & Staufenbiel, K. (2019). Mentale Wettkampfstrategien. In K. Staufenbiel, M. Liesenfeld & B. Lobinger (Hrsg.) *Angewandte Sportpsychologie im Leistungssport* (1. Auflage, S. 238-255). Götttingen: Hogrefe.

Bußmann, G., Collatz, A., Brand-Petzold, S., & Stöckel, T. (2024). *Mental Kit.* Dortmund: Selbstverlag.

Carnegie, D. (2018). *Sorge dich nicht - lebe! Die Kunst, zu einem von Ängsten und Aufregungen befreiten Leben zu finden* (8. Auflage). Frankfurt: Fischer.

Clear, J. (2020). *Die 1-%-Methode, minimale Veränderung, maximale Wirkung* (23. Auflage). München: Goldmann Verlag.

Croos-Müller, C. (2013). *Kopf hoch. Das kleine Überlebensbuch. Soforthilfe bei Stress, Ärger und anderen Durchhängern* (6. Auflage). München: Kösel.

Croos-Müller, C. (2014a). *Viel Glück. Das kleine Überlebensbuch. Soforthilfe bei Schwarzsehen, Selbstzweifeln, Pech und Pannen* (3. Auflage). München: Kösel.

Croos-Müller, C. (2014b). *Schlaf gut. Das kleine Überlebensbuch. Soforthilfe bei Schlechtschlafen, Albträumen und andern Nachtqualen.* München: Kösel.

Croos-Müller, C. (2015). *Kraft. Der neue Weg zu innerer Stärke. Ein Resilienztraining.* München: Kösel.

Csikszentmihalyi, M. (1975). *Beyond boredom and anxiety.* San Francisco: Jossey-Bass.

Csikszentmihalyi, M. (1999). *Das Flow-Erlebnis. Jenseits von Angst und Langeweile: im Tun aufgehen* (7. Auflage). Stuttgart: Klett-Cotta.

Csikszentmihalyi, M., & Jackson, S. A. (2000). *Flow im Sport. Der Schlüssel zur optimalen Erfahrung und Leistung.* München: BLV.

Derbolowsky, J. (2000). *TrophoTraining, So fühle ich mich wohl* (3. Auflage). Germering: Psychopädica.

Dogs, C. P., & Poelchau, N. (2017). *Gefühle sind keine Krankheit. Warum wir sie brauchen und sie uns zufrieden machen.* Berlin: Ullstein.

Eberspächer, H. (2001). *Mentales Training. Ein Handbuch für Sportler und Trainer* (5., durchgesehene Neuauflage). München: Copress.

Eberspächer, H. (2004). *Gut sein, wenn's drauf ankommt. Die Psycho-Logik des Gelingens.* München: Hanser.

Elbe, A.-M., Wenhold, F. & Müller, D. (2005). *AMS-Sport.* Abgerufen aus dem World Wide Web am 13.02.2025 unter www.bisp.de.

Engbert, K., in Zusammenarbeit mit Droste, A., Werts, T., & Zier, E. (2011). *Mentales Training im Leistungssport. Ein Übungsbuch für den Schüler- und Jugendbereich.* Stuttgart: Neuer Sportverlag.

Engbert, K., & Kossak, T. (2021, 1. Auflage). *Mentales Training im Leistungssport - Teil 2. Ein Praxisbuch für SportlerInnen, TrainerInnen & Eltern.* Waiblingen: Neuer Sportverlag.

Engbert, K., Lockingen, J., & Heiss, C. (2012). Kanusport. In D. Beckmann-Waldenmayer & J. Beckmann (Hrsg.), *Handbuch sportpsychologischer Praxis. Mentales Training in den olympischen Sportarten* (S. 299-307). Balingen: Spitta.

Falkenberg, I., McGhee, P., & Wild, B. (2013). *Humorfähigkeiten trainieren. Manual für die psychiatrisch-psychotherapeutische Praxis.* Stuttgart: Schattauer.

Feistner, R. (2018). *Essstörungen - Heilung ist möglich. Ein Praxishandbuch.* Stuttgart: Klett-Cotta.

Ferlin, S. (2010). *Perfect Energy. Zustands- und Energiemanagement für LehrerInnen. Methoden und Techniken für den effizienten Umgang mit den persönlichen Energiereserven* [Elektronische Version]. Vortrag.

Fliegel, S., Groeger, W. M., Künzel, R., Schulte, D., & Sorgatz, H. (1981). *Verhaltenstherapeutische Standardmethoden. Ein Übungsbuch.* München: Urban & Schwarzenberg.

Friedrich, W. (2014). *Optimale Regernation im Sport. Der Schlüssel zum Erfolg für Freizeit- und Leistungssportler.* Balingen: Spitta.

Gabler, H. (1988). *Individuelle Voraussetzungen der sportlichen Leistung und Leistungsentwicklung.* Studienbrief der Trainerakademie Köln des Deutschen Sportbundes. Studienbrief 11. Schorndorf: Hofmann.

Heckers, H. (Hrsg.)(1997). *Mentaltraining für Sportler* (1. Auflage). Essen: Mentalis.

Hogg, J. M. (2002). Debriefing: A means to increasing recovery and subsequent performance. In M. Kellmann (Ed.), *Enhancing recovery: Preventing underperformance in athletes* (pp. 181-198).)

Hogg, J. M., & Kellmann, M. (2002). Debriefing im Leistungssport. *psychologie und sport, 9,* 90-96.

Kallus, K.W. (1992). *Beanspruchung und Angstzustand.* Weinheim: PVU.

Kallus, K. W., & Erdmann, G. (1994). Zur Wechselbeziehung zwischen Ausgangszustand, Belastung und Erholung. In R. Wieland-Eckelmann, H. Allmer, J. Otto & K. W. Kallus (Hrsg.), *Arbeit und Erholung. Studien zur Aktivierung, Belastung und zum Arbeits-Erholungszyklus* (S. 46-67). Weinheim: PVU.

Kellmann, M. (2002a). Underrecovery and overtraining: Different concepts - Similar impact? In M. Kellmann (Ed.), *Enhancing recovery: Preventing underperformance in athletes* (pp. 3-24). Champaign, IL: Human Kinetics.

Kellmann, M. (2002b). Psychologische Erholungs- und Beanspruchungssteuerung im Ruder- und Radsport. *Leistungssport. Zeitschrift für die Fortbildung von Trainern, Übungsleitern und Sportlehrern, 5,* 23-26.

Kellmann, M. (2014). Nur wer richtig erholt ist, kann auch volle Leistung bringen. In BDFL (Hrsg.), *Internationaler Trainerkongress 2014* (S. 73-77). Neuburg/Inn: Fußballverlag.

Kellmann, M., & Kallus, K. W. (2000). *Der Erholungs-Belastungs-Fragebogen für Sportler.* Manual. Frankfurt: Swets Test Services.

Kleinert, J. (2003). Das Wesen der sportlichen Krise. Gegner und Freunde sollte man kennen. In J. Kleinert (Hrsg.), *Erfolgreich aus der sportlichen Krise. Mentales Bewältigen von Formtiefs, Erfolgsdruck, Teamkonflikten und Verletzungen* (S. 9-32). München: BLV.

Kratzer, H. (2012). Psychologische Vorbereitung auf Wettkampfhöhepunkte. *Leistungssport. Zeitschrift für die Fortbildung von Trainern, Übungsleitern und Sportlehrern, 5,* 5-11.

Lazarus, A. A., & Lazarus C. N. (2014). *Der kleine Taschentherapeut. In 60 Sekunden wieder o.k* (2. Auflage). Stuttgart: Klett-Cotta.

Lenz, B. (2013). *Das Pferd als Spiegel des Reiters. Durch ganzheitliche Balance, Mentaltraining und Körpersprache zu feiner Reitqualität.* Hildesheim: Olms.

Linz, L. (2004). *Erfolgreiches Teamcoaching. Ein sportpsychologisches Handbuch für Trainer.* Aachen: Meyer & Meyer.

Loehr, J. E. (1996). *Die neue mentale Stärke. Sportliche Bestleistung durch mentale, emotionale und physische Konditionierung.* München: BLV.

Lurz, T., & Fargel, Y. M. (2012). *Auf der Erfolgswelle schwimmen. Was junge Menschen wissen müssen, um erfolgreich zu sein.* Offenbach: GABAL.

Martens, J. U., & Kuhl, J. (2011). *Die Kunst der Selbstmotivierung. Neue Erkenntnisse der Motivationsforschung praktisch nutzen* (4. Auflage). Stuttgart: Kohlhammer.

Mayer, J. (2018). *Wenn's drauf ankommt. Schnell denken – maximale Leistung abrufen – Stresssituationen meistern.* München: Ariston.

Mayer, J., & Hermann, H.-D. (2010). *Mentales Training. Grundlagen und Anwendung im Sport, Rehabilitation, Arbeit und Wirtschaft.* Heidelberg: Springer.

Mayer, J., & Hermann, H.-D. (2014). *Sportpsychologie im Nachwuchsfußball. Mentale Fertigkeiten entwickeln und trainieren.* Münster: Philippka.

Nideffer, R. M. (1981). *The Ethics and Practice of Applied Sport Psychology.* Michigan: Movement Publications.

Oettingen, G. (2017). *Die Psychologie des Gelingens.* München: Droemer.

Pain, M. A., Harwood, C., & Anderson, R. (2011). Pre-competition imagery and music: The impact on flow and performance in competitive soccer. *The Sport Psychologist, 25,* 212-232.

Peters, B., Hermann, H.-D., & Müller-Wirth, M. (2008). *Führungs-Spiel. Menschen begeistern, Teams formen, Siegen lernen – Nutzen Sie die Erfolgsgeheimnisse des Spitzensports* (3. Aufl.). München: Wilhelm Heyne.

Porter, K., & Foster, J. (1988). *Mentales Training. Der moderne Weg zur sportlichen Leistung* (2. Auflage). München: BLV.

Potreck-Rose, F. (2014). *Von der Freude, den Selbstwert zu stärken* (10., erweiterte Auflage). Stuttgart: Klett-Cotta.

Prior, M. (2009). *MiniMax-Interventionen. 15 minimale Interventionen mit maximaler Wirkung* (8. Auflage). Heidelberg: Carl-Auer.

Rheinberg, F. (2000). *Motivation* (3. Auflage). Stuttgart: Kohlhammer.

Riskind, J., & Gotay, C. (1982). Physical posture: Could it have regulatory or feedback effects on motivation and emotion? *Motivation and Emotion, 6(3)*, 273-298.

Robert, M. (2010). *Tagebuch eines Champions.* Warendorf: FNverlag.

Rubin, Y. (2018). *Selbstbewusstsein. Mein Übungsbuch für mehr innere Stärke und Ausgeglichenheit.* München: Gräfe und Unzer.

Savoie, J. (2006). *Positiv denken – Erfolgreich reiten. Mit Mentaltraining zum persönlichen Sieg.* Stuttgart: Franckh-Kosmos.

Schilling, J. (1997). *Soziale Arbeit.* Neuwied, Kriftel, Berlin: Luchterhand.

Schinke, B. & Schinke, R. (1999). *Erfolgreicher reiten mit mentalem Training. Praktische Anleitungen, Konzentrationsübungen, Entwicklung mentaler Fähigkeiten.* Warendorf: FNverlag.

Schinke, R. J. (2006). *Erfolg beginnt zuerst im Kopf. Mentales Training für Reiter.* Brunsbek: Cadmos.

Schlicht, W., & Strauß, B. (2003). Die Welt erklären – Die Welt simulieren. In W. Schlicht & B. Strauss (Hrsg.), *Sozialpsychologie des Sports* (S. 44-56). Göttingen: Hogrefe.

Schliermann, R., & Hülß, H. (2008). *Mentaltraining im Fußball. Ein Handbuch für Trainer, Übungsleiter und Sportlehrer.* Hamburg: Czwalina.

Spitzer, M. (2004). *Selbstbestimmen. Gehirnforschung und die Frage Was sollen wir tun?* Heidelberg: Spektrum.

Spitzer, M. (2006). *Lernen. Gehirnforschung und die Schule des Lebens.* Heidelberg: Spektrum.

Storch, M., Cantieni, B., Hüther, G., & Tschacher, W. (2010). *Embodiment. Die Wechselwirkung von Körper und Psyche verstehen und nutzen* (2. Auflage). Bern: Huber.

Strack, F., Martin, L., & Stepper, S. (1988). Inhibiting and facilitating conditions of the human smile: a nonobtrusive test of the facial feedback hypothesis. *Journal of personality and social psychology, 54(5)*, 768-777.

Sulprizio, M., & Kleinert, J. (2014). *Kein Stress mit dem Stress: Tipps und Lösungen für mentale Stärke und psychische Gesundheit im wettkampforientierten Leistungssport.* Dortmund: Bundesanstalt für Arbeitsschutz und Arbeitsmedizin.

Syer, J., & Connolly, C. (1987). *Psychotraining für Sportler.* Reinbek: Rowohlt.

Taylor, J., & Schneider, T. (2007). *Mentales Training für Triathleten und alle Ausdauersportler* (1. Auflage). Betzenstein: Sportwelt.

Wolter, B. (2005). „Resilienzforschung" – das Geheimnis der inneren Stärke... [Elektronische Version]. *Systhema, 3*, 299-304.

You, Y.-D. (2001). *Das flow-Erlebnis und seine empirischen Implikationen für die Psychotherapie.* München: Utz.

Haftung:

Die Benutzung dieses Buches und die Umsetzung der darin enthaltenen Informationen erfolgen ausdrücklich auf eigenes Risiko. Alle textlichen, tabellarischen, grafischen und bildlichen Darstellungen in diesem Buch, insbesondere Angaben, Anregungen und Empfehlungen zu Thematik und Sachverhalt des Werkes erfolgen nach bestem Wissen und Gewissen. Sie sind als Beispiele zu verstehen und entbinden alle, die mit Pferden umgehen, nicht von jeglicher Eigenverantwortung. Jede Umsetzung muss individuell und aktuell geprüft werden.
Verlag und Autor übernehmen keine Gewähr für die Aktualität, Korrektheit, Vollständigkeit und Qualität der bereitgestellten Informationen. Druckfehler und Falschinformationen können nicht vollständig ausgeschlossen werden. Verlag und Autor übernehmen keinerlei Haftung für Schäden die sich aus solchen ergeben.

Hinweis:

Wenn die männliche Form verwendet wird, meint sie die Funktion und nicht die konkrete Person und spricht gleichberechtigt Angehörige jeden Geschlechts an. Alle erwähnten Ausführungen und Empfehlungen gelten für Pferde und Ponys, sofern für Ponys nicht ausdrücklich eine andere Regelung aufgeführt ist. Ebenso sind alle Personen, Fahrer, Voltigierer oder andere Betroffene gemeint - falls zutreffend, wenn in dem Buch vom Reiter gesprochen wird.

Für eine bessere Lesbarkeit dieses Arbeitsbuches sind alle Literaturangaben zum jeweiligen Textabschnitt beziehungsweise zur Auflistung am Ende des Textes aufgeführt.

Vorbereiten, zum richtigen Zeitpunkt parat haben und losreiten!

Taschenkarten

Auf den hier verfügbaren Taschenkarten sind Gedankenstützen für spezifische Themen zusammengefasst. Sie sind so konzipiert, dass sie problemlos zum Beispiel in die Geldbörse gesteckt werden können. Die Informationen auf den Karten sollen Sie daran erinnern, was in den genannten Situationen wichtig ist. Eine zusätzliche „Blanko-Karte" bietet Ihnen die Möglichkeit, sich darüber hinaus wichtige Informationen zu notieren.